Paroles d'auteurs jeunesse

FRANCO
POLY
PHONIES 14

Collection dirigée par/
Series editors:

Kathleen Gyssels
et/and
Christa Stevens

Paroles d'auteurs jeunesse

Autour du multiculturalisme et des minorités visibles en France

Entretiens réalisés par
Michèle Bacholle-Bošković

Amsterdam - New York, NY 2013

Illustration couverture : www.dreamstime.com

The paper on which this book is printed meets the requirements of 'ISO 9706: 1994, Information and documentation - Paper for documents - Requirements for permanence'.

Le papier sur lequel le présent ouvrage est imprimé remplit les prescriptions de "ISO 9706:1994, Information et documentation - Papier pour documents - Prescriptions pour la permanence".

ISBN: 978-90-420-3809-7
E-Book ISBN: 978-94-012-1056-0
© Editions Rodopi B.V., Amsterdam - New York, NY 2013
Printed in The Netherlands

à tous les auteurs et illustrateurs jeunesse qui nous
font rêver et nous aident à comprendre,
à Kosta, qui m'a ouvert la voie de cette littérature,
à Katarina, qui m'y a accompagnée.

Illustration de Katarina Bošković.

Remerciements

Tout d'abord, je tiens à remercier ces auteurs et illustrateurs qui se sont si généreusement prêtés à ces entretiens.

Je remercie également les éditeurs qui m'ont gracieusement permis de reproduire des extraits de livres.

I also thank Eastern Connecticut State University for helping me in this project through research reassigned times, a sabbatic leave, CSU-AAUP research grants, and a faculty development award.

Enfin, je remercie Mme Klein et son équipe à la Bibliothèque Municipale Jacques Prévert de Cherbourg pour avoir mis à ma disposition tant de livres au début de cette recherche.

Avant-propos

Toute culture est un métissage composé
d'apports multiples qui se fondent dans une
même entité en perpétuelle évolution.

Lilian Thuram

Tout texte s'inscrit dans un contexte. La littérature jeunesse française contemporaine n'échappe pas à cet état de fait. Marc Soriano le remarquait en 1975 dans un ouvrage séminal, *Guide de la littérature pour la jeunesse* : « quand il s'agit de livres pour enfants, il est pratiquement impossible de se limiter à leur *texte*. Il faut très vite en venir à leur contexte, au monde adulte dont ils expriment les exigences et les contradictions : conflits entre groupes sociaux, rapports entre l'idéologie dominante et celle des classes dominées [...], etc. »[1]. La littérature jeunesse s'inscrit ainsi dans un contexte historique, voire politique. Alain Fourment de remarquer que les périodiques du 19ème siècle « évoquent largement les événements politiques qui marquent profondément le pays à cette époque. La conquête de l'Algérie à partir de 1830 et des terres d'Afrique est présentée comme un devoir et une œuvre civilisatrice »[2]. Cette pratique se poursuivra – pendant la seconde guerre mondiale, *Le Téméraire* « diffuse insidieusement la doctrine de l'occupant »[3].

Un des traits caractéristiques de notre époque est le multiculturalisme de la société française. Jean-Loup Amselle parle d'une « France bariolée »[4], d'une « France métissée » qui a par exemple « servi de

---

1. Marc Soriano, *Guide de la littérature pour la jeunesse*, Paris, Flammarion, 1975, p. 188.
2. Alain Fourment, « Les publications périodiques depuis le XVIIIe siècle. Distraire et éduquer », dans Annie Renonciat, Viviane Ezraty et Geneviève Patte (éds), *Livres d'enfance, livres de France*, Paris, Hachette jeunesse, 1998, pp. 107-108.
3. *Ibid.*, p. 112.
4. Jean-Loup Amselle, *Vers un multiculturalisme français. L'Empire de la coutume*, Paris, Aubier, 1996, p. 17.

source d'inspiration à Jean-Paul Goude pour l'organisation du défilé du 14 juillet 1989 sur les Champs-Elysées [...]. [L]'accent a été mis sur la nature composite de la population française »[5]. L'équipe de France de football menée par Zinedine Zidane lors de la Coupe du monde en 1998 a rendu ce fait encore plus public. Le métissage français actuel résulte bien sûr en grande partie de l'entreprise coloniale et de l'immigration subséquente. Amselle, reprenant l'expression de Georges Mauco, observe qu'à partir de la seconde moitié du 19ème siècle, « une immigration de quantité se substitue à une immigration de qualité »[6] et que ces étrangers, le plus souvent des ouvriers, viennent de pays voisins : Belgique, Allemagne, Suisse, Italie et Espagne. Suivront les Polonais, les Tchécoslovaques, les Portugais. Au lendemain de la seconde guerre mondiale, la composition de l'immigration change ; en 1982 le nombre d'immigrés venu d'Afrique (Afrique du nord et Afrique sub-saharienne) « est presque équivalent à celui des Européens »[7] et il le dépassera bientôt. Graduellement, le métissage de la population française se reflète dans d'autres aspects de la société comme le sport, la télévision[8], les arts et spectacles (avec des comiques comme Smaïn ou Pascal Légitimus par exemple) et bien sûr la littérature. Dans les années 1980, la littérature générale voit la naissance et l'essor de la littérature beure[9] – littérature depuis lors en mutation, peut-être à cause d'un repositionnement par rapport au reste de la littérature produite en langue française[10]. En dépit d'une quantité

---

5. *Ibid.*, p. 18.

6. *Ibid.*, p. 158.

7. *Ibid.*, p. 162.

8. Laurence et Vaisse rappellent qu'au lendemain des émeutes de 2005, le Président de la République, Jacques Chirac, réunit à l'Élysée les directeurs des principales chaînes de télévision et leur demanda d'augmenter la diversité ethnique parmi leurs journalistes et présentateurs de nouvelles afin qu'ils soient plus représentatifs de la société française (Jonathan Laurence et Justin Vaisse, *Integrating Islam: Political and Religious Challenges in Contemporary France*, Washington, Brookings Institution Press, 2006, p. 72).

9. Voir comme premiers ouvrages de référence sur cette littérature : Alec Hargreaves, *Voices from the North African Immigrant Community in* France, Oxford, Berg, 1991 ; Michel Laronde, *Autour du roman beur : immigration et identité*, Paris, L'Harmattan, 1993.

10. Pour Laronde, les « glissements terminologiques, eux, 'beur' à 'arabo-français' et 'français' à 'franco-français', rendraient compte d'une évolution interne de la littérature beure, et d'un repositionnement institutionnel de celle-ci par rapport au 'reste' de la littérature française », y compris la littérature afro-française (Michel Laronde, « Évolution de la littérature arabo-française », *Vives lettres* 1, 2000, pp. 161-175. Les

considérable d'articles, livres, chapitres de livres, communications sur cette littérature, les critiques ne se sont pas penchés sur une éventuelle production jeunesse beure. Il est vrai qu'existait, comme le relevait en 1993 l'éditrice Fazia Kerrad, « une pauvreté des ouvrages de jeunesse à coloration maghrébine »[11]. Mais la question devait être posée et j'ai remédié à ce que je percevais comme une lacune dans deux articles parus en 2008 et 2009[12]. Ma conclusion était qu'une telle littérature n'existe pas[13], comme l'identité à trait d'union pratiquée en littérature générale – par exemple par Laronde : afro-français, arabo-français, franco-français – n'est pas applicable en littérature jeunesse. En 1993, dans une réflexion pleine d'humour sur son statut d'auteure jeunesse américaine écrivant en français – son statut de « bidull » ou « bicul » – Susie Morgenstern remarquait qu'on « ne peut pas être un trait d'union en France comme en Amérique : Italo-Américain, Irlandais-Américain, etc. Pas possible ! »[14]. Puisque peu étudiée par la critique, et pas sous cet angle post-colonial, la littérature jeunesse n'est pas soumise aux mêmes classifications que la littérature générale. Elle a échappé à tout ce discours théorisant. Un terme comme « littérature [jeunesse] de la post-migration »[15] semblerait étrange, limitant, et « littérature-monde [jeunesse] » encombrant[16]. Cette notion de « litté-

---

mutations de cette littérature amenèrent Alec Hargreaves à lui consacrer un numéro spécial de la revue *Expressions Maghrébines* intitulé *Au-delà de la littérature « beur » ? Nouveaux écrits, nouvelles approches critiques* (vol. 7, n° 1, été 2008).

11. Kerrad, Fazia. « Le Maghreb en cause. De la rupture à l'échange », dans Jean Perrot et Pierre Bruno (éds), *La Littérature de jeunesse au croisement des cultures*, Créteil, CRDP de l'Académie de Créteil, 1993, pp. 233-248.

12. « Et les enfants, alors ? Une littérature beure de jeunesse ? », *Expressions Maghrébines, op. cit.*, pp. 159-176 et « Auteurs de jeunesse franco-maghrébins : un modèle d'intégration ? », *Neohelicon*, vol. 36, n° 1, 2009, pp. 65-74.

13. Le corpus est en effet très restreint. Pourraient être qualifiés comme « romans de jeunesse beurs » : *Pourquoi pas moi ?* (Hachette jeunesse, 1997), *Adil cœur rebelle* (Castor poche, 1994) et *Samira des Quatre-Routes* (Père Castor, 1992) de Jeanne Benameur ; *Il faut sauver Saïd* (L'École des loisirs, 2003) de Brigitte Smadja, *Le Temps des villages* (La Joie de lire, 1993), *La Force du berger* (La Joie de lire, 1991) et *Les Voleurs d'écriture* (Seuil jeunesse, 1990) d'Azouz Begag, *Embrouille à minuit* (Syros, 2004) de Malika Ferdjoukh et *Je suis un gros menteur* (Rue du monde, 2005) de Karim Ressouni-Demigneux.

14. Susie Morgenstern, « Le Biculturalisme du troisième type », dans *La Littérature de jeunesse au croisement des cultures, op. cit,* p. 173 et p. 177.

15. Voir Myriam Geiser, « La 'littérature beur' comme écriture de la post-migration et forme de 'littérature-monde' », *Expressions Maghrébines, op. cit.*, pp. 121-139.

16. Quoique pas inexact si l'on reprend ces propos de l'écrivain congolais Alain

rature-monde » est née du rejet du terme « francophonie », celles de « littérature beure » ou « littérature de la post-migration » préservent une distinction d'avec une littérature « canonique ». Or, ces considérations sont étrangères à la littérature jeunesse qui dépasse ces fractions.

Dans son livre sur l'interculturalité en littérature jeunesse[17], Jean Perrot identifiait les livres de Susie Morgenstern – *L'Amerloque* (L'École des loisirs, 1992) et *Premier amour, dernier amour* (Gallimard, 1987) – et Azouz Begag – *Le Gone du Chaâba* (Seuil Points virgule, 1986) et *La Force du berger* (La Joie de lire, 1991) – comme significatifs d'une « révolution copernicienne dans l'édition pour la jeunesse », comme signant « l'entrée d'une voix [...] qui installe dans l'institution même une parole autre »[18]. La révolution n'a pas eu lieu, du moins pas dans la violence que l'Histoire a connue. La progression de cette parole « autre » s'est faite en douceur. Il suffit en effet de prendre quelques livres des années 1970 pour s'apercevoir que les minorités visibles en étaient absentes. Par comparaison, la production actuelle est une véritable bigarrure. Cette coloration a vraiment commencé dans les années 1990 et a pris son essor dans les années 2000, mais elle fut facilitée par plusieurs facteurs à l'œuvre dans les années 1980 : une immigration désormais plus africaine (surtout nord-africaine) qu'européenne, l'émergence de la littérature beure et l'essor de la littérature pour la jeunesse (avec un dynamisme éditorial nouveau, le développement de la presse, la multiplication des classes d'âges, une attention spéciale à la petite enfance, la création du Salon de Montreuil qui est devenu en dix ans un des grands salons européens

---

Mabanckou : « La littérature-monde est le concert de la multiplicité d'expériences, la reconnaissance de la force de l'art dans ce qui apparaît comme le 'désordre de la vie'. Elle part du constat qu'il nous faut désormais imaginer l'écrivain dans sa mobilité et dans l'influence que suscite en lui l'émerveillement de ce qui ne vient pas nécessairement de son univers. [...] La littérature-monde en langue française est la reconnaissance et la prise de conscience de notre apport à l'intelligence humaine, avec cet outil qu'est la langue française, cet outil que beaucoup ont hérité de manière conflictuelle, d'autres par choix, d'autres encore parce que leurs ancêtres étaient des Gaulois » (« Le Chant de l'oiseau migrateur », dans Michel Le Bris et Jean Rouaud (éds), *Pour une littérature-monde*, Paris, Gallimard, 2007, pp 64-65). Cette remarque s'applique à nombre d'auteurs interviewés ici.

17. L'ouvrage coordonné par Jean Perrot et Pierre Bruno dépasse le cadre de la France et inclut des articles sur, entre autres, les littératures canadienne, brésilienne, italienne et belge.

18. Jean Perrot et Pierre Bruno, *La Littérature de jeunesse au croisement des cultures*, *op. cit.*, p. 8.

du livre jeunesse etc.[19]). Ce n'était qu'une question de temps pour que la littérature jeunesse se métisse aussi[20]. L'absence jusque-là des minorités visibles en littérature jeunesse s'explique aussi peut-être par l'absence, plus généralement dans cette littérature, des classes défavorisées, où évoluent la plupart des minorités visibles. En effet, comme l'observe Marie-Josée Chombart de Lauwe, « [l]'image de la société présentée dans la littérature de jeunesse offre une physionomie bien particulière. Les classes défavorisées, ouvriers et paysans, sont presque absentes »[21]. C'est pourtant par le personnage d'un ouvrier que le multiculturalisme est apparu en littérature jeunesse – avec *Vieux frère de petit balai* en 1972[22]. La progression du multiculturalisme et de la représentation des minorités visibles en littérature jeunesse a ainsi accompagné une autre progression, celle de la représentation des classes moyennes – de 23 à 30 puis 35%, selon les périodes identifiées par Chombart de Lauwe – même si la bourgeoisie reste surreprésentée. Les éditeurs ont répondu à une demande croissante d'interculturalité dans le secteur jeunesse – Perrot cite pour exemple les éditions Syros/Alternatives (avec Suzanne Bukiet et Germaine Finifter comme directrices de collections)[23].

Dans sa *Lettre d'une Afro-française à ses compatriotes*, l'écrivaine camerounaise Calixthe Beyala dénonçait en 2000 le manque de représentation des minorités visibles à la télévision française et le silence des manuels scolaires (sur le commerce triangulaire etc.)[24]. Elle demandait à la télévision de placer « les minoritaires dans des situations favorables de visibilité » et de contribuer à « changer l'image, à trans-

---

19. Pour un bref historique de la littérature jeunesse, voir le chapitre d'Annie Renonciat, « Au fil de l'Histoire. » (dans Annie Renonciat *e.a.* (éds), *Livres d'enfance, livres de France*, *op. cit.*, p. 7-31).
20. Comme la BD adulte. Voir Mark McKinney, « The Representation of Ethnic Minority Women in Comic Books », dans Jane Freedman et Carrie Tarr (éds), *Women, Immigration and Identities in France*, *op. cit.*, pp. 85-102.
21. Marie-Josée Chombart de Lauwe, « La Représentation de l'enfant dans la littérature d'enfance et de jeunesse : l'enfant à différentes époques », dans Denise Escarpit (éd.), *The Portrayal of the Child in Children's Literature*, München, K. G. Saur, 1985, p. 14. Chombart de Lauwe base son étude sur trois périodes : 1850-1918, 1918-1939 et les années 1960.
22. Laurence Delaby, *Vieux frère de petit balai*, ill. de Michelle Daufresne, Paris, Flammarion, 1972.
23. Jean Perrot et Pierre Bruno, *op. cit.*, p. 16.
24. Calixthe Beyala, *Lettre d'une Afro-française à ses compatriotes*, Paris, Éditions Mango, 2000.

former le regard de l'autre. Le minoritaire sera toujours différent, certes. Mais assez proche pour qu'il y ait des passerelles d'identification possible entre lui et l'autre »[25]. Des livres comme *Je ne suis plus un bébé, maman !* de Thierry Lenain[26] ou *Samira s'habille toute seule* de Christian Lamblin[27] établissent de telles passerelles en abordant des problèmes rencontrés par tous les enfants dans leur quotidien – en l'occurrence aller dormir chez une amie pour la première fois pour Aïcha ou ne pas vouloir s'habiller toute seule pour Samira. Je me suis attachée, dans un article, à examiner la représentation des minorités visibles dans trois classes d'âges[28]. Pour les 0-7 ans, le message est à la tolérance, à la compréhension de soi et de l'autre, à l'acceptation des différences[29]. Citons par exemple *Des amis de toutes les couleurs* de Catherine Dolto et Colline Faure-Poiré[30], *Vive la France !* de Thierry Lenain[31] ou encore *Comme des frères* de François David[32], réquisitoire contre le racisme (verbal). Pour les tout-petits, l'illustration enrichit le texte. « [L]e texte dit, l'image divague, s'échappe, fugue, s'envole vers d'autres interprétations », écrit l'écrivaine et critique Rolande Causse[33]. Grâce à l'image, les minorités deviennent véritablement visibles. Ainsi, *La Journée des petits* montre une classe multiethnique[34] ; l'amie de T'Choupi, le petit pingouin, est noire[35]. La classe 7-10 ans se caractérise par une prise de conscience. La tolé-

---

25. *Ibid.*, p. 82.

26. Thierry Lenain, *Je ne suis plus un bébé, maman !*, ill. de Laurence de Kemmeter, Paris, Nathan, 1999.

27. Christian Lamblin, *Samira s'habille toute seule*, ill. de Régis Faller et Charlotte Roederer, Paris, Nathan, 2002.

28. Michèle Bacholle-Bošković, « Ce que lisent nos 'têtes blondes' : minorités visibles dans la France contemporaine », *The French Review*, vol. 81, n° 5, avril 2008, pp. 882-894.

29. Soriano écrivait en 1975 qu'après les camps d'extermination, les expéditions coloniales, la guerre froide, la menace atomique, l'enfant a besoin de livres qui « lui apprennent non seulement à éviter les délires du passé, mais aussi à aimer son prochain dans sa différence » (*op. cit.*, p. 436).

30. Catherine Dolto et Colline Faure-Poiré, *Des amis de toutes les couleurs*, ill. de Joëlle Boucher, Paris, Gallimard jeunesse, 2002.

31. Thierry Lenain, *Vive la France !*, ill. de Delphine Durand, Paris, Nathan, 1999.

32. François David, *Comme des frères*, ill. de Frédéric Rébéna, Paris, Nathan, 2000.

33. Rolande Causse, *Qui a lu petit lira grand*, Paris, Plon, 2000, p. 29.

34. Emilie Beaumont et Nathalie Belineau, *La Journée des petits*, ill. de Sylvie Michelet, Paris, Fleurus, 1998.

35. Thierry Courtin, *T'Choupi fait un bonhomme de neige*, ill. de Thierry Courtin, Paris, Nathan, 1998.

rance est là encore préconisée – parfois contre l'intolérance des adultes, comme dans *Le Chat de Tigali* de Didier Daeninckx[36] – la violence, dénoncée – comme dans *La Violence, carton rouge !* de Virginie Lou[37]. Il existe de surcroît des collections didactiques, comme celle des Petits guides pour dire non (à la violence, aux abus sexuels etc.), avec *Intolérance et racisme, Non !* de Florence Dutheil[38]. C'est dans les livres pour les 10-14 ans, enfin, que les minorités visibles deviennent vraiment audibles. Dans *Djamila*, avec tact et émotion, Jean Molla dénonce la violence exercée contre les filles dans les cités ; plus qu'un appel à la tolérance, le roman est un témoignage et la dénonciation d'une situation qui s'aggrave[39]. Jeanne Benameur écrivit *Samira des Quatre-Routes* pour répondre « à l'aggravation du problème posé par la double culture, aggravation très lourde pour les filles en particulier en milieu maghrébin »[40]. Dans ce roman, Samira met en mots l'inconfort de sa condition de Beure : « Entre ceux qui pensent qu'on ne peut rester fidèle à son pays qu'en revendiquant la tradition et ceux qui refusent de nous considérer simplement parce qu'on est arabes, comment savoir quel chemin prendre ? Est-ce qu'on ne peut pas être arabe et libre en France aujourd'hui ? »[41]. Confortée par son ami François, elle embrasse finalement sa double appartenance culturelle et fournit ainsi un « modèle idéal » à celles qui la lisent[42]. Momo, dans *Momo, petit prince des bleuets* de Yaël Hassan[43], et Félix, de la trilogie de Marc Cantin[44], remplissent également cette

---

36. Didier Daeninckx, *Le Chat de Tigali*, Paris, Syros jeunesse, 1990.

37. Virginie Lou, *La Violence, carton rouge !*, ill. de Serge Ceccarelli, Arles, Actes sud junior, 1998.

38. Florence Dutheil, *Intolérance et racisme, Non !*, ill. de Henri Fellner, Paris, Bayard jeunesse, 2004.

39. Jean Molla, *Djamila*, Paris, Grasset jeunesse, 2003. Notons la création en 2003 de l'organisation « Ni putes ni soumises » « pour dire non à la dégradation constante et inadmissible que subissent les filles dans nos quartiers » (voir leur site <www.npns.fr>, dernier accès le 17 juin 2011).

40. Jeanne Benameur, *Samira des Quatre-Routes*, ill. de Catherine Lachaud, Paris, Castor Poche Flammarion, 1992, p. 4.

41. *Ibid.*, pp. 101-102.

42. Les personnages de littérature jeunesse sont des « enfants qui peuvent être perçus et choisis par les jeunes lecteurs comme des modèles de conduite ou comme des modèles idéaux. Les enfants s'identifient alors au personnage, par des mécanismes de projection ou d'introjection » (Chombart de Lauwe, *op. cit.*, p. 5).

43. Yaël Hassan, *Momo, petit prince des bleuets*, ill. de Joëlle Boucher, Paris, Syros jeunesse, 2003.

44. Parue chez Milan : *Moi, Félix, 10 ans, sans papiers* (2000), *Moi, Félix, 11 ans,*

fonction. Personnages attachants, ils servent en outre à sensibiliser le lectorat « majeur ». À en juger par le corpus évoqué dans mon article cité ci-dessus, les minorités visibles sont ainsi placées dans des situations de visibilité généralement favorables, comme le réclamait Beyala. Dans ces livres, nul besoin de cet article de la loi du 16 juillet 1949 que suivent les publications pour la jeunesse – « Aucune chronique, aucune rubrique, aucune insertion présentant sous un jour favorable le banditisme, le mensonge, le vol, la paresse, la lâcheté, la haine, la débauche ou tous actes qualifiés crimes ou délits ou de nature à démoraliser l'enfance ou la jeunesse » – auquel est venu s'ajouter en novembre 1954 « ou à inspirer ou à entretenir des préjugés ethniques »[45]. La littérature jeunesse contemporaine s'emploie au contraire à combattre de tels préjugés éventuels et à refléter une France métissée.

Le projet du livre de Perrot et Bruno était en 1993 de « prendre acte de la transformation du paysage culturel et des croisements linguistiques qui s'effectuent dans de nombreux pays »[46]. En 2000, Causse intégrait dans *Qui a lu petit lira grand* des considérations sur la violence, la citoyenneté, le racisme. Pour le présent ouvrage, j'ai décidé de donner la parole à treize auteurs qui traitent plus ou moins ouvertement du multiculturalisme et des minorités visibles dans leur œuvre. Ce livre se propose ainsi d'abord comme des rencontres. Rencontre d'une enseignante-chercheure française expatriée aux États-Unis avec des auteurs jeunesse venus d'horizons ethniques, culturels et religieux variés. Rencontre d'auteurs différents, rencontre de voix différentes et de styles différents. Rencontre autour des questions du multiculturalisme, du multiethnique, de l'interculturalité, des minorités visibles en littérature jeunesse française contemporaine. Le sujet est vaste, impossible à circonscrire. Les propos échangés ici montrent la multiplicité des points de vue, indiquent des portes d'entrée[47]. Chacun de mes interlocuteurs a envisagé ces questions – la place du multiculturalisme, la représentation des minorités visibles dans cette production jeunesse – selon son expérience personnelle, ses origines, son parcours (professionnel et/ou littéraire). Certains sont nés en France, d'autres à l'étranger. Certains sont nés de parents français, d'autres de

---

français de papier (2003) et *Moi, Félix, 12 ans, sans frontières* (2003).

45. Alain Fourment, *op. cit.*, p. 113.

46. Jean Perrot et Pierre Bruno, *op. cit.*, p. 14.

47. Voir également mon article basé sur ces entretiens : « Des minorités plus visibles : Réflexions d'auteurs jeunesse », *Raison publique* 13, octobre 2010, pp. 351-365.

parents étrangers ou de couples mixtes. Certains ont connu l'exil, l'immigration, d'autres pas. Certains ont grandi en France, d'autres sont arrivés plus tard. Certains ont déjà abondamment écrit pour la jeunesse (voire même pour un public général), d'autres y sont venus récemment. Certains écrivent à temps plein, d'autres exercent une autre profession (éducateur ou professeur ou infirmière...). Ils ont fait les beaux-arts, sciences-po, des études de lettres, d'anthropologie. La plupart publient de la fiction, allant des livres pour tout-petits aux romans ado. Ils écrivent dans tous les genres – humour, fantastique, noir etc. Tous vivent en France et écrivent en français, pour un public français, toutes couleurs confondues.

Ce livre se propose également comme une plate-forme de discussion où ces auteurs jeunesse abordent un sujet d'actualité qui les concerne et nous concerne tous. Ils y parlent de leurs livres, du processus d'écriture, de l'illustration et touchent au social, au politique, même à l'historique. Le choix des treize auteurs (et illustrateur) interviewés ici est tout à fait subjectif[48]. Ils ont gracieusement répondu de vive voix ou par mail à des questions générales (d'ordre social, politique, culturel), à des questions sur leur œuvre et sur leurs positions, à des questions personnelles aussi.

À travers les entretiens, des réflexions se font écho. Si certains déplorent encore une certaine « frilosité » chez les éditeurs (Cantin, Ebokéa, Atangana), d'autres (parfois les mêmes) reconnaissent que c'est en littérature jeunesse que les minorités visibles sont encore le mieux représentées (Ebokéa, Kalengula). Mais il y a représentation et représentation : représentation anodine, comme celle d'une classe avec des enfants de couleurs différentes ou avec des noms à consonances étrangères, ou représentation pour dénoncer des problèmes précis (violences, racisme etc.). Cette dernière présente le risque de ghettoïser ces enfants « autres », de les reléguer dans un espace géographique et socio-culturel donné, dans des comportements donnés (Ressouni-Demigneux). Nous sommes tous, toujours, sous le regard de l'autre, mais ce regard peut parfois peser très lourd (Bouzar, Ressouni-Demigneux) et assigner à l'enfant une identité qu'il ne se reconnaît pas nécessairement, ou qui, pour lui, n'est pas incompatible (Pineau). Certains de ces auteurs prônent une normalisation de la présence des

---

48. Auraient pu venir s'ajouter à eux des auteurs comme Thierry Lenain, Brigitte Smadja, Jeanne Benameur, Guillaume Guéraud, Alex Godard, pour n'en citer que quelques-uns.

minorités visibles dans les textes destinés à la jeunesse (Bouzar, Kalengula), en évitant d'enfermer ces enfants dans une pseudo-différence et en évitant de généraliser (Bouzar, Kalengula), de tomber dans la caricature (Truong), en évitant la notion de quota ou de discrimination positive aussi (Gudule). Chaque enfant – lecteur en l'occurrence, mais personnage aussi – a sa propre histoire, son propre vécu, sa propre culture (religieuse ou autre). Plusieurs de ces auteurs soulignent l'importance de connaître ses origines, de savoir d'où l'on vient pour se construire, pour aller de l'avant (Aouadi, Ben Kemoun, Bouzar, Ebokéa, Pineau), sorte de condition justement pour se positionner dans le monde, pour y progresser et vivre ensemble. Ressort l'importance de savoir qui l'on est (Aouadi, Ebokéa), d'où l'on vient (Atangana, Pineau), un savoir qui a fait défaut à certains jeunes dont par exemple les pères étaient absents ou faibles (Pineau), dont les pères immigrés, anciens colonisés étaient silencieux ou perdus dans le pays d'accueil (Atangana, Bouzar, Sebbar). Un certain travail de mémoire s'impose (Aouadi, Pineau, Tran), sans toutefois limiter l'enfant, l'empêcher de progresser, de vivre sereinement avec autrui dans le milieu qui est (maintenant) le sien. Ces treize auteurs ne se posent pas en prédicateurs, en donneurs ni de leçons ni de réponses, certains ont tenu à le souligner (Atangana, Ressouni-Demigneux, Tran). Ils reflètent la société française telle qu'elle leur apparaît, multiculturelle (Cantin), avec par exemple un rejet de l'étranger moins individuel, plus national qu'avant (Gudule). Leurs personnages sont à un moment donné confrontés à une certaine problématique qu'ils surmontent plus ou moins bien. L'espace du roman (ou du livre), ils vivent quelque chose qui les fait évoluer en tant qu'être humain (Ben Kemoun, Tran), ils passent, pour reprendre les termes d'Hubert Ben Kemoun, un Rubicon. Aux lecteurs de le passer avec eux, de grandir par ces textes, de se défaire d'un passé colonial qui, selon certains, continue de hanter l'inconscient collectif (Atangana) et perdure dans des pratiques contemporaines (Bouzar).

Perrot se demandait si l'on verrait « un jour publier en France une étude semblable à celle de Dianne Johnson : *Telling Tales, The Pedagogy and Promise of African American Literature for Youth*, dans laquelle l'auteur présente les spécificités des textes écrits par des Noirs pour les enfants noirs »[49]. À la lumière de ces entretiens et des

---

49. Jean Perrot et Pierre Bruno, *op.cit.*, p. 15.

livres de ces auteurs, on peut aujourd'hui répondre par la négative ; une négative qui serait allée en 1993 à l'encontre des espoirs de Perrot mais qui, en 2011, montre les véritables progrès de la représentation du multiculturalisme et des minorités visibles en littérature jeunesse ces vingt dernières années. Reconnaissons notre passé commun, aussi lourd soit-il, ne pratiquons pas une littérature de la relégation[50] et allons, avec cette littérature riche et diverse et tous les espoirs dont elle est porteuse, vers un meilleur vivre ensemble.

N.B. Les entretiens sans mention de lieu ont été réalisés par email.

---

50. À l'exemple des grands ensembles, devenus des « lieux de relégation » (Robert Castel, *La Discrimination négative. Citoyens ou indigènes ?*, Paris, Seuil, 2007, p. 22).

Nadira Aouadi

« Ma culture ne craint pas d'être envahie »

La famille Saperli est une famille de gentils monstres : ils ont des petites cornes sur la tête et des poils partout, partout, partout… Madame Saperli est toute blanche, monsieur Saperli est tout rouge et Popette, leur fille, est toute rose. Mais Popette a un petit problème : elle n'a pas de poils partout, partout. Popette n'a pas de poils aux pattes et elle a toujours froid aux pieds. Et, en plus, tout le monde se moque d'elle à l'école ! Ses parents ont beau lui répéter qu'elle est très jolie comme ça, elle aimerait bien, elle, être comme toutes ses copines.

Alors, un jour, monsieur et madame Saperli décident d'amener Popette chez un grand spécialiste des pieds… de monstres, bien sûr. Le médecin examine Popette, puis il écoute ses pieds, les chatouille, les gratouille et dit enfin : « Il faut que tu trempes tes pieds deux heures par jour dans du chocolat chaud ! » « Chouette ! » dit Popette.

Mais, après avoir trempé ses pieds plusieurs jours dans le chocolat, Popette en a ras les cornettes : c'est sûr, elle a chaud aux pieds, mais elle ne voit aucun poil pousser !

Extrait de Nadira Aouadi, *La Famille Saperli*, ill. de François Daniel, *Abricot*, © Fleurus presse, 2005.

février 2006, mars 2006

Commençons, si vous le voulez bien, par quelques informations biographiques[1].

Je suis née à Alger le 17 juillet 1971. J'ai vécu à Alger jusqu'à l'âge de cinq ans et puis mes parents ont décidé de venir en France en 1976. J'ai passé mon enfance dans les Hautes Alpes, en France. Mon apprentissage de la langue et ma scolarité se sont poursuivis sans difficulté car mes parents ont été très attentifs à notre capacité d'adaptation à moi et à mes deux sœurs.

Quelle est votre formation ?

Mes études ont pris un chemin littéraire et j'ai passé un baccalauréat philosophie-arts plastiques. J'ai ensuite obtenu un diplôme national d'arts plastiques aux beaux-arts de Marseille équivalant à une licence. Comme tous les étudiants de ma génération, le désenchantement a montré le bout de son nez. J'ai donc changé de trajectoire pour devenir formatrice-éducatrice dans un centre de formation pour jeunes adolescents en très grandes difficultés sociale et familiale. Mes ateliers pédagogiques étaient axés sur les arts plastiques et le français. J'ai alors développé des méthodes pédagogiques personnalisées, ce qui m'a permis de me replonger dans les bases de l'apprentissage.

En quoi consistait votre emploi de formatrice-éducatrice ? Par quoi étaient caractérisées les difficultés sociale et familiale de ces adolescents ?

J'avais la responsabilité d'un atelier d'arts plastiques et de culture générale. Mes objectifs pédagogiques n'étaient que des prétextes afin d'amener ce jeune public à retrouver des habitudes d'horaires et à se

---

1. Nadira Aouadi a d'abord publié dans la presse : *Mystère dans le train des Sorcières* (*Histoires pour les petits*, septembre 2008), *Pilou, roi des Glinglins* (*Toupie*, avril 2008), *Le Cirque de Zazie* (*Toupie*, février 2007), *Le Bidule à carabistouilles* (*Toupie*, juin 2006), *La Chasse aux monstres* (*Pomme d'api*, janvier 2006), *Le Chant du coq* (*Toupie*, mars 2005), *La Famille Saperli* (*Abricot*, février 2005), *Gaspard en a marre* (*Toupie*, juin 2005), *La Petite cuillère magique* (*Abricot*, octobre 2005), *Le Doudou de l'ogre* (*Toupie*, octobre 2004).

positionner dans les activités. Le but principal était d'établir des moments de dialogue afin que les jeunes puissent reprendre confiance en eux-mêmes et en l'adulte formateur. Cette association se trouvait à Marseille.

Passons à votre écriture. Depuis combien de temps écrivez-vous ? Comment en êtes-vous venue à écrire pour les enfants ?

En l'an 2000, mon ventre s'arrondit. J'ai arrêté de travailler pour des raisons diverses et variées et je me suis intéressée aux livres jeunesse pour mon bébé. J'ai par chance une amie illustratrice jeunesse qui m'a soufflé, il y a deux années [en 2004] cette belle idée : « Et si tu écrivais ? ! ». Donc j'écris depuis deux ans. Mon fils de cinq ans m'a beaucoup inspirée évidemment !

Votre expérience comme lectrice. Quels auteurs de littérature générale avez-vous aimés, aimez-vous ? Des auteurs vous ont-ils influencée ? Le mouvement beur, la littérature beure vous ont-ils intéressée ?

Mes préférences littéraires sont Paul Auster, Carver, Toni Morrisson, Albert Cohen, Hermann Hesse, Charles Bukowski, Aziz Chouaki… et tant d'autres. Je ne connais pas la littérature beure, mais il n'est jamais trop tard. Je n'ai pas eu à me chercher ou à me reconnaître dans une communauté ou dans une identité étant donné que je savais d'où je venais. En effet, j'ai la chance d'avoir des parents qui ont cultivé le travail de la mémoire. Ils nous ont transmis oralement des trésors d'anecdotes et d'aventures familiales. Ce sont des histoires qui m'ont donné des ailes.

Avez-vous reproduit ces histoires et anecdotes dans vos textes ?

Les contes et les histoires ont permis à ma mère de maintenir et de travailler sur la mémoire de mes grands-mères (trop tôt disparues). Ces anecdotes sont très importantes, elles font partie de mon éducation et rappellent le caractère poétique et imagé de ma langue maternelle. C'est pour cela que sans le savoir j'ai peut-être reproduit l'esprit de ces contes dans mes récits.

À en juger par les textes que je connais, vous semblez préconiser le domaine du conte, plus que le quotidien et la réalité sociale. Est-ce le cas ?

Je ne pense pas privilégier le conte, j'essaie plutôt de travailler sur le quotidien en le transposant. Mon écriture est instinctive, les thèmes abordés me viennent de mon quotidien ou d'idées farfelues qui m'amusent. Depuis votre questionnaire, les contes de mon enfance me sont revenus, l'oralité permet de garder des souvenirs de voix, de rythmes, d'intonation qui forment le cadre de l'histoire. Les images sont alors propres à chacun et cela permet à chaque enfant de se dessiner son histoire. Pendant mon parcours artistique aux beaux-arts, je travaillais à partir de photos de famille, mes travaux racontaient déjà mes petites histoires. J'avais envie de retranscrire ses rythmes, ses voix et surtout cette langue que j'ai perdue au profit d'une intégration scolaire qui se devait d'être sans ombre. C'est pour cela qu'à présent, après tout cela, j'ai un projet d'écriture autour de cette idée du multi-culturel et de cette langue imagée qui, même si on la perd, reste écrite quelque part.

Avez-vous l'impression que, depuis une trentaine d'années, l'édition et la presse pour la jeunesse offrent une image plus mul-ticulturelle de la société française ?

J'ai discuté de cette question avec mon entourage personnel et profes-sionnel et en réalité l'édition a effectivement fait un effort. La palette éditoriale multiculturelle est très satisfaisante et en plus ce sont de très beaux ouvrages.

Pensez-vous qu'il y a, en France, un marché pour les histoires intégrant des personnages d'origine maghrébine, africaine ou asiatique, voire leur donnant le rôle principal ?

Tout à fait.

De par vos origines algériennes, des éditeurs vous ont-ils réclamé des textes multiculturels ?

Je n'ai eu aucune proposition d'éditeurs concernant le multiculturalisme. Pour être honnête, je ne m'étais jamais posé la question du multiculturel dans mes histoires jusqu'au moment où vous m'avez contactée. Le multiculturalisme me touche de près car je suis d'origine algérienne et mon enseignement et mon parcours se sont faits en France. Le multiculturalisme est une évidence pour moi, il est à la base de mon parcours. Ma culture ne craint pas d'être envahie, car elle a sa place, elle s'ouvre aux autres. Cette ouverture permet de découvrir la diversité et un certain sentiment de liberté. À mon sens, c'est sous cette forme que le multiculturel peut exister, dans la générosité et sans peur de l'autre ou de perdre sa propre culture (grande angoisse actuelle).

Louis Atangana

« La société française a besoin de se mettre 'sur le divan' »

Vincent Ntuygwentondo, neuf ans, orphelin de mère française et de père africain, déménage avec sa grand-mère maternelle des Minimes à Empalot, cité au sud de Toulouse.

« Tu viens de quel pays ? » À Empalot, c'était Mouloud qui lui avait posé en premier cette question. Comme toujours, il n'avait su y répondre et s'était senti diminué. Il venait d'où ? La première fois qu'on lui avait demandé ça, il habitait encore aux Minimes. Il devait avoir trois ans. Huguette Delieu, une vieille fille qui venait parfois chez Grand-mère, s'était penchée vers lui, alors qu'il jouait à côté du vieux poêle à mazout. Elle était intriguée par son nom à lui. Son origine.

Comme il n'avait su répondre, elle s'était tournée vers Grand-mère. Regard interrogateur.

– C'est africain comme nom, avait répondu Grand-mère évasive. Ma fille a épousé un Africain. Ils sont morts dans un accident de la route. Depuis, c'est moi qui m'en occupe.

C'est ce qu'avait raconté Grand-mère à la voisine qui avait pris un air compatissant. Grand-mère avait parlé d'autre chose et ça s'était arrêté là. Un peu plus tard, il avait voulu savoir ce que c'était l'origine. Grand-mère avait haussé les épaules :

– C'est un mot qui veut pas dire grand-chose, avait-elle lancé avec mauvaise humeur.

Depuis, Grand-mère n'avait jamais voulu lui révéler quoi que ce soit de plus. Il en était révolté et tourmenté. On le prenait parfois pour un Antillais ou un Arabe. Il n'était ni l'un ni l'autre. Vaguement

Africain. C'était tout ce qu'il savait.

Il avait très vite trouvé sa place à Empalot. Loin du regard glacé de Grand-mère, il s'était construit un personnage, savait manier l'insulte, cracher avec dédain, cogner lorsque c'était nécessaire. À la fin du mois d'août, il avait le sentiment d'avoir toujours vécu là. Dans ce quartier. Pourtant il y avait cette question sans réponse. Il venait d'où ? Une plaie inguérissable. Mouloud, Nabil, João, Boubacar et Lulu savaient d'où ils étaient et l'avaient toujours su. Pas lui. C'était comme s'il avait un visage sans relief et sans profondeur. Il était sans origine, comme d'autres sont sans domicile fixe ou sans papiers. Sans origine connue. C'était sa faiblesse. Sa souffrance.

Extrait de Louis Atangana, *De nulle part*, © Éditions du Rouergue, 2002.

mai 2008

La question du multiculturalisme et sa représentation dans la littérature jeunesse. Beau et vaste programme. Ce thème reste d'ailleurs peu ou parfois mal abordé par nos éditeurs.

Comment cela ?

Il me semble que les éditeurs sont un peu frileux quand il s'agit de parler de multiculturalisme et surtout des causes. J'entends par là la période coloniale. Ce sujet n'est abordé que dans une simple perspective historique (le passé) alors que cette question reste présente. La question de l'origine dans *De nulle part* est intimement liée à ce passé, la cité n'étant qu'un prolongement, en métropole, des quartiers indigènes dans les villes coloniales. Je travaille d'ailleurs à un manuscrit qui aborde ce sujet. C'est l'histoire d'une jeune fille blanche mais qui a toujours vécu en Afrique et se comporte comme une Africaine. Lorsqu'elle s'installe en France, ses camarades de classe (noirs et beurs) se moquent d'elle, de ses manières, alors qu'elle se comporte comme une fille du pays d'origine de ses camarades. Et puis ils l'accusent d'être une fille de colon. À travers ce manuscrit, j'aborde la complexité du passé et du présent liés à la colonisation. Il me semble que pour parler de cela, on ne fait pas encore confiance aux minorités visibles et à leur point de vue. Au contraire, puisque notre président [Nicolas Sarkozy] a évoqué les bienfaits de la colonisation ! Il faut que les éditeurs français se rendent compte que la France a changé et que les minorités visibles sont capables d'écrire des romans sur ces questions. Mais ces romans ne doivent pas non plus montrer trop de bons sentiments.

Comment envisagez-vous ces romans alors ? Quels sont les écueils à éviter ?

J'envisage un roman qui prendrait en compte la totalité de la société. Ses mentalités. Son inconscient collectif. Les écueils ? Ils sont multiples. J'en retiendrai un principalement : vouloir donner des réponses. Tirer des conclusions. Le roman ne peut faire qu'une chose. Interroger. Appuyer là où ça fait mal. Il faudrait éviter une littérature revendicative et tirant vers une volonté de repentir. Ne pas emprisonner les personnages et le jeune lecteur.

Je souhaite revenir sur les éditeurs. Je crois qu'en ce qui concerne la littérature jeunesse, on a des difficultés à représenter les milieux populaires. Les minorités dites visibles appartiennent pour une large part à ce milieu. La littérature jeunesse est surtout une littérature de classe moyenne. D'autre part, ce ne sont pas spécialement les éditeurs qui ont des difficultés avec les auteurs issus des minorités. Mais c'est toute la société. Le problème de la discrimination fait largement débat en ce moment. Je tiens à souligner, par ailleurs, que les sujets abordés par un auteur lui appartiennent. La représentation des minorités n'est pas la chasse gardée des auteurs issus des minorités visibles.

Vous laissez entendre que les éditeurs ne font pas confiance aux minorités visibles pour écrire des romans. Et pourtant, dans le domaine littéraire général, figurent, et ce de façon proéminente, des auteurs venus d'ailleurs — auteurs maghrébins, africains, voire russes et chinois, Andreï Makine et Dai Sijie par exemple. Alors, le problème s'applique-t-il surtout à la littérature jeunesse, au fait que le public soit encore jeune (et malléable) ?

Dans le domaine général, il est vrai qu'il y a une grande ouverture aux auteurs venus d'ailleurs. Je vois peu d'auteurs en littérature jeunesse. C'est un fait.

De même, il n'y a pas en littérature jeunesse le pendant d'une Annie Ernaux pour écrire sur la classe populaire (et dans le cas d'Ernaux, la réhabiliter).

Vous avez sans doute raison et je crois que c'est assez représentatif de la société française et de ses blocages. Ses petites disputes de bourgeois parisiens. Il faudrait le pendant d'Annie Ernaux. Il faudrait accueillir toutes les sensibilités.

Je crois qu'en littérature jeunesse, on voit trop de romans avec des personnages qui parlent comme dans les années cinquante ou soixante. Imaginez un roman qui fait parler un tirailleur sénégalais comme un poilu de la première guerre. On n'y croit pas. Pourtant ça existe. Par ailleurs, je pense que la littérature jeunesse souffre d'une inflation de romans historiques et de « l'héroïc fantasy ». Bref, tout le monde produit les mêmes romans (Le Rouergue et d'autres tentent d'être différents mais c'est dur pour ces maisons) par peur de prendre des risques. D'assumer une différence. On se trompe sur le lectorat. Les jeunes d'aujourd'hui ne sont pas ceux des années cinquante. La télé, par exemple, leur apprend des choses que le roman jeunesse ne peut taire.

Le parallèle que vous établissez entre la cité de banlieue contemporaine et les quartiers indigènes des villes coloniales est intéressant. Il est vrai que tous deux sont à la périphérie, en marge, tenus à distance par un « centre » qui régule tout et décide de tout. Une différence serait-elle alors la mixité qui existe dans les cités ? Et d'autre part, les révoltes régulières (et pour l'instant stériles) qui les animent ?

Il est évident que la mixité (bien qu'on connaisse un certain recul en ce moment ; les différentes politiques de la ville ont eu tendance à séparer les communautés) constitue une différence avec les quartiers indigènes. Je ne suis pas sûr que les révoltes restent stériles. Elles ont donné lieu à des associations, à des débats qui tentent de faire évoluer la situation. Seulement les médias ont la fâcheuse tendance à enfermer les cités dans une image. À donner à voir des stéréotypes.

Pour le parallèle avec les quartiers indigènes, je parlerai de l'idée maladroite mais consciente d'avoir instauré dans les quartiers, lors des émeutes de 2005, une loi sur le couvre-feu datant de la guerre d'Algérie. Il me semble que c'est éloquent. Et affligeant également.

La représentation des cités dans certains livres pour la jeunesse compenserait alors l'image qu'en donnent les médias (je pense au roman de Guillaume Guéraud, *Couscous Clan* par exemple[1]) ?

Il est vrai que certains romans contredisent la représentation que font les médias et c'est vrai que Guillaume fait partie de ces auteurs avec un vrai regard. Il arrive à briser les clichés. D'après ce qu'il m'a dit, il a vécu dans une cité bordelaise. C'est un auteur que j'apprécie beaucoup. Et je suis content de le rencontrer dans des salons. Je crois qu'on est par certains côtés assez proches.

Venons-en à votre premier roman paru en 2002, *De nulle part*. Cette vie de cité a été décrite dans les années 1980 par des auteurs beurs, comme Mehdi Charef dans *Le Thé au harem d'Archi Ahmed*, reprise dans des films, comme *La Haine* de Mathieu Kassovitz au milieu des années 1990, qui annonçaient (ou rappelaient selon la date) les émeutes de 1995 et plus récemment de l'automne 2005. Ce roman est donc encore tout à fait d'actualité ?

Je crois en effet que *De nulle part* reste malheureusement d'actualité. Il faudrait y ajouter cependant la dimension religieuse qui éloigne un peu plus les communautés.

Savez-vous quel lectorat *De nulle part* a touché ?

De nulle part a touché des lecteurs adolescents issus de tous les milieux. Le roman a été étudié dans des classes de collège.

Vous faites dire à André, le compagnon de la grand-mère du personnage principal, Vincent, que cette situation, ce « malaise des banlieues » est dû au chômage et au manque d'espoir. Est-ce votre sentiment personnel ?

---

1. Guillaume Guéraud, *Couscous clan*, Rodez, Éditions du Rouergue, 2004.

Ce que je fais dire à André n'appartient qu'à lui. Quant à moi, je pense que c'est plus complexe. Ce qui frappe les quartiers, ce sont les différentes discriminations. Un regard négatif qu'on pose sur les cités. Je voudrais d'ailleurs rappeler que les banlieues ne sont pas seulement une continuité des quartiers indigènes. Elles proviennent aussi des « quartiers dangereux » du 19ème et du 20ème, « classe laborieuse, classe dangereuse ». Ensuite, un problème d'éducation se pose également. Les jeunes n'ont plus de repères. Ils naviguent dans des bouts de cultures de manière tout à fait superficielle. Y compris avec la culture dite d'origine. Ils reprennent des imageries qui ne sont pas la réalité. Pour conclure, deux choses font défaut. Le manque d'autorité (le père est bien souvent absent, pour plusieurs raisons) et le manque d'éducation s'ajoutent aux raisons avancées par André.

Le monde décrit dans le roman est très polarisé — la cité (Empalot) contre la ville (Toulouse), le collège et lycée contre le CFA, les Arabes contre les Portugais, les persécuteurs contre les persécutés. Tout ne se réduit-il qu'à ce binarisme ? N'y a-t-il pas de voie moyenne ?

Dans ce roman, le monde est très polarisé. Parfois. Attention, c'est un roman dans lequel il m'est arrivé de jouer. De parodier. Les bagarres sont (ou se voudraient) une parodie du style épique. La vie et la société ne pourront jamais être réduites à ce binarisme. Tout est toujours plus complexe. Il y a toujours des liens entre les individus. Malgré tout. Et puis, les persécutés peuvent devenir aussi des persécuteurs en raison même des persécutions subies. Rien n'est figé. Même ce que je vous raconte en ce moment.

L'identité est au cœur de ce roman. Qui est Vincent Ntuygwentondo, cet enfant de neuf ans au début du roman ?

Vincent et son identité. J'ai envie de dire et ses identités. Vincent habite dans une banlieue, endroit pour moi qui représente le multiculturalisme, sa beauté, sa violence et la difficulté de cette rencontre. Ce choc. Quant au personnage, il me semble qu'il vit cette tension de manière intérieure. Son premier obstacle vient de ce que sa grand-mère [française] n'accorde que très peu d'importance aux origines. En cela, elle représente une période et une attitude que les Français ont eue mais ont perdue. Je veux parler de l'assimilation. Vincent est né en France, il vit à Toulouse. Le reste pour elle ne compte pas. L'identité de Vincent s'arrête là. Or, ce qui complique la vie de Vincent, c'est que son environnement social lui demande de décliner son origine puisqu'il est métis. Ici, on aborde la transformation d'une société française qui a du mal à reconnaître comme français ces jeunes Noirs et Beurs qui sont français et n'auraient pas à décliner une quelconque origine. Vincent est pris dans ce piège-là. Il est d'ailleurs doublement piégé car ses copains, par réaction à l'exclusion de la société française (on demande toujours à un Beur ou un Noir son origine et on entend par là son origine extra-européenne même s'il ne la connaît pas ou peu), se replient sur la culture du pays d'origine de leurs parents qu'ils connaissent peu ou mal. Mais qu'ils revendiquent. Ils renvoient des clichés. Vincent aimerait faire comme ses copains (c'est le mimétisme des ados), mais il ne le peut pas. En bref, on lui pose une question à laquelle il ne peut répondre. Il se sent donc diminué mais aussi tiraillé entre ce que pense sa grand-mère et ce que pensent ses copains sur l'origine et l'identité. C'est entre cette tension, dans cette blessure qu'il devra grandir et faire sa vie d'homme. Dans une société dans laquelle les individus se communautarisent.

Vincent est seul, exilé en classe, dans la cité au début puisqu'il y est nouveau venu, chez Grand-mère, dans son corps d'adolescent. Il reste un étranger avec son héritage et son nom biculturels, ce, malgré sa quête des origines. Le grand-père et le père sont étrangers aussi, deux absents de la vie de Vincent, deux absents des photos. L'étranger (non-métis et masculin) est-il voué à l'absence ? à l'impossibilité de se fixer dans l'espace, de se fixer nulle part ?

Les pères sont absents de mes romans. Je ne l'explique pas bien. Pour Vincent, cela fait partie de son histoire, de sa douleur. Le père laisse un héritage qu'il ne peut assumer puisqu'il ignore ce qu'est cet héritage. Seul son nom le renvoie à ses origines. Mais un nom, c'est beaucoup et pas grand-chose. Les pères sont absents parce que c'est bien souvent le cas dans les quartiers et ailleurs. Ils ont perdu leur autorité ou ils ne veulent plus l'assumer. Les pères immigrés sont souvent perdus. Ils vivent dans une société qu'ils ne comprennent pas toujours.

Leurs enfants leur échappent. Ils renoncent. Les femmes me semblent plus fortes.

L'union avec un étranger est punie, la grand-mère est « fille-mère » et la mère de Vincent meurt dans un accident de voiture quand il avait moins de trois ans. Avez-vous désiré montrer ainsi un changement dans les mentalités ? un optimisme pour le futur puisque Vincent et Leïla s'aiment ?

L'amour de Leïla et de Vincent — ô le bel amour, le vrai amour — illustre le dépassement des origines et de leur fixation dans les divers communautarismes. Cet amour représente aussi une France nouvelle. L'un comme l'autre sont français et se sentent français. Ils flirtent comme tout jeune Français. Ils sont le multiculturalisme. Leur amour est la transcendance des communautarismes. Ils sont jeunes et ils s'aiment. Ils détruiront tout ce qui pourrait entraver leur amour. Pourront-ils le faire ? Je n'en sais rien et je ne l'ai pas écrit ! L'union de Leïla et de Vincent montre bien un optimisme et une évolution des mentalités. Même si ce phénomène dans la réalité est parasité par une régression. Le repli communautaire qui s'accentue.

Le lien entre Vincent et sa grand-mère, qui l'a élevé, est très fort. Quelle est leur relation ?

La grand-mère de Vincent était déjà une exclue, si je puis dire. Vincent le sera aussi d'une certaine manière — par exclu, j'entends exclu de toutes communautés. Il fera avec des petits bouts de cultures différentes. Le rapport au passé de Vincent reste problématique. À cause du silence de sa grand-mère. Il vit son passé de manière douloureuse. Avec un doigt accusateur porté sur lui : on le somme de décliner son origine. Son ethnie. Sa grand-mère lui a appris à dépasser cette question et à la transcender. En même temps elle nie, bien sûr, une partie de son identité. Elle veut le sauver de cela, mais il se produit le contraire. La vie de Vincent se fera dans l'errance. L'exil. Un déraciné. Même la cité le rejettera d'une certaine manière.

Le rapport au passé est également problématique pour la grand-mère.

La grand-mère de Vincent, quant à elle, tente d'oublier ou du moins d'enterrer son passé. Le passé de sa fille. Ces deux femmes se ressemblent un peu. Elles ont aimé un homme venu « d'ailleurs ». D'autre part, la grand-mère porte en elle le culte du futur. Toujours regarder devant soi. Éviter de se figer dans les souvenirs et dans le passé. En cela, elle se berce d'illusions, je crois. Quant à son passé, il est synonyme de manque de liberté. Voire d'oppression de la femme. De mœurs figées depuis des siècles : le scandale d'avoir fait l'amour hors mariage. D'être « fille-mère » comme on disait alors. Elle déteste ce passé-là. Ces traditions-là. Le roman laisse entendre en creux que le problème de l'origine s'est posé avec sa fille. Elle ne lui a pas donné le nom de son père. Dans la famille de Vincent, le passé est intimement lié au secret, au tabou, à une faute originelle. Pour la grand-mère, s'attacher à ses origines, c'est risquer de se replier dans le communautarisme et donc dans une sorte de racisme en négatif. Ou passif.

Il y a chez la grand-mère, chez la mère et chez Leïla, l'amie, refus du passé et désir d'un ailleurs pour échapper au regard d'autrui, au passé disons personnel. Ces femmes sont dans le refus et tournées vers l'avenir, alors que Vincent est tourné vers le passé, les origines, il finit d'ailleurs par faire un DEUG d'histoire. Cette divergence selon le sexe n'est-elle que fortuite ? J'ai remarqué que les femmes dans ce roman sont fortes, contrairement aux hommes, absents ou faibles (comme André).

Oui, je pense que les femmes sont plus fortes. Elles représentent un espoir à condition qu'elles ne reprennent pas des valeurs masculines. Quant à Vincent, il n'est pas seulement attiré par le passé. Il est tiraillé entre les deux.

Un autre personnage important est celui de Leïla, de qui Vincent se rapproche l'année du bac. La jeune fille veut partir, recommencer sa vie, oublier son passé et son nom, elle ne veut pas se laisser salir.

Sans le savoir, Leïla est proche de la grand-mère de Vincent. Le passé est tradition du pays d'origine. Le passé fige sa vie, impose des comportements et des soumissions qu'elle refuse. Sa révolte se fera par les études. Étudier, avoir un travail qui lui permette de fuir la cité et d'exprimer totalement sa personnalité et surtout sa féminité. Et par là, sa sexualité. Mais là, je m'égare hors de terres battues et rebattues de la littérature jeunesse. Cependant, Leïla est le personnage le plus équilibré. Elle sait d'où elle vient, qui sont ses parents, leur culture. Elle garde du passé ce qu'elle trouve bon. Le reste, elle le rejettera. Leïla veut d'abord être et vivre comme une femme libre. Bien avant de se demander si elle est beure ou musulmane ! Elle est prête à tout pour cela. Même à quitter son milieu, sa famille.

Pourriez-vous commenter cette phrase de Leïla : « On est ce qu'on a envie de devenir » ?

Cette phrase, je crois, exprime d'abord la révolte. Leïla veut échapper aux contingences de toutes sortes. Elle veut se construire comme elle le désire. Garder ce qui lui va, jeter le reste et prendre de la vie ce qu'elle aime. Il s'agit de rejeter la fatalité. De ne pas se poser en victime et attendre en se lamentant. Leïla veut construire sa vie. Être elle-même. Assumer ses actes. Trouver une certaine forme de liberté. Elle a raison en partie. Il est très difficile de s'extraire du regard des autres. On est aussi ce que les autres, leurs regards aliénants font de vous. Même s'il faut le combattre. La phrase de Leïla porte également un espoir en elle. Une sorte d'humanisme un peu maladroit. La croyance que chaque homme est totalement maître de son destin. Sans doute que Leïla, qui est en terminale, aura lu quelques philosophes. Elle en a retenu quelques bribes à sa façon.

D'un côté Vincent est « de nulle part », de l'autre les jeunes de la cité rêvent d'aller « ailleurs ». On reste dans l'indéfini ?

Je ne sais pas si on reste dans l'indéfini. En tous cas, on est dans le mal être et le mal de vivre. Ni les uns ni les autres n'arrivent à trouver leur place. Alors ils « rêvent », comme beaucoup d'adolescents. Ils retardent le moment où ils devront construire leur vie. Ce dont Leïla a conscience. Et c'est peut-être un peu plus dur parce qu'ils savent que la société ne leur fera aucun cadeau.

Malgré des vécus différents, Vincent et Julien, le héros de votre deuxième roman, *Chambre 27*, ont souvent des envies de taper. D'où leur vient cette violence ?

Mes personnages sont souvent violents. Ce sont des révoltés et des écorchés vifs. Ils vivent dans un environnement violent. Parfois machiste. Pour être un homme, on se fait respecter par la violence. Ils se trompent, bien sûr. Ils vivent aussi des situations complexes et n'ont pas les mots pour l'expliquer. Là où les mots manquent, la violence apparaît. Ce sont des personnages qui sont seuls, parfois faibles malgré l'image qu'ils voudraient donner. Et puis, chez eux, il y a aussi un manque affectif.

Publié un an plus tard, en 2003, *Chambre 27*, où le héros part pour finalement revenir, montrerait-il qu'il n'y a pas d'ailleurs possible ? et certainement pas vers le passé — Julien se rend aussi dans la ville où il a vécu petit avec ses parents et il ne reconnaît plus rien.

Je crois, en effet, que le vrai ailleurs est en chacun de nous. Changer notre regard, le décaler un peu et on crée un ailleurs. L'ailleurs, c'est aussi le passé. On ne le retrouve jamais. Il reste des lambeaux en nous. Ce moment est important pour Julien. Il prend conscience de sa sortie de l'enfance. De la transformation de toutes choses. Il prend conscience du temps. De l'engagement de chacun dans celui-ci. « On ne baigne jamais dans le même fleuve », disait Héraclite, je crois. Julien se rend compte qu'il est obligé d'avancer. Il doit donc se retourner et regarder vers l'avenir.

Si Julien est au centre de ce deuxième récit, Fatimatou y occupe une place importante, plus que Leïla dans *De nulle part*. Avez-vous voulu montrer plus la vie des filles, en l'occurrence une jeune fille d'origine malienne aux prises avec des traditions « de cons » (et là, le père est présent, pour faire respecter ces traditions, le mariage de sa fille adolescente à un homme mûr, déjà marié), une jeune fille qui, dans son comportement et ses modes de pensée, est plus française que malienne ?

Fatimatou est plus française que malienne. Oui. En même temps ses origines, la tradition et son père, qui en est le gardien, représentent pour elle un poids. Pour elle c'est un déchirement. Elle aime sa famille mais ne peut et ne veut se retrouver esclave d'une tradition. Tradition qui d'ailleurs évolue dans le pays d'origine. Le père, s'il représente l'autorité, c'est une autorité à contresens. (Problème de beaucoup de pères immigrés.) Le premier contresens est qu'il ne vit plus dans un village africain traditionnel mais dans une ville et dans un environnement culturel qui en principe refuse les mariages forcés. Autre contresens, il ne se rend pas compte que sa fille a grandi en France, est allée à l'école de la République et a intégré des valeurs du pays. Elle ne connaît rien du Mali. De la manière de pensée de ses habitants. Une parenthèse. J'ai écrit ce roman parce que j'étais révolté de voir que des milliers de filles étaient enlevées et mariées de force sans que l'administration ne s'en préoccupe. Une manière de dire qu'elles n'étaient pas complètement françaises. J'avais commencé le manuscrit lorsqu'un enseignant m'a reproché de ne pas parler des femmes dans *De nulle part*. J'en ai été profondément meurtri. Avec le recul, je crois que ce monsieur ne faisait qu'énoncer un préjugé. Les hommes des minorités visibles sont machistes, voire misogynes. Il y a tout un travail à faire sur ces préjugés et l'imaginaire qui est sous-jacent.

Alors que *De nulle part* s'achevait sur un avenir possible entre Vincent et Leïla, au terme de *Chambre 27* la relation Julien-Fatimatou appartient au passé, ce sont des « jours volés ». Que dire de ces relations interculturelles ?

La fin reste ouverte. Je crois qu'on ne peut tirer de conclusions. Tout ne peut être linéaire. Il y a des avancées, des rencontres et puis à certains moments les crispations sont plus fortes. Je crois que toute société est condamnée à entretenir des relations multiculturelles. Une société vit grâce à ses échanges. Croire qu'il y a eu dans l'histoire des sociétés complètement fermées est une bêtise. Ce que les Français doivent digérer en ce moment est peut-être lourd car, en ce qui concerne les Beurs et les Noirs, il faut d'abord casser les imageries issues de la colonisation et qui hantent encore l'inconscient collectif. La société française a besoin de se mettre « sur le divan » et de se regarder telle qu'elle est.

Vincent finit par découvrir que ce père qui lui a légué ce nom de Ntuygwentondo était gabonais. Et vous, quelles sont vos origines ? Comme Vincent, vous alliez un prénom français à un nom à consonance étrangère. Quel a été votre parcours ?

Certes, je ressemble un peu à Vincent. Seulement un peu. Je connais mes parents et pour l'instant, ils sont vivants. Mon père est d'origine camerounaise et ma mère est française. Je suis donc ce qu'on appelle ici un métis. Il n'y a rien d'étrange à l'alliance entre un prénom français et un nom africain. Il faut savoir qu'au 19ème siècle, les populations africaines qui n'avaient pas été islamisées lors des conquêtes arabes ont été christianisées par les missionnaires.

Mon parcours ? Lequel ? Bien que né à Paris, j'ai passé mon enfance au Cameroun. À Yaoundé. Une enfance africaine donc. Mais avec une éducation française. Ma mère. Je suis revenu en France à l'âge de onze ans. Seul. Sans mes parents. Pour faire mes études. Une période très difficile pour moi. J'ai appris ce que voulait dire être noir en France. J'ai eu une adolescence difficile. Perte totale de confiance en moi. Manque d'estime pour moi. Mon image. J'ai traîné dans des cités (Empalot par exemple). J'ai joué le rôle de Black, fils d'immigré. Je ne l'étais pas. Même socialement. Mon père travaillait au Cameroun et avait une situation plutôt confortable. Un jour, j'ai compris que je m'aliénais complètement. J'étais faux et je grandissais à travers le regard des autres. Que je devenais ce qu'ils voulaient que je sois et pas ce que j'étais. J'ai commencé à mieux me tenir et à faire attention à mes études. Comme j'ai toujours aimé lire, malgré tout, j'ai choisi de faire des études de lettres. Pour essayer de comprendre un peu mieux la littérature. Je ne sais pas si j'y suis arrivé. Mon parcours fait que parfois je garde de la rage en moi. De la révolte. Je suis souvent excessif.

En ce qui concerne la représentation des minorités visibles, leur prise de parole, où voyez-vous aller la littérature jeunesse ?

Je ne sais pas bien où je vois aller la littérature jeunesse. Je ne peux avoir que des espoirs. D'abord celui qu'un jour on s'aperçoive qu'il y a un lectorat issu des minorités visibles. J'espère qu'on fera un peu plus de place aux minorités visibles dans tous les domaines. Pas seulement dans la littérature. Tout est à faire. Tout. J'espère enfin que les mentalités évolueront pour que la notion de minorité visible soit un concept dépassé. Qu'on ne fasse plus attention à la couleur de la peau, aux religions. Qu'on voie d'abord un homme, avant de le voir comme issu d'un groupe ethnique. Qu'on juge chacun sur ses qualités et ses défauts d'Homme.

Quels sont vos projets d'écriture ?

J'ai des projets. Un texte dans lequel la notion d'origine se trouve un peu brouillée. Une histoire dont les personnages se trouvent pris dans des identités auxquelles ils ne pensaient pas appartenir[2]. J'ai écrit aussi un texte qui se passe dans un village africain. Le retour d'un vieil homme qui rentre dans son village après trente ans passés en France. Le décalage que celui-ci produit. Le choc des représentions de l'Europe. Sa place qu'il ne trouve pas dans ce village. Sa rencontre avec un enfant à qui il apprend à lire et qui, en lisant des romans, veut en quelque sorte en pénétrer. Voir les choses et les paysages qu'il a découverts à travers ses lectures. Cet enfant découvrira en outre que s'il est facile pour un Européen de parcourir le monde, pour lui c'est quasiment impossible. Un Africain n'a quasiment pas la possibilité d'aller à la découverte du monde. Pas seulement à cause de l'argent. Mais parce qu'on le prendra pour un clandestin en puissance. Je crois que c'est l'histoire que j'ai la mieux écrite. Elle ne sera jamais publiée en France[3]. Je ne pense pas. La littérature jeunesse, en ce qui concerne l'Afrique, reste largement sur des stéréotypes. Une imagerie coloniale. Et puis encore une fois, les petits Africains qu'on fait parler et vivre dans ces romans sont des « Français de la classe moyenne » déguisés en Noirs.

---

2. Ce texte n'a pas encore trouvé preneur (communication personnelle, octobre 2011).
3. En fait, elle est sortie en février 2012 sous le titre *Ma*.

Hubert Ben Kemoun

« Les solutions viennent de l'extérieur, mon voisin m'enrichit »

Mélusine, élève de 4ème, doit aider sa mère à trouver une solution au déménagement des livres de la bibliothèque vers la nouvelle médiathèque dont la municipalité de Trolles et sa maire Mme Mègre refusent de couvrir le coût. Le détournement de slogans de son ami Samuel amènera une solution inventive.

Les lecteurs passaient remettre leurs livres ou lui demander un renseignement. Au-dessus d'elle était accroché un panneau indicatif.

Les ouvrages empruntés aujourd'hui :
mercredi 12 juin
devront être rendus au plus tard :
mercredi 3 juillet

« On parlera ce soir ! ai-je fait dans un soupir.

– J'ai quelque chose à te montrer, cela peut t'amuser. Suis-moi. »

Elle m'a précédée dans l'espace des documentaires et des journaux. En bas de l'affichette : « Les magazines et les journaux ci-dessous vous sont conseillés par la municipalité de Trolles », le petit message ironique était devenu : « Attention l'abus de conneries est dangereux pour la santé mentale ! »

« Oui, c'est drôle ! j'ai dit, sans même faire semblant de sourire.

– Et je peux aussi te présenter l'auteur de ces petits mots, si tu veux ! Il est là !

– Bof, tu sais Béné, j'ai le moral en dessous de zéro.

– Regarde, c'est lui, là-bas, le garçon qui fouille dans les bacs de bandes dessinées. »

J'ai jeté un œil distrait vers le garçon qu'elle me désignait, et brusquement je me suis pris comme un mélange de grande gifle et de douche froide.

Samuel !

Il me tournait le dos mais je l'aurais reconnu entre mille.

« Lui ? Tu es bien sûre que c'est lui ? Ce n'est pas possible, tu dois te... »

Bénédicte venait de s'éloigner. Accaparée par un lecteur, elle cherchait avec lui un ouvrage dans les rayons.

Samuel se dirigeait vers la sortie. Quinze jours à jouer les gardes-malade à la maison ne m'avaient pas offert le loisir de fabriquer le hasard d'une rencontre, alors pas question de le laisser s'échapper ainsi.

Je l'ai rattrapé une cinquantaine de mètres plus loin, dans la rue de Provence. Je l'ai détourné !

Si, si, je l'ai détourné ! Sans un mot, sans mille maux, je lui ai attrapé le bras et je lui ai dit :

« Viens, si tu as un moment, je voudrais te montrer quelque chose ! »

Passée ma surprise, il a marché avec moi, de toute façon je n'avais pas l'intention de le lâcher. Je me faisais trop plaisir à le tenir ainsi. Je n'avais pas osé aller jusqu'à lui prendre la main, je ne tenais que son avant-bras, mais je trouvais cela déjà tellement agréable...

Je l'ai emmené derrière la bibliothèque. J'aurais dû le faire pour l'embrasser, mais je n'ai pas osé. J'avais connu assez de désillusions cet après-midi pour supporter un nouvel échec.

Je lui ai montré le slogan sur le mur :

LA RACE
EST LE PROPRE DE L'HOMME !

et je lui ai demandé :

« Et en dessous de celui-ci, qu'est-ce qu'on pourrait ajouter ? C'est ton rayon, n'est-ce pas ?

– Tiens, je ne l'avais pas vu celui-là ! » a-t-il fait en me jetant un sourire complice.

Il a ouvert son sac à dos et en a sorti une bombe de peinture rouge.

Extrait de Hubert Ben Kemoun, *Ma mère m'épuise*, © Éditions Hachette jeunesse, 1999.

septembre 2008

Dès notre premier contact vous m'avez précisé que, né en Algérie alors que ce pays appartenait à la France et français depuis cinq générations, vous n'êtes pas issu de l'immigration. Peut-être y a-t-il eu là quiproquo à cause de ce terme « issu de l'immigration » qui désignerait plutôt ceux qu'on a appelé les Beurs, les descendants d'immigrés maghrébins. Dans votre cas, vaudrait-il mieux parler simplement d'exil ? Ou accepteriez-vous mieux le terme de « post-migration » de Myriam Geiser[1] ?

Dès notre premier contact, je vous ai dit avec toute l'honnêteté possible que je n'étais pas certain d'être une personne bien intéressante à interroger dans le cadre de votre travail. Lorsque je suis né en Algérie, effectivement elle était française, et depuis un sacré bout de temps. Lorsque, à juste titre, ce pays est devenu indépendant, mes parents, comme d'autres, ont considéré qu'ils n'avaient plus à y rester, ou du moins que ce n'était plus possible. Alors oui, le rapatriement a été un exil, un déracinement. Un exil de misère. Je me souviens qu'à cette époque sur les catalogues de meubles, on choisissait son style de salon-salle à manger entre le Louis XV, le Louis XVI et le Napoléon et que ma mère affirmait avec une ironie un peu triste : « chez nous, on vit dans du style Louis Caisse ». Un exil avec la difficulté maladive d'accepter cet état de fait et pas seulement le changement de température. Un exil contre lequel mes parents, plus que moi, ont lutté, et je ne parle pas seulement de l'accent qu'ils ont gardé, de la mémoire gustative, de quelques petits détails folkloriques qui peuvent amuser les touristes qui aiment le Maghreb uniquement quand en août ils s'y

---

1. Myriam Geiser, « La 'littérature beur' comme écriture de la post-migration et forme de 'littérature-monde' », *Expressions Maghrébines*, *op. cit.*, pp. 121-39.

rendent en vacances, mais je fais allusion à des notions bien plus profondes.

Vous êtes né à Sidi-Bel-Abbes. Pouvez-vous me donner des détails sur votre parcours ? À quel âge êtes-vous venu en France ? Dans quelles conditions ?

Nous sommes venus en France métropolitaine en 1962, nous étions parmi les derniers rapatriés pieds-noirs, j'avais 4 ans, et mon parcours en analyse me permet de m'en souvenir très bien. Ma mère était enseignante et avait dû choisir dix départements français pour son affectation. Elle avait bien entendu sélectionné le pourtour méditerranéen avec espoir, et par la force des choses, des départements où elle connaissait des gens qui pouvaient nous accueillir. Elle a été nommée dans la banlieue nantaise à son grand désespoir (à l'époque). Elle était institutrice en maternelle. Au bout de trois mois après sa première rentrée, tous ses élèves, ces petits nommés Cédric, Gaël, Yoann, avaient l'accent pied-noir incroyablement prononcé de leur maîtresse. Un accent qui a dû particulièrement questionner leurs parents. Mon père a cherché du travail un bon moment et a modifié son nom pour en trouver.

Quelque chose vous destinait-il à devenir écrivain ?

Rien ! Sinon que peut-être que parce que son père a changé de nom pour ne plus avoir à subir le racisme ou l'antisémitisme cela a peut-être amené son fils à poser son nom sur des couvertures de livres. Rien ! Je n'aimais pas lire. La page à descendre était une paroi immense qui me semblait trop vertigineuse, et le parallélépipède rectangle d'un livre, un coffre dont le trésor ne pouvait justifier l'effort qu'il me faudrait faire pour le forcer. Rien ! Sinon que je voulais être heureux, comme n'importe qui, et que pour cela il me fallait prendre le pouvoir. Je l'ai fait sur mes personnages, sur des situations. Rien, sinon parce que, comme tout le monde, je voulais qu'on m'aime, et que ceux qui m'aiment, m'aiment davantage (et que ceux qui me détestent, me détestent encore plus). J'ai commencé en écrivant des chansons, j'avais une formation musicale et pour draguer les filles, le rock and roll permettait de belles ouvertures. Un jour, mes chansons ne m'ont plus suffi, elles ne disaient pas tout ce que je voulais, elles se sont changées en histoires, celles-ci ont intéressé la radio pour qui j'ai travaillé pendant une bonne dizaine d'années.

Dans toutes les sources que j'ai trouvées sur vous est donnée la signification de votre nom (et vous me l'avez également indiquée dans votre premier message), « fils de cumin » en hébreu. Expliquer votre nom semble important, pourquoi ?

Pour savoir où je vais, j'ai besoin de savoir d'où je viens. Ce n'est pas une formule littéraire, c'est le résultat d'un travail analytique long, douloureux et passionnant. Mon nom veut dire la même chose en hébreu et en arabe. En arabe on dirait plutôt Ben Kamoun, il me plaît de savoir et de rappeler qu'il n'y a qu'une voyelle de rien du tout entre nous. Tout le monde prononce Ben Kémoun, ce qui ne veut rien dire. J'ai assez souffert, enfant, de toutes les moqueries assez lamentables sur mon nom qui amusaient tant les autres. « Benne qui roule ». « Bac à nouilles ». « Belle queue molle ». On me les a toutes faites et je ne vous donne là que les plus présentables.

Dans l'introduction à son ouvrage, *La Littérature de jeunesse au croisement des cultures*, Jean Perrot voit l'arrivée sur la scène littéraire jeunesse d'Azouz Begag et Susie Morgenstern comme « une révolution copernicienne », comme l'installation dans l'institution d'une « parole autre »[2]. Êtes-vous d'accord avec ces propos ?

Je ne sais pas s'il s'agit d'une révolution et si elle est copernicienne. Je sais que je date les choses autrement. Pas à partir de l'apport considérable de Susie Morgenstern, de Marie-Aude Murail, de nombreux autres, mais à partir de la parole fondatrice d'une Françoise Dolto signifiant l'existence à part entière de l'enfant. À partir de cela, la notion d'identification du lecteur a été bouleversée et, bien entendu, les scénarios que la littérature jeunesse servait à son public ne pouvaient plus être exactement les mêmes. Le gamin n'était plus spectateur, il était dans l'ouvrage, tout simplement parce que le personnage qu'il croisait se posait les mêmes questions que lui, vis-à-vis de ses parents, de ses copains, de ses maîtres, de sa sexualité, du monde dans

---

2. Jean Perrot et Pierre Bruno, *La Littérature de jeunesse au croisement des cultures*, *op. cit.*, 1993.

lequel, non pas il allait entrer, mais dans lequel il grandissait. Ceci dit, il me semble important de rappeler qu'avant les auteurs français, les Anglo-Saxons avaient déjà entamé cette « révolution » (Roald Dahl etc.).

Vos livres sont ancrés dans la réalité sociale contemporaine, par exemple le trafic de cassettes de pornographie enfantine dans *Le Jour des saigneurs* dont un des personnages habite d'ailleurs une cité, mais vous écrivez somme toute peu (au vu de l'ensemble de votre production) directement sur le racisme, les tensions raciales, ni même sur les violences des cités.

Le monde dans lequel je vis aujourd'hui et dans lequel vivent mes lecteurs, c'est l'univers dans lequel j'installe mes scénarios et les histoires de mes personnages. Je n'aime pas, et je ne sais pas bien le faire, écrire des romans historiques ou d'anticipation, ils sont d'ailleurs peu présents dans mes lectures. Je viens du roman noir, un roman social plus qu'un roman d'enquête. Ce qui m'importe n'est pas seulement le décor, certains de mes héros vivent dans des cités – tout comme je vis en banlieue sud de Nantes –, non, ce qui me passionne et me mène c'est la transformation du personnage. Bien sûr que sa vie n'est pas la même s'il rentre chez lui face à un frigo plein ou si tous les soirs il sent transpirer l'absence d'espoir dans l'horizon des siens. Dans la série « De jour en jour » tout se passe en banlieue d'une ville non nommée, mais mon propos n'est pas un propos militant (anagramme de limitant). Un roman social, cela ne veut pas dire que l'on ne fait que décrire un décor, mais que le personnage d'un livre va vivre une aventure difficile, parfois très violente, parfois injuste et qu'il en sortira – s'il s'en sort, c'est moi qui décide, c'est même pour cela que je suis auteur – pour lui, rien ne sera plus jamais comme avant. Il n'aura pas nécessairement vaincu le racisme, viré les fascistes de son quartier, grâce à lui les candidats de progrès n'auront pas obligatoirement gagné les élections et le soleil ne brillera pas plus fort. Non, grâce à l'histoire, il aura passé un Rubicon essentiel pour lui. C'est tout ? Oui, mais ce passage est si rare, si fort. Mon personnage, et parfois aussi les personnages secondaires, et pourquoi pas le lecteur, auront vécu ce passage. Mon travail, tout mon travail n'est aucunement mené pour délivrer un message au sens où visiblement vous l'entendez. Je suis joueur de billard. Le racisme, la tension sociale, je les traite « par la bande ». Les romans écrits pour plaire à notre bonne (ou mauvaise) conscience dans lesquels le petit Black, la petite Beurette, le petit Juif ne peuvent être que victimes, tout cela m'ennuie au plus haut point. Je déteste la condescendance ! Entre l'amour et la pitié, j'ai fait mon choix !

Dans deux de vos séries, « Nico » et « De jour en jour », figurent des personnages minoritaires (Farid et Djamel par exemple) mais ils se fondent dans le groupe d'amis ou d'enfants, ils n'ont pas le premier rôle. Pourquoi ?

Parce que je tente, je dis bien je tente, d'écrire sur une notion large et universelle. Une sorte de trinité laïque qui tourne autour de : La vie / L'amour / La mort. Et ce tryptique concerne autant les Isaac que les Mourad. Je suis auteur de fiction, pas documentariste. Nico (personnage né il y a longtemps à partir de l'un de mes deux garçons) est un personnage récurrent d'une série qui porte son prénom[3]. Les Farid, les Djamila etc. sont là tout simplement parce que dans la classe d'un CE2 aujourd'hui, il y a des Farid, des Soumaya et d'autres. Aucun prénom, aucun nom, même de rue, placé dans mes livres n'est pris au hasard. Chaque nom est un clin d'œil parfois amical, parfois hostile à des gens que je connais. Et puis, est-ce que justement ce n'est pas l'objet de votre recherche que les David, Pablo et Farid se fondent dans le groupe ?

Dans votre série des « Nico », Nico est-il un nouveau Petit Nicolas, remis au goût du jour, et son copain Farid un nouvel Alceste (la gourmandise en moins) ?

Je suis désolé de vous contredire encore une fois, vous allez penser que je le fais exprès, mais mon Nico n'a rien à voir avec *Le Petit Nicolas* de Sempé. Comme je disais plus haut, Nico est né à partir de Nicolas Ben Kemoun – le plus beau garçon du monde avec son petit frère (ceci n'est pas négociable !) – qui, alors qu'il était en CE1, avait accepté de jouer poteau dans la cour de récréation pendant une partie de foot. Le premier titre de la série est intitulé *Tous les jours, c'est foot*. Mon personnage est un timide qui ne sait pas toujours comment

---

3. Aux éditions Nathan.

s'y prendre pour se faire des copains, pour déclarer son amour à une fille, pour se faire respecter dans la jungle complexe et parfois difficile de l'école.

Il était question que les histoires de Nico soient adaptées pour la télé. Cela s'est-il réalisé ?

Le projet n'a jamais vu le jour. Je le regrette, mais j'ai appris depuis qu'entre les tonnes d'idées que lance la télé avec son appétit d'ogre et celles qui aboutissent effectivement il y a un immense fossé.

Vous jonglez avec les mots, les sons et les lettres. Vous dites aimer Georges Perec et on sent l'influence de l'Oulipo dans certains de vos textes. Est-ce un simple jeu avec la langue française, une activité ludique, ou un détournement de la langue, une sorte de ligne de fuite postmoderne ?

Georges Perec, comme d'autres, fait partie de mes fondations et l'Oulipo un port où j'accoste souvent. Le travail sur la langue, en référence à la psychanalyse – l'inconscient structuré comme un langage – correspond à une intention littéraire, pas à une posture. « Les mots disent », ce qui est un pléonasme lamentable, cela signifie « Ce que je te raconte n'est pas exactement ce que je veux te raconter, mais si tu écoutes jusqu'au bout, si tu écoutes plutôt que de te contenter d'entendre, tu sauras de quoi au fond, il est question ». Quelque chose rate, trébuche, bégaye, hésite, les mots sont là pour nous le dire. J'ai un rapport charnel avec les mots, un rapport de désir et aussi de méfiance. J'ai passé mon enfance et mon adolescence à avoir une honte terrible de mes fautes d'orthographe, ceci est sans doute en rapport aussi avec mon nom si connoté que je n'arrivais pas toujours à assumer. Mais en même temps, ce langage qui titube est essentiel. André Breton résumait cela parfaitement quand il parlait de la « Lis tes ratures ». Il ne s'agit donc pas pour moi que d'un *joli jeu de jonglage de janvier à juillet* pour amuser le lecteur. Le signifiant ne peut être détaché du signifié. La musique des mots m'importe et mes heures de dialogues pour la radio et le théâtre me l'ont appris.

Dans *La Galette des trois*, vous jouez sur les mots, avec les mots, partant de l'expression « vouloir décrocher la lune ». Vos rois

mages – enfin, les vieillards qui le seront, ou du moins l'un d'eux, mais on ne sait pas qui trouva la fève et devint roi – se prénomment Meltapar, Gastazar et Baltachior. Si on remet les syllabes dans l'ordre, il y en a deux de trop, deux « ta », syllabe au cœur de chaque nom, comme un dénominateur commun.

Exactement ! Le « ta » central est un point de capiton autour duquel tournent les trois noms de mes personnages quelque peu ridicules. C'est aussi leur point commun. Encore une fois, pour cet album, il s'agit d'une histoire laïque et la notion de décrochage de la lune est une question ô combien personnelle et intime – qui n'a rien à voir avec quoi que ce soit de religieux – d'où l'adjectif possessif que vous avez relevé. Si on vous demande ce que signifie pour vous « décrocher la lune », il m'importe que votre réponse soit différente de la mienne ou de celle de mon voisin Ali ou Abraham. Et en même temps, décrocher la lune signifie partout dans le monde « essayer d'être heureux ». Tous les personnages des livres de toutes les littératures désirent cette même chose. Que ce « bonheur » à réussir le casse de la Banque de France, récupérer les bijoux de la Castafiore, retrouver Mercedes et se venger en revenant de sa geôle dans le château d'If ou arriver enfin à déclarer à Simone qu'on en pince pour elle… la même chose, la même lune ! Et comme l'idéal du bonheur n'existe pas, cet album prétend dire que ce n'est pas la lune qu'il faut décrocher. Ces trois vieillards ne sont pas particulièrement sages, et vous avez sûrement noté que la solution, la sagesse, vient d'un étranger, d'un inconnu. Je crois que la solution, les solutions viennent de l'extérieur et que mon voisin m'enrichit. Je le dis avec d'autant plus de force aujourd'hui, dans un pays où un ministre du gouvernement ne semble avoir pour mission que les quotas de reconduites à la frontière qu'il réalise dans l'année. En ouverture de son monumental *La Vie mode d'emploi* Perec a tenu à faire apparaître la phrase de Jules Verne tirée de *Michel Strogoff* : « Regarde, de tous tes yeux, regarde ! » Vous voyez bien (c'est le cas de le dire) que l'on parle de l'ailleurs et de la différence dans mes ouvrages.

Les rois mages ont été traditionnellement dépeints comme représentant l'humanité entière, le vieillard blanc, le jeune Asiatique et l'homme mûr noir. Est-ce à dessein que vous avez effacé ces distinctions d'âge et de race, pour en fait ne préserver que le carac-

tère humain de ces personnages (peut-être justement contenu dans ce « ta » qu'ils partagent) ? L'illustratrice a représenté ces vieillards en hommes blancs. Les aviez-vous imaginés ainsi ?

L'illustratrice de cet album, Isabelle Chatellard, a décidé les choses ainsi et j'y adhère. Je dois préciser d'abord que je suis un auteur qui n'intervient pas sur le travail de « mes » illustrateurs. J'aime que ceux-ci s'approprient mon histoire. Lorsque je travaillais pour la radio et que je lisais mes textes à haute voix dans mon bureau, tous mes personnages avaient un accent pied-noir abominable, ce sont les metteurs en scène ou les metteurs en ondes de Radio France qui utilisaient des tessitures de voix auxquelles je n'avais pas accès. Ces trois hommes, pour moi, ne sont ni blancs, ni noirs, ni jaunes, ils sont juste trois hommes. Si le dessin avait été plus réaliste, peut-être aurait-il fallu leur donner trois couleurs de peau différentes, et encore, je n'en suis pas du tout certain.

Contrairement à Gil Ben Aych[4], vous mettez peu de personnages juifs en scène, peut-être Barnabé Rosenthal, mais ce livre, *Quelques heures de folie dans la vie de Barnabé Rosenthal*, porte sur l'indifférence d'un père surchargé de travail, pas sur l'identité juive.

Quelques heures de folie dans la vie de Barnabé Rosenthal est un livre particulier pour moi. Un texte sur l'impression d'abandon. D'une certaine façon, je suis le peintre Till Rosenthal, le père de Barnabé Rosenthal. Lorsque je voyage un peu partout en France ou à l'étranger pour des salons ou pour des rencontres avec des classes, j'abandonne les miens « pour aller faire tourner des ballons sur mon nez » comme disait la chanson des Canadiens de Beau Dommage. Donc, parce que c'est moi, le nom de Rosenthal a une consonance particulière, mais encore une fois, au risque de me répéter, la notion identitaire m'insupporte. Je n'aime pas les Juifs ! Je n'aime pas les Catholiques, pas plus que les Arabes. Je n'aime ni les Noirs, ni les Blancs, ni les Verts, ni les Jaunes. Je n'aime pas les Bretons, pas davantage les Alsaciens… J'aime mes amis ! (Hannah Arendt disait cela mille fois

---

4. Gil Ben Aych est l'auteur, entre autres, du *Voyage de Mémé* (Paris, Pocket Jeunesse, 1996) et du *Livre d'Étoile* (Paris, Seuil, coll. Points Virgule, 1986).

mieux que moi.) J'ai expliqué cela lors d'une conférence dans la ban-lieue de Grenoble, il y a quelques années. Deux mois plus tard, une illustratrice est venue m'alpaguer sur un salon du livre pour me de-mander : « C'est toi qui as dit que tu étais antisémite pendant une ren-contre à Grenoble ? T'as pas honte ?! » Pas d'autres commentaires à faire. La re-fabrication du ghetto, très peu pour moi !

Suite aux immigrations, la France est désormais une société multi-culturelle, multiethnique ; on ne peut pas parler de melting pot car les différentes communautés ne se fondent pas vraiment dans un creuset commun. Comment, en tant qu'auteur, auteur jeu-nesse, représenter cela ? Il me semble que vous avez choisi d'inclure des minorités dans vos livres, sans leur donner le pre-mier rôle (car cela ne serait pas représentatif de la réalité) mais sans justifier leur présence non plus. Le copain de Nico s'appelle Farid, celui d'Hugo (dans *Comment ma mère est devenue célèbre*) s'appelle Djamel, et voilà.

En gros, vous me dites, il faut construire de l'intégration, et c'est déjà trop fait dans vos fictions. Vos lignes de démarcations ne sont pas assez nettes (je ne prends pas le terme démarcation au hasard). Si c'est cela, j'assume ! Mon travail est celui d'un raconteur d'histoires. Oui il y a des cultures différentes, des religions et des horizons distincts, mais, sans la moindre vanité, je tente d'aborder des notions universelles dans mes ouvrages. Lors de mes rencontres scolaires, j'ai eu l'occasion de vérifier auprès de mes lecteurs une chose simple et rassurante à la fois. Les enfants se ressemblent. Lorsque je raconte mes histoires ou parle de mes ouvrages à des gamins à Nantes, en banlieue parisienne, au fin fond de la Creuse, mais aussi à Tunis, à Beyrouth, à Manille, à Moscou ou Mayotte, ces mômes rient des mêmes choses, ont la trouille au même passage, sont gênés sur la même situation. Voilà exactement ce qui m'intéresse. C'est le nœud de mon travail. J'ai dit plus haut qu'il n'est pas question de refabriquer le ghetto pour moi. Non, le racisme n'est pas mon fonds de commerce, pas davantage la Shoah ou le choc des cultures. Mais j'aborde ces questions, et je l'ai déjà dit, pas de front mais par la bande. C'est le cas dans *Ma mère m'épuise*, dans *L'Œuf du coq*, dans *Les Hasards sont assassins* pour ne citer que trois titres. C'est la notion d'humain (ou de l'inhumain) qui m'importe.

Sous couvert de ludisme oulipien, on peut parfois déceler dans vos textes un message politique. Par exemple, dans *Ça zozote au zoo*, le zèbre se demande quelle lettre de l'alphabet est la plus importante. Vous lui faites répondre qu'aucune ne peut dominer les autres ; comme les diverses communautés en France ? Parallèlement, *Les Dix ans du yack* fait l'éloge des mots monosyllabiques, des petits mots, des rouages inférieurs de la langue ; comme ceux de la société ? Dans *Tu te trompes, petit éléphant*, l'éléphant essaie de faire une phrase « extrabécédaire », qui utiliserait toutes les lettres ; comme la société devrait « utiliser » toutes ses composantes, tous ses habitants ?

Ces exercices oulipiens, ces gageures, sont avant tout des jeux de la langue. Mais effectivement c'est le rab dont je parlais. Se passer de lettres rend la phrase impossible. Les utiliser absolument toutes dans chaque phrase est un pari difficile et qui n'a pas d'autre intérêt que de faire jouer l'enfant (ou l'adulte) dans le cadre d'une production d'écrit en classe. L'harmonie, ce n'est pas, j'aime tout le monde, ça c'est le *politically correct* qui sévit de plus en plus, et aussi en littérature jeunesse. L'harmonie c'est plutôt : « je dispose de tout l'éventail et je peux l'utiliser ou pas selon mon besoin ou mon désir ». Nous pouvons être heureux ensemble parce que différents. Je m'ennuierais avec quelqu'un qui me ressemble. « La Corse aux Corses », « La Bretagne aux Bretons » me sonnent avec le même dégoût que les graffitis de l'extrême droite qui réclamait « La France aux Français ». La restriction aux monosyllabes dans *Les Dix ans du yack* est un peu différente, mais si vous voulez absolument y trouver un sens au regard de votre recherche, on peut penser que les copains du yack qui viennent le voir en décidant de ne parler qu'avec des mots courts pour ne pas pointer son handicap (son bégaiement) sont fort sympathiques. Seulement, à force de ne pas dire les différences, c'est le yack lui-même qui va les remercier avec un mot interdit. Est-ce que cacher les différences ne les rend pas plus apparentes ? Je me pose la question. En cela, *L'Énigme de la lettre volée* d'Edgar Poe est assez éclairante.

Un monstre dans la peau montre, après une coexistence difficile entre Samuel et le grand cobra tatoué sur son bras et qui y a pris vie, un respect mutuel entre l'enfant, blanc et roux, et le monstre, l'étranger qui devait rester immobile et muet, sage comme une

image, mais qui a pris vie et parole. Est-ce une parabole des comportements respectifs de la première génération d'immigrés maghrébins et de leurs enfants ?

Absolument pas ! Mais alors pas du tout ! Cette histoire fantastique de Samuel fait allusion à tout autre chose, et vraiment je ne peux vous laisser avancer une telle interprétation. Ce gamin a un monstre en lui. Il frime avec, et en même temps, ce monstre l'encombre. Ce cobra – avec toute la métaphore sexuelle que cette image comporte – il va devoir apprendre à vivre avec.

Vous avez écrit des textes ouvertement politisés. Dans *Ma mère m'épuise*, dont l'histoire est située dans le sud-est où le Front National marque toujours beaucoup de points, vous faites la critique d'élus locaux d'extrême droite. L'élection de Djamila Hichour comme sirène de Trolles est bien sûr un pied de nez ?

Le roman se passe dans une ville qui s'appelle Trolles, en référence à celle de Vitrolles où sévissait Bruno Mégret et sa femme (pour cette raison la Maire s'appelle, Madame Mègre). Le livre s'appelle *Ma mère m'épuise*, mais il signifie aussi, Ma Maire m'épuise. Djamila Hichour existe vraiment et était une super jolie fille (je ne sais pas comment elle a vieilli…), elle méritait de remporter la victoire. Oui je fais des pieds de nez. Je vous ai expliqué que l'on écrivait aussi pour être détesté par ceux que l'on déteste.

Toujours dans *Ma mère m'épuise*, Samuel détourne et ridiculise les insultes racistes ; dans *L'Œuf du coq*, le coq, borgne et xénophobe, est bien sûr à l'effigie de Jean-Marie Le Pen, c'est un coq qui meurt faute de ne pas pouvoir pondre un œuf, faute de descendance. Pensez-vous, comme Azouz Begag, que l'humour est la meilleure arme contre le racisme et l'intolérance ?

Le coq meurt parce que les autres en ont fait un festin. Parce que cette crapule de coq raciste était en train d'affamer le zoo et de le vider de tous ses habitants. Il n'y a pas de contrat à passer avec le diable, on le combat et on le tue. Ce n'est pas pour des questions de descendance qu'il meurt, dois-je vous rappeler que ce sont les poules qui pondent les œufs ? Maintenant si ce coq est borgne, ce n'est pas seulement à cause de Le Pen et de son handicap. J'ai retiré un œil à ce coq – ce qui a fait débat chez Casterman quand j'ai envoyé mon texte et qu'ils l'ont pris en trois jours – non pour me moquer des handicapés, et ce n'est pas à cause du leader du Front National. Ce coq, qui veut qu'on ne parle qu'en pur français, ne regarde que d'un seul côté, il fait preuve d'une sorte d'hémiplégie intellectuelle et sociale. Mon travail d'auteur, le vôtre d'enseignante, c'est d'ouvrir le champ de vision de mes lecteurs, de vos élèves. C'est pour cela qu'on nous paye. Avec un livre, on voit plus loin, on agrandit l'espace et le monde. D'un point de vue analytique, cela m'intéresse que Jean-Marie Le Pen qui ne voyait que d'un œil ait tenu ce genre de discours xénophobe toute sa vie. Mais mes lecteurs ne savent pas nécessairement que Le Pen est borgne. Moi petit, je l'ai vu à la télé avec un bandeau sur l'œil, aujourd'hui sa prothèse est parfaitement bien réussie – et tant mieux pour lui – et je suis personnellement incapable de dire de quel œil ce type est borgne. Cette demi-cécité est signifiante. Elle garde toute sa valeur quels que soient les prochains leaders de ce parti politique. Pour ce qu'il en est de l'humour, je ne crois pas que ce soit le seul moyen de combattre. Dans *Ma mère m'épuise* certainement, dans *L'Œuf du coq* non, il faut tuer l'ennemi. C'est la deuxième fois que vous faites référence à Azouz Begag dans vos questions, sachez qu'en rien, il ne fait référence pour moi.

Ce livre, *L'Œuf du coq*, a été interdit dans certaines villes du sud, n'est-ce pas ?

Comme quoi mes ennemis ont complètement compris ce qu'il y avait dans ce livre. Mais vous savez, à cette époque, quand des villes ont basculé dans les mains de l'extrême droite, les bibliothécaires ont fait jouer des clauses de conscience et sont partis ailleurs. Ceux qui faisaient jouer l'imprimatur dans les bibliothèques de ces villes, n'étaient plus des professionnels mais des potiches à la solde de leurs nouveaux employeurs.

J'ai lu que vous êtes professeur de français. Dans quel genre d'établissement enseignez-vous ?

Je ne suis pas professeur de français. Je travaille depuis plus de trente ans dans le domaine de la santé mentale. Je travaille avec de grands psychotiques (l'institution spécialisée dans laquelle j'exerce reçoit des enfants de 5 à 17 ans). J'ai un statut d'éducateur spécialisé. La confusion que vous faites réside dans le fait que j'ai une formation Montessori et que j'ai créé une classe spécialisée dans le cadre de cet établissement. Je fais donc la classe et apprends à lire, à compter et à écrire à des enfants d'une douzaine d'années qui sont en rupture avec la notion symbolique que nous avons intégrée, qui nous a permis d'apprendre la lettre, la syllabe, le mot, le chiffre, le nombre et ses opérations. L'évolution de l'éducation spécialisée m'inquiète au plus haut point. Nous avions créé des asiles, au sens de l'accueil, c'est-à-dire au sens le plus noble de ce terme. Nous nous retrouvons à présent à devoir passer notre temps à pondre des rapports de projets sur des gamins avec lesquels nous n'avons pas encore établi de lien et qui sont encore des fauves ou encore en escargotage, comme disait Dolto. Dans des moments de violence ou de conflit, j'ai droit à des insultes racistes ou antisémites de la part de certains enfants. Mais je dois préciser que je travaille avec – par exemple – des petits Blacks qui n'ont pas encore intégré la couleur de leur peau, et peuvent très bien affirmer « J'aime pas les Noirs ».

Votre métier influence-t-il votre écriture ?

Ma curiosité au monde influence mon écriture. Par déontologie, je m'interdis d'écrire sur les enfants dont j'ai la charge avec mes collègues. Mais cette affaire évoquée au début de cet entretien, « Ce que je te dis n'est pas exactement ce dont je veux te parler », a complètement trait avec l'écriture. Je n'ai jamais voulu être seulement auteur. Le travail de terrain, en contact avec une réalité difficile, violente, passionnante participe à ce que je suis, donc évidemment à mon écriture. Mais je suis auteur, pas reporter sur ce pan de ma vie. Il est également évident que mon métier d'auteur influence mon travail dans ma classe.

Vous écrivez pour tous les âges et dans des genres très différents. Où va votre prédilection ?

Je fais le plus merveilleux des métiers. Vous vous rendez compte ? On me paye pour mentir, pour raconter des histoires. J'ai tous les pouvoirs de la terre. Je décide si le soleil se lève, à quelle heure et de la météo de la semaine. Je décide si aujourd'hui on vit ou on meurt. Je suis plutôt issu du roman noir, comme je vous l'ai expliqué au début de notre entretien. Depuis que j'ai commencé à publier mes livres, j'ai l'impression de faire une sorte de tour du monde, comme d'autres appareillent un jour à bord du voilier qu'ils ont mis trois ans à construire dans un hangar. Ils partent pour une grande révolution planétaire. Moi c'est pareil. J'accoste mon stylo à des rivages noirs très souvent, des ports urbains et sombres, mais j'aime aussi « mouiller l'encre » dans des criques désertes ou remonter des estuaires inconnus. Parfois certaines idées méritent de longues traversées complexes, on appelle cela un roman. D'autres parcours semblent plus simples, plus rapides, mais ne sont pas moins jonchés d'écueils, ce sont peut-être des albums. J'entends rester assez inclassable, c'est même pour cela que, tout en essayant de répondre honnêtement à vos questions, j'ai, à plusieurs reprises, alors que je tapais mes réponses, pensé que vous cherchiez malgré vous, à me classer quelque part. Et que vous risquez d'être fort déçue. Je n'en suis pas complètement désolé.

L'écrivain jeunesse devrait-il, selon vous, être un écrivain engagé ?

Écrire, c'est prendre le pouvoir ! Oser placer son nom sur la couverture d'un livre, c'est assumer ce pouvoir. On n'est pas auteur de ses bonnes notes en français, en grammaire ou en rédaction, on est auteur de son appétit, du regard que l'on pose sur le monde et de la place que l'on prend dans la société. Comment pourrais-je installer mes histoires et les rendre crédibles si je ne savais pas à quoi il ressemble ce monde dans lequel je vais faire évoluer mes personnages ? Bien sûr qu'un auteur doit s'engager. Pas nécessairement dans un parti politique, mais être membre à part entière de la vie de sa cité, oui ! Je n'écris pas pour mon nombril, mais en tant que citoyen ayant l'immense, l'incommensurable prétention, non de changer le monde, mais de bouleverser quelque chose chez mes lecteurs. Eux, devenus plus grands, se chargeront de le faire évoluer, ce monde. Ce n'est pas grand-chose ? Au contraire, je trouve cela gigantesque.

Dounia Bouzar

Déconstruire tous les discours et faire avancer le vivre ensemble

Dounia Bouzar a conçu ce livre pour « aider les jeunes filles (dès l'âge de 11 ans) à vivre leur double culture tout en restant elles-mêmes » (présentation de couverture). Autour de la maison et autour du collège, elle les aide à comprendre, accepter et expliquer le fait qu'elles sont et françaises et musulmanes.

Quelle que soit la raison pour laquelle vos parents ou vos grands-parents se sont installés ici, vous, vous êtes française. La particularité de votre situation, c'est que vous êtes les premiers à vous installer en France avec cette religion : jusqu'à ces dernières décennies, les Musulmans qui travaillaient ou étudiaient en France retournaient par la suite vivre dans leur pays. Il y avait peu de Français de religion musulmane installés en France pour toujours.

En ce début de siècle, vous êtes plus de 4 millions de Français musulmans, et ce chiffre va grimper très vite puisque vous allez faire des enfants. Vous vivez entre les Musulmans qui ne sont pas français et les Français qui ne sont pas musulmans ! Vous évoluez au milieu de toutes ces personnes qui, par certains côtés, vous ressemblent et, par d'autres, diffèrent de vous. Votre culture n'est ni celle des uns ni celle des autres, elle est double, elle emprunte aux deux groupes.

Vous avez de la chance d'être issue de deux cultures, de connaître le fonctionnement de deux pays, et souvent de parler plusieurs langues, donc de voir le monde de plusieurs façons. C'est une chance et une richesse : vous connaissez les avantages et les inconvénients de chaque culture, et vous avez donc plus d'idées pour vivre votre vie au mieux. Seulement, les personnes qui vous entourent n'ont pas toujours la même ouverture d'esprit que la vôtre.

D'un côté, vos parents ou vos grands-parents ont été imprégnés d'une seule culture et ils ont parfois le sentiment que si vous n'agissez plus exactement comme eux vous allez devenir une étrangère.

D'un autre côté, les personnes de votre entourage – professeurs, animateurs, copains, copines, parents de vos amis – ont également connu une seule culture. Eux aussi ont le sentiment que, lorsque vous ne pensez pas exactement comme eux, vous êtes complètement différente. Ils se disent alors : « C'est normal, c'est dû à sa culture maghrébine [ou africaine]. » Ils ont des idées bien arrêtées sur cette culture, qui ne sont pas toujours justes.

Alors, souvent, lorsque les uns et les autres parlent avec vous, ils vous demandent – sans nécessairement le dire comme ça – de choisir : « Êtes-vous africaine ou française ? » Comme si vous deviez être tout l'un ou tout l'autre, sans autre possibilité !

Cela vous dérange, parce que vous ne vous sentez ni complètement française ni complètement africaine. Vous avez une identité mélangée, riche des éléments des deux cultures, et vous trouvez que c'est beaucoup plus intéressant.

Extrait de Dounia Bouzar, *À la fois française et musulmane*, © Éditions de La Martinière, 2002.

Paris, 23 septembre 2008

Vous avez publié plusieurs livres, tous ayant trait à l'Islam, dont deux pour la jeunesse. Mais parallèlement à vos activités d'écriture, vous travaillez. Vous avez travaillé par exemple à la Protection Judiciaire de la Jeunesse.

Je suis une ancienne éducatrice à la Protection Judiciaire de la Jeunesse. J'ai repris mes études d'anthropologie tardivement, en 2001. Mon premier livre, *L'Islam des banlieues* est mon mémoire de licence. J'ai continué jusqu'au doctorat et j'ai soutenu ma thèse il y a deux ans en anthropologie du fait religieux. J'ai un parcours de femme de terrain d'abord. J'ai fait quinze ans de terrain auprès du juge des enfants, beaucoup d'interculturalité à cette époque-là et je me suis spécialisée sur le fait religieux au moment de la reprise de mes études, uniquement.

Où est-ce que vous avez fait ce travail de terrain ?

J'ai travaillé dans la région lyonnaise. J'ai pris mon premier poste de titulaire dans le Nord-Pas-de-Calais où je suis restée neuf ans. J'ai déménagé sur la région parisienne quand le ministre de l'Intérieur, Nicolas Sarkozy, m'a nommée comme personnalité qualifiée au Conseil Français du Culte Musulman. Je pense avoir été nommée parce que j'étais une des seules à travailler sur les Musulmans pratiquants en France.

Vous êtes aussi auditrice auprès de l'IHEDN, l'Institut des Hautes Études de Défense Nationale.

Oui, je suis la première Musulmane, repérée pratiquante, à y avoir été intégrée.

En quoi est-ce que cela consiste ?

C'est un institut illustre rattaché à la Défense qui forme une centaine d'élites par an. Ils mélangent deux tiers de hauts gradés, qui vont partir à Matignon ou en haut lieu, à des civils, en général des chefs d'entreprise. Chaque année, ils prennent deux ou trois intellectuels. Je le dis parce que c'est eux qui m'ont appelée, je n'ai jamais postulé à cet endroit-là. Au bout d'un mois je me suis rendu compte que tout le monde avait postulé et passé des tests, et quand j'ai vu que je n'avais pas passé de tests, je l'ai très mal pris. Je me suis dit que c'étaient des discriminations, « Ils ont voulu une Dounia ». Il y avait un Giscard d'Estaing, il y avait un De Gaulle et il y avait Dounia Bouzar au milieu qui n'avait pas passé de tests. J'ai trouvé cela aberrant, alors je leur ai dit : « Vous avez voulu faire de l'ethnicité, vous m'avez prise sur mon nom, vous ne m'avez pas prise pour ce que je suis ». Ils ont dû jurer que chaque année ils appelaient deux intellectuels dont ils lisaient les livres, qu'ils savaient que les intellectuels n'iraient jamais dans ce genre de chose et que c'était bien en tant qu'intellectuelle et pas en tant que Dounia qu'ils m'avaient prise. C'était important qu'ils me le disent, sinon j'arrêtais. Des journalistes et des chefs d'entreprise postulent chaque année. C'est élitiste et c'est surtout du réseau pour les gens qui sont dans les affaires, qui se font des connaissances. On vous fait faire le tour du monde. On vous explique les relations internationales avec la France. Il y a des aspects intéressants. Cela fait découvrir un autre monde, cela fait visiter plusieurs pays. Cela fait aussi visiter la vision du monde de l'armée parce qu'on le fait dans les conditions de l'armée. On prend des avions militaires et le fait d'être sans arrêt avec les militaires, moi qui étais très antimilitariste, cela a cassé mes représentations. Je me suis rendu compte que, du fait de leur métier, ils avaient quand même développé beaucoup de capacités humaines. Naturellement, ils savent qu'on ne rencontre jamais des cultures ou des religions mais qu'on rencontre toujours des individus qui s'approprient des éléments de culture et de religion qui sont toujours en interaction, donc leurs visions sont moins figées. Il n'y a pas les Musulmans, les Noirs, les Arabes. Ils savent que Mohamed n'est pas pareil que Karim qui n'est pas pareil que... Ils ont tellement roulé leur bosse, tellement vu de situations difficiles que finalement ils savent bien que les hommes se suivent mais ne se ressemblent pas, même quand ils ont la même religion ou soi-disant la même culture. Donc ça, c'était intéressant. C'est très prenant, pratiquement un an ; votre employeur vous met à disposition quand vous êtes sélectionné.

Vous êtes aussi co-fondatrice de Dynamique Diversité, n'est-ce pas ?

Oui, mais là, il y a une grosse rupture cette année parce que Dynamique Diversité est en principe un laboratoire d'idées. Moi, je fais très attention de rester sur une posture de chercheuse. Il est très important pour moi de ne jamais me faire récupérer par un parti politique parce que j'estime que mon engagement citoyen à moi est de déconstruire tous les discours quand on parle de culture ou de religion et que c'est là que je suis compétente et c'est là que je fais avancer le vivre ensemble. Ce n'est pas en adhérant à l'un ou à l'autre parti. Donc à chaque fois qu'il y a des élections j'ai beaucoup de pressions, de tout le monde, ce qui veut dire que je travaille bien parce que personne ne sait sur quoi je vote, chacun essaie de me récupérer, je résiste. J'avais créé Dynamique Diversité avec Laurence Méhaignerie et Marc Chepson sur cette formule. J'avais constitué des groupes de recherche dans mon domaine où j'avais mélangé la matière grise des flics, le DH de l'armée, des DRH des entreprises et des associations de jeunes. On partait de situations de gestion de diversités à régler, ensemble, avec nos fonctions respectives, nos places respectives et, ensemble, on déconstruisait. C'est comme ça qu'est sorti le livre *Allah, mon boss et moi*[1]. C'était un an de travail à partir de situations de gestion de diversités. C'était le postulat de Dynamique Diversité et puis cela a tourné par l'introduction de nouvelles personnes qui ont voulu qu'on prenne position dans le débat où Sarkozy veut changer la constitution en mettant le mot *diversité*, donc des postures très politiques. Je me suis retirée, en rupture. C'est comme ça que j'en suis venue à me mettre en profession libérale parce que c'est finalement la seule façon d'être complètement indépendante. Au Conseil Français du Culte Musulman, cela a été la même histoire. Au bout d'un moment j'ai bien compris qu'il y avait des récupérations politiques et politiciennes et que c'était de la gestion politique aussi avec les pays du Maghreb au lieu de faire l'Islam de France et que, finalement, je servais de paravent, parce que j'étais blonde, parce que je n'étais pas voilée, et on ne faisait pas du tout l'Islam de France. Je servais de poupée pour faire croire qu'on faisait l'Islam de France. Quand on travaille sur la question interculturelle, et spécifiquement maintenant sur la question Islam, l'indépendance idéologique et politique est toujours très difficile à conquérir.

En 2002, vous avez publié *À la fois française et musulmane*. Ce livre s'adresse aux jeunes Musulmanes d'origine maghrébine et africaine, mais vous y expliquez qui est Mohamed et ce qu'est l'Aïd, que ces jeunes filles connaissent. Vous fournissez des explications sur l'immigration, les traditions, l'espace « sexualisé » que ces jeunes connaissent. Ce livre s'adresserait-il donc alors aussi aux Français dits « de souche » ?

C'est dans tous mes ouvrages, finalement. Je l'ai fait un peu instinctivement pour ce premier parce que c'était vraiment un premier ouvrage, c'était une commande de la Martinière. Je ne sais même plus comment ils m'avaient connue. Après, j'ai continué dans tous mes

---

1. Dounia Bouzar, *Allah, mon boss et moi*, Paris, Dynamique Diversité, 2008.

ouvrages. C'est vrai que je pourrais avoir plus de lectorat si j'avais un discours où je visais un public déterminé. Du fait de mon histoire, qui est vraiment un produit d'interculturalité, de trait d'union, c'est vrai que je ne peux pas parler que d'un point de vue. C'est une fierté pour moi. C'est vrai que quand je publie un livre, en général je reçois du courrier de gens qui ne croient pas en Dieu, de Juifs, de Chrétiens, de Musulmans, d'Arabes qui ne sont pas croyants. J'ai un public très très hétérogène qui me suit, de droite, de gauche, à ma grande fierté, et on me demande d'ailleurs des interventions dans des endroits très différents. Le seul point commun qu'ils ont est qu'ils ont envie de déconstruire et d'avancer. Ce qui était dans *À la fois française et musulmane*, toute la diversité des gens auxquels je m'adresse, est resté et n'a fait que s'agrandir.

Vous avez eu des réactions de jeunes lecteurs à ce livre ?

Oui, j'ai eu des réactions parce que beaucoup de jeunes magazines à l'époque avaient publié des extraits d'*À la fois française et musulmane* et *Être musulman aujourd'hui*, notamment sur la question de relations filles-garçons, qu'après j'ai repris au niveau sexualité. Alors là, il y a eu énormément de jeunes lecteurs qui ont réagi. J'ai comme principe de donner mon mail, même mon téléphone, et il y a eu beaucoup d'échanges.

De garçons et de filles ?

Plutôt de filles. Chez les garçons, ce sont les plus âgés qui m'appellent. La tranche 30 ans, je ne sais pas pourquoi, aime bien communiquer avec moi. Mais pour les filles, il n'y a pas d'âge.

Elles sont plutôt musulmanes ?

Chez les jeunes, elles sont plutôt musulmanes.

Vous avez dit qu'*À la fois française et musulmane* était une commande de la Martinière. Est-ce que c'est l'éditeur qui a aussi déterminé la tranche d'âge[2] ?

---

2. À partir de 11 ans.

Oui, ils avaient telle commande ; soit j'acceptais, soit je n'acceptais pas. Mais par contre j'ai eu une grande largesse sur la façon dont j'ai abordé le sujet. Ils voulaient juste quelque chose qui ait trait à la double culture, c'était leur seule commande.

Vous avez fait allusion à vos origines. Vous êtes née de mère corse et de père algérien, des parents divorcés. Dans quel environnement avez-vous grandi ?

En fait, je suis quatre-quarts : corse, italienne, algérienne, marocaine. J'ai grandi avec ma mère. La double culture, je ne l'ai pas vécue de l'intérieur, je l'ai vécue par le regard extérieur. Très vite, dès que j'ai été en âge d'aller dans les magasins toute seule, je voyais le changement entre quand j'étais avec ma mère et quand j'y allais toute seule. Ce n'était pas la double culture que je vivais, c'était le poids des représentations et des stigmates. Ce n'est pas un hasard si j'ai tant travaillé dessus après. Je suis entrée dans les histoires d'interculturalité non pas parce que je grandissais dedans, mais parce qu'on me ramenait dedans malgré moi, on me définissait sans moi. Du coup, j'avais besoin de repères et de comprendre comment cela pouvait se jouer comme cela.

On a l'impression, dans *À la fois française et musulmane*, que vous connaissez certaines expériences du dedans, comme la relation avec le grand frère. Il y a un accent de réalité. Ce n'est pas un texte autobiographique, donc c'est juste par la connaissance du terrain ?

J'ai l'avantage d'avoir vécu avec les jeunes pendant quatorze ans, avant de reprendre des études. Quand les gens viennent vers moi pour une expertise ou un audit, c'est justement parce que j'ai un regard un peu décalé par rapport aux autres sociologues.

Vous avez grandi dans un milieu laïc et embrassé l'Islam relativement tard, en 1991, et vous avez fait partie pendant deux ans (2003-05) du Conseil Français du Culte Musulman (CFCM). Pourquoi cette décision d'embrasser l'Islam ? Pourquoi cet engagement ?

Ma mère est athée – laïc ne veut pas dire athée. Ma grand-mère corse a été une des premières grands-mères institutrices à refuser de se marier à l'Église. On a une longue tradition. Ce n'est pas un athéisme non réfléchi, c'était un militantisme. Moi, j'ai toujours eu un côté spirituel, j'ai toujours parlé à Dieu, depuis toute petite. Peut-être pour des raisons d'histoire de vie, de trajectoire, j'ai toujours eu le sentiment que je n'étais pas toute seule, qu'il y avait toujours une force. J'ai toujours grandi comme cela. J'ai fini par travailler sur les textes religieux, c'est-à-dire rejoindre un texte, tardivement, mais je me sentais croyante depuis toujours. Sauf que j'avais un rejet des textes. Je ne me reconnaissais pas du tout dans les repères chrétiens, l'histoire de la fameuse virginité sacro-sainte. Idéologiquement, je ne supportais pas. De voir qu'une femme accouche sans avoir fait l'acte, je trouvais cela choquant en fait. Il y avait beaucoup de choses comme cela qui me choquaient. Sur l'Islam j'avais aussi des a priori très négatifs, notamment sur la condition des femmes. Paradoxalement, j'ai travaillé les textes religieux avec mon deuxième mariage. J'ai été veuve d'un premier mariage et je me suis remariée avec un Tunisien qui était très violent. À chaque fois qu'il était violent, il disait : « Chez nous, c'est comme ça ». Le « chez nous » englobait une espèce de culture et, aussi, l'Islam. Donc j'ai commencé à travailler sur l'Islam pour démontrer comment cette religion archaïque rendait les hommes violents. J'ai commencé à vouloir travailler là-dessus dans ce sens-là. C'est là que j'ai découvert que, au contraire, l'Islam a de jolis textes sur les femmes qui ne sont jamais appliqués. J'ai beaucoup aimé l'histoire du Prophète. Je me suis passionnée pour ces traits historiques sur ses relations avec les femmes, le fait qu'il ait épousé sa patronne, que sa patronne l'avait demandé en mariage, qu'elle travaillait, qu'elle avait quinze ans de plus que lui. Il y avait un côté féministe...

Et il lui a été fidèle jusqu'à ce qu'elle meure.

Bien sûr, il lui a été fidèle jusqu'à sa mort. Après, ce sont des mariages politiques, bien que ce soit quand même Aïcha qui a toujours été sa préférée, Aïcha qui était prof et qui enseignait aux hommes. Je me suis passionnée pour tout cela. C'est aussi pour cela que les Musulmans m'aimaient beaucoup quand je suis entrée au CFCM bien que j'aie été atypique. Du coup, j'ai épousé l'Islam et cela m'a donné la force de divorcer. Ils adoraient cette version. Ils disaient toujours que j'avais été choisie, que Dieu me montrait le chemin. C'est pour cela que, Tunisiens, Algériens, Marocains, UOIF[3], Mosquée de Paris, quand mon nom a été prononcé au CFCM, pour la seule fois de l'histoire, ils étaient d'accord pour que je rentre, parce que finalement chacun avait un lien avec moi.

Vous prônez un Islam « moderne et français ». Comment le concevez-vous ?

En tant qu'anthropologue – cela a été la richesse de l'anthropologie –, j'ai pris conscience très vite que ce qu'on présente comme des normes sacrées est toujours un produit historique, est toujours un produit humain. Ce sont les hommes qui lisent les textes. Forcément, il y a toujours une subjectivité dans la réception d'un texte, comme quand vous prenez un texte de Victor Hugo à cinq ans, à quinze ans, à quarante ans, à quatre-vingts ans, vous allez le comprendre d'une façon différente, vous allez le recevoir d'une façon différente. Je comprends mon texte en fonction de ce que je suis, en fonction de ce que je vis. Quand j'ouvre le Coran, je ne comprends pas du tout la même chose que mon arrière-grand-mère analphabète qui n'est jamais sortie de sa cuisine et qui était dans un monde clanique. Ce qui m'a passionnée de manière générale dans le religieux c'est finalement le fait d'être mélangé dès l'école maternelle avec Élisabeth qui ne croit pas en Dieu, avec Marie qui est chrétienne, avec David qui est juif, c'est ce modèle français où on apprend à dire « je » mais où la grande différence culturelle est de passer du clan au « je ». Ce n'est pas le clan qui définit ce que l'Islam dit, c'est « je » qui vérifie ce que le clan dit que l'Islam dit et *in fine* « je » vais directement au texte, ce qui peut produire le pire comme le meilleur selon la structuration du « je » – parce qu'il n'y a pas de clergé, on le voit bien. Mais cette découverte de la religion avec cette nouvelle culture occidentale m'a passionnée parce que je me sens profondément occidentale, parce que j'adhère aussi profondément à la laïcité française et le fait d'être obligée de transpirer avec des enfants qui ont d'autres visions du monde était pour moi source d'espoir dans la nouvelle lecture de l'Islam. La gamine qui a transpiré avec Élisabeth depuis l'âge de deux ans ne peut plus appeler Élisabeth une mécréante. Le discours du prédicateur est remis en question, donc on

---

3. Union des Organisations Islamiques de France.

retourne aux textes et forcément on voit bien la subjectivité d'une compréhension. Je trouve passionnant de voir toutes ces gamines dire : « Dans le Coran, finalement Dieu voulait aller à la monogamie, la polygamie était une étape pédagogique, mais les conditions étaient telles que c'était vraiment pour la monogamie... ». Celles qui vivent le plus les nouvelles conditions sont quand même les femmes parce qu'elles étaient analphabètes, dans les cuisines. C'est pour cela qu'elles sont le moteur premier et qu'il faut les pousser dans les grandes études. Ce n'est pas pour rien non plus que là, je travaille en entreprise vers les premières filles pratiquantes qui sortent des grandes écoles de commerce. Dans mon dernier livre, une jeune fille voilée arrive chef de gestion dans une grande entreprise de cosmétique que j'ai appelée anonymement Orêva[4]. Les gens l'aiment bien, ils croient que c'est une stagiaire égyptienne. Puis le jour où ils se rendent compte que c'est une Française qui est leur chef, que c'est elle qui a été embauchée, c'est un choc. J'adore déconstruire le décalage entre elle, une fille hyper moderne, complètement francisée au sens du « je » – en fait elle n'est pas francisée d'ailleurs, c'est une Libanaise qui a un père mathématicien et une mère chrétienne, elle a fait son « je » sans avoir fait l'école maternelle en France, parce que ce n'est pas la seule façon d'apprendre à dire « je » – bref, elle est dans ce modèle-là, et le décalage qu'il y a entre le regard qu'on lui porte et elle qui est hyper féministe, hyper autonome, mais elle ne veut pas montrer ses cheveux, voilà, c'est cela qui me passionne. C'est ce qui peut amener à la prise de conscience entre le texte et la compréhension du texte. Toute interprétation provient d'une expérience humaine ; le texte est le texte mais la compréhension du texte sera toujours humaine. C'est ce qui donne l'espace de liberté et c'est ce qui fait avancer les religions. Il n'y a aucun homme, aucun humain qui peut prétendre détenir la définition du texte. Après, cela pose le problème du clergé, cela pose d'autres problèmes. Mais à mon niveau à moi, d'épanouissement de l'individu, d'anthropologue, cela me passionne et j'essaie de mettre en mots ce que les jeunes ressentent sans pouvoir l'exprimer de façon à ce que cela accélère un peu le mouvement.

Vous parlez de l'épanouissement de l'individu. Je repense à ces jeunes filles musulmanes de banlieue, est-ce qu'on peut parler

---

4. Dounia Bouzar, *op. cit.*

d'épanouissement quand on parle de plus en plus de tournantes, des traitements atroces qu'elles subissent ?

Il ne faut pas tout mélanger. Les questions de dysfonctionnement des banlieues ne sont pas liées à l'action religieuse, elles ne sont pas forcément dans les quartiers où il y a des repères religieux, même s'il y a un amalgame ensuite dans la façon dont c'est traité. La question des tournantes ou des délinquances ou de la toxicomanie est une question sociale d'une mauvaise gestion des banlieues qu'on a depuis 40 ans, que ce soit par la gauche ou la droite, qui effectivement a tendance à culturaliser ou à islamiser le diagnostic social. Ce sont les politiques qui, au lieu de faire les remises en question sociales et économiques, s'amusent à relier le comportement des jeunes à une présumée culture ou à une présumée religion. C'est très confortable comme situation.

Mais ces jeunes filles peuvent trouver quand même quelque chose dans la pratique de l'Islam, dans le foulard par exemple qu'elles peuvent porter pour qu'on les laisse tranquilles.

Quand on travaille dessus sans idéologie, que ce soit Saïda Kada, Françoise Gaspard ou moi-même, quand on a fait le travail sur *L'Une voilée, l'autre pas*, on se rend compte qu'il y a peut-être un certain nombre de filles qui vont mettre le foulard pour avoir la paix, mais c'est assez rare. Quand on est adolescent, on met un survêtement parce qu'en plus c'est la mode, parce que c'est une identité banlieue, c'est devenu une marque. Mais ce n'est pas si évident que cela de trouver des filles qui mettent un foulard pour avoir la paix. Elles vont plutôt se masculiniser. Elles vont plutôt être dans une espèce de mélange sexué/asexué que mettre un foulard. J'ai rarement rencontré dans mes interviews des jeunes qui mettaient un foulard de manière contrainte ; c'est très rare. Cela a été beaucoup mis en avant par les médias, par Ni Putes Ni Soumises. Je pense qu'une partie du travail de Ni Putes Ni Soumises est très positive, mais par contre, je pense que dans le recueil scientifique, il y a eu beaucoup d'idéologie et je ne pense pas que ce soit fiable. Et je ne suis pas la seule à le penser parmi des sociologues qui ont travaillé sur ces jeunes filles. Le problème du foulard est un problème de prédication, avec des prédicateurs qui présentent cela comme une obligation religieuse, qui enlève le doute, qui enlève l'espace de débat qui a toujours eu lieu et qui font croire que c'est la seule façon d'être une bonne pratiquante. Ceci dit, si on prend les jeunes filles turques, pour elles le foulard est traditionnel, ce n'est pas du tout une réappropriation, ni même une prédication. Chaque foulard est différent.

Dans l'introduction d'*À la fois française et musulmane***, vous laissez à penser que le but du livre est d'aider ces jeunes filles à comprendre les réactions des uns et des autres et leur donner les arguments pour expliquer qu'on peut être à la fois française et musulmane. Mais dans le chapitre sur la famille, j'ai eu l'impression que certaines pages servent à aider ces jeunes filles à mieux comprendre leur situation, leur double culture (pourquoi les parents insistent sur leur fréquentation de l'école coranique par exemple). Vous leur donnez aussi des conseils (que faire si elles pressentent qu'on les destine à un mariage arrangé).**

Je voulais les aider à décrypter les références des mondes. Elles se trouvaient finalement au croisement de mondes qui ont leurs références, leurs histoires, leurs mémoires. La difficulté de cette génération-là – parce que c'était il y a une dizaine d'années – était aussi d'avoir un problème de transmission. On voit bien le résultat maintenant. La génération qui a grandi dans les trous de mémoire va très mal, non pas parce qu'elle n'est pas intégrée et qu'elle a une culture différente, mais parce qu'elle n'a pas de culture, donc elle n'a pas de références, donc elle n'a pas de repères, c'est une particule volante virtuelle. Ils n'ont pas de grille de lecture et ils ne peuvent pas décrypter. Ils n'ont aussi pas de normes, ils ont beaucoup joué des représentations des uns contre les autres et des autres contre les uns, c'est-à-dire dire à son père « Mon prof est raciste » et dire au prof « Mon père est violent » de façon à échapper aux injonctions de l'un comme de l'autre. On voit ce que cela donne aussi dans la structuration de certains gamins. Je voulais leur donner des éléments pour décrypter l'histoire dans laquelle s'inscrivaient leurs parents, sans forcément la nommer, puisque les pères se figent souvent dans le silence. Je voulais essayer de combler un peu ce tabou, cette histoire qui devient tabou, qui n'est pas parlée par un récit collectif qu'on aurait pu faire en France et qui aurait pu libérer la parole. On a énormément de mal à faire des récits collectifs sur le passé colonial, sur l'histoire avec l'Algérie, contrairement aux États-Unis ou d'autres pays qui savent mettre en mots... En France on met un temps infini. Il y a donc d'un côté un silence porté par la société, les interlocuteurs socialisants, de l'autre côté un silence porté par les pères qui se sont figés aussi. Je voulais essayer de donner quelques repères à ces gamins pour les aider à ne pas tomber dans le trou et ne pas être dans le rejet de l'un ou l'autre parce qu'on sait bien qu'après, cela se construit plus difficilement.

Dans *À la fois française et musulmane*, vous brossez de la famille un tableau assez aseptisé. Vous parlez un peu de la violence physique et/ou verbale de certains pères, vous abordez surtout celle des frères.

C'est ce que j'ai beaucoup rencontré dans les situations éducatives. J'ai beaucoup rencontré la toute-puissance des frères, cette façon que les mères avaient de laisser cette place à ces garçons, ces enfants-rois qui n'avaient pas de limites, pas de structuration. Le père finalement se reculait aussi. Cela m'a souvent beaucoup choquée. Cela n'avait pas de lien avec le religieux.

L'immigration a fragilisé les pères.

Oui. L'éducateur ne rencontre que des gens qui ne vont pas bien. Quand une famille va mal, le père va mal. Le père qui ne travaille pas, dans n'importe quelle famille, est déchu. Je pense que le fait d'avoir choisi de venir travailler dans le pays de l'ancien colonisateur n'a pas que des conséquences économiques quand le père est au chômage. C'est une déchéance accrue par le fait que cela remet en question sa place de père et la décision qu'il a eue à un moment donné d'aller travailler chez l'ancien colonisateur. Je pense qu'inconsciemment, c'est ce qui peut expliquer en grande partie la déchéance extrême des pères maghrébins qui sont au RMI ou au chômage. Surtout qu'on donnait les allocations à la mère. Du coup la mère se retrouvait à avoir plus d'argent que le père. Et puis aussi, la représentation de l'Arabe archaïque et violent des travailleurs sociaux faisait que, automatiquement, ils faisaient alliance avec la mère. Il y avait aussi des mères dysfonctionnantes et toutes-puissantes qui se servaient de cela pour continuer à mettre le père en dehors de son rôle. Moins le père pouvait tenir son rôle, plus le frère, sous la tutelle de sa mère, pouvait faire la pluie et le beau temps. On arrivait à des familles qui dysfonction-naient, avec des gamins délinquants, trafiquants de drogue, qui faisaient régner la terreur auprès de leurs sœurs qui étaient intègres et impeccables. Je suis souvent montée en conflit, délicatement et subtilement parce que ce n'est pas facile. Je ne voulais absolument pas faire l'impasse sur cette question-là.

Vos deux livres jeunesse, *À la rencontre des Musulmans* et *À la fois française et musulmane*, sont sortis en 2002 et 2003, entre deux vagues d'émeutes (1995 et 2005). Que diriez-vous de la réaction du gouvernement aux émeutes de 2005 comparé à celles de 1995 ?

Si on reprend la Marche pour l'égalité au début des années 1980, si on reprend les archives, c'est assez frappant de voir comment les revendications étaient vraiment sociales – les luttes contre la discrimination, 40% de différence avec le même salaire. Toute la marche vers Mitterrand était portée sur le social. Quand on regarde les journaux de cette époque, on voit comment insidieusement, petit à petit, un lien a été établi entre l'origine des personnes, la culture des personnes et le fait qu'ils mettaient le feu à des bagnoles, comment petit à petit on a fait l'impasse sur cette question des 40% de discrimination salariale, comment on a culturalisé le débat en disant : « Ils ne sont pas intégrés ». C'est à ce moment-là qu'on a fait le Haut Conseil à l'Intégration – je ne dis pas qu'il ne fallait pas le faire. C'est à ce moment-là que le FAS[5] a donné des subventions aux associations pour faire la danse du ventre le dimanche et le couscous et le méchoui, en disant : « On va valoriser leur culture, et tout va bien aller ». Et la gauche comme la droite ont fait l'impasse sur le gros problème, le nœud, qui était la discrimination. La preuve, c'est que cette marche s'appelait Marche pour l'égalité et finalement elle est devenue Marche des Beurs, elle s'est culturalisée. Et j'ai l'impression que là, avec les dernières émeutes, on a eu la même chose avec l'Islam. Insidieusement, on a eu des sous-entendus. Pas que sur l'Islam, sur la polygamie aussi. Ce sont les Noirs maintenant. Hélène Carrère d'Encausse a déclaré que le problème était la polygamie des Africains ; comme si des clandestins allaient faire des émeutes. Ceux qui font des émeutes sont des gamins surintégrés, ce sont des gamins qui, au contraire, ont complè-

---

5. Fond d'Action Sociale.

tement intériorisé les valeurs d'égalité, qui ont ce discours d'égalité totale à l'école et qui, quand ils sont dans leur quartier, voient bien qu'il n'y a que des marron clair et des marron foncé dans leurs immeubles délabrés, que dans leur école c'est pareil. C'est donc le décalage entre les valeurs qu'ils ont intégrées, l'utopie de l'égalité à laquelle ils croient, et leur réalité qui leur monte à la tête. Comme ils n'ont pas de culture, qu'ils ne sont pas structurés, et qu'en plus de cela, ils n'ont plus du tout d'espoir politique – ils ne savent même pas repérer un interlocuteur à qui ils pourraient apporter une revendication, comme nous quand on était jeune – cela éclate. Le manque de structure, le manque de culture, le manque de confiance en l'adulte et l'apolitisation font que cela dégénère en truc sauvage, en violence brute, sans aucune revendication. Tout cela, c'est la production de ce qu'on en a fait, tous gouvernements confondus, depuis les années 1980. Je suis très choquée qu'on puisse aborder ces questions-là en envoyant [Dalil] Boubakeur, de la Mosquée [de Paris], comme s'il y avait un lien avec l'Islam, en disant « On va leur donner les sous pour la danse du ventre le dimanche ». C'est de la gestion coloniale. Cela me choque profondément à chaque fois. Les dernières émeutes m'ont carrément donné une espèce de dépression ; c'est là que j'ai fait cinq one-man shows co-financés par la Fnac et Respect Magazine, parce que je me disais que cela ne sert à rien d'écrire des livres. Quand on a vu Chirac, qui avait l'air complètement honnête, découvrir la discrimination, quand il a visité [Didier] Lapeyronie… mais cela fait trente ans que Lapeyronie écrit pour dénoncer cela. Cela fait trente ans que les sociologues dénoncent les dysfonctionnements. C'était désespérant de voir les politiques...

On parle maintenant de troisième génération, une troisième génération assez indéfinie.

Troisième génération, ce n'est même plus valable parce qu'il y a ceux qui se sentent complètement français, qui ne veulent absolument plus être catalogués par l'immigration. Il y a de nouvelles générations de migrants africains, une problématique complètement différente avec, pour eux, une acculturation, une double culture, ou pas de double culture du tout d'ailleurs, des systèmes claniques. Il y a des bandes contre les autres, on dit que ce sont des guerres ethniques, mais pas du tout, ce sont des guerres d'immeubles.

Dans *L'Intimité surexposée*, le psychiatre Serge Tisseron écrit que le succès en 2001 de l'émission de téléréalité intitulée « Loft Story » « montre l'urgence qu'il y a à ce que la télévision publique donne une place plus grande à des membres de catégories sociales jusque-là peu représentées » et il donne pour exemple les Beurs[6]. Êtes-vous d'accord avec cette déclaration ?

Je ne l'aurais pas dit comme ça. J'aurais dit qu'au contraire, il faut casser le stigmate « beur = personne défavorisée » et qu'au contraire il faut qu'on voie qu'on peut être de religion différente, d'une histoire différente et arriver dans les grandes sphères de l'état et être un Français comme les autres. C'est plutôt cela que j'aimerais prôner, que cela se normalise. Je banalise : qu'on ne dise pas « Ah, tiens, aujourd'hui c'est un Noir qui présente le journal », qu'on ne le voie plus, qu'on voie un Français.

C'est pour cela aussi qu'on voit tant Rachida Dati, qu'on suit si intensément sa grossesse, je suppose. Elle est beaucoup plus représentée que n'importe qui au gouvernement.

Il y aurait beaucoup à dire sur cette histoire-là. Le but est de normaliser. De demander les mêmes compétences aussi. C'est comme mon histoire à l'IHEDN, si on prend quelqu'un et qu'on sent qu'il y a eu un surinvestissement parce qu'il s'appelle Rachida ou Dounia, c'est le même système.

Pensez-vous qu'il y a une urgence similaire à celle dont parle Tisseron, mais vue différemment, comme vous venez de le dire, dans la production jeunesse écrite, soit en fiction soit en guide ?

J'ai quand même l'impression que la production jeunesse est en avance par rapport au reste.

Par rapport à la télévision, aux autres médias ?

Oui. J'ai une petite fille d'origine africaine et on n'a pas de mal à trouver des trucs mélangés. Peut-être un peu moins quand on entre

---

6. Serge Tisseron, *L'Intimité surexposée*, Paris, Ramsay, 2001.

dans la préadolescence. Plus on monte, plus c'est un peu difficile. C'est vrai que là l'interculturalité baisse... ou l'intercouleur – ce n'est pas forcément de l'interculturalité. La diversité, la minorité visible baisse un peu. On en trouve plus dans la petite enfance.

Cela amène la question de ce qui est porté par le texte et ce qui est porté par l'image, il n'y a plus d'images à l'adolescence. Rien dans certains textes pour petits n'indique la présence de minorités visibles, c'est l'image qui les représente.

Et ce n'est pas forcément plus mal. Ma fille Dalila est marron, mais elle est française et parisienne, il n'y a aucune interculturalité. Il faut bien séparer la question de l'interculturalité qui existe pour les primo-migrants de ceux qui sont là depuis plusieurs générations ou qui sont nés ici et qui n'ont pas d'attaches avec leur pays, qui sont complètement parisiens. Le danger est d'enfermer ces derniers dans une pseudo différence, dans une présumée différence. C'est un gros danger. Vous avez dû le sentir quand vous m'avez approchée, j'ai dit « Multiculturalité ? ». Je trouve que c'est un danger réel que certaines personnes, certains sociologues continuent à parler de multiculturalité pour l'Islam par exemple. Non, on est de culture française. Je fais très attention à cela et ce n'est pas parce que quelqu'un est marron ou asiatique qu'il est de double culture. Peut-être que oui, peut-être que non. Laissons la personne se déterminer elle-même pour voir ensuite quels éléments de culture elle s'est appropriée. Ne la définissons pas à sa place. Je pense qu'on est beaucoup dans ce danger-là actuellement.

D'après vous, la littérature jeunesse devrait-elle avoir un rôle politique, s'engager ?

Dans le sens du vivre ensemble ? Je pense que c'est automatique.

Les jeunes issus de l'immigration sont-ils, d'après vous, plus susceptibles de lire des livres-documents ou des guides que de la fiction ?

Cela voudrait dire qu'ils sont tous pareils, je ne pense pas qu'on puisse répondre.

Continuez-vous d'écrire pour la jeunesse ?

Non. J'ai souvent eu envie d'écrire pour les maternelles. Quand j'ai eu ma petite, la dernière, j'avais envie d'écrire pour les tout-petits, sur les minorités visibles, justement pour casser l'image : « J'ai une couleur différente donc j'ai une couleur différente ». La ligne éditoriale aurait été : « Je n'ai pas la même couleur, mais j'ai la même culture ». Mais je n'ai pas été capable de le faire. Je voulais même le faire avec elle à un moment, et à sa grande déception j'ai séché. Les ados, c'est mon métier, je les connais ; les enfants, je ne savais plus leur parler, je n'y arrivais pas.

Donc vous n'avez pas de projets jeunesse dans le futur proche.

Non. En ce moment je suis sur l'idée d'une espèce de roman historique sur Khadija pour remettre les points sur les i sur l'Islam et les femmes, quelque chose un peu romancé, surréaliste où Khadija regarderait tout ce qui se passe, y compris les décisions de justice qui sacralisent les demandes de n'importe quel réac musulman. Je suis plutôt dans ce roman-là, mais cela m'a pris il y a un mois, comme ça. Je pense que les grands ados pourront s'y retrouver. Je le fais de manière très intimiste. Khadija parle au Prophète, elle est dans des relations très intimes[7].

---

7. Happée par d'autres demandes, Dounia Bouzar a pour l'heure abandonné cette idée de roman (communication personnelle, septembre 2011). Depuis notre rencontre, elle a publié deux états des lieux sur la gestion des revendications religieuses dans les entreprises et les services publics, *Allah a-t-il sa place dans l'entreprise ?* (Paris, Albin Michel, 2009) et *La République ou la burqa : Les Services publics face à l'islam manipulé* (Paris, Albin Michel, 2010), ainsi qu'un guide : *Laïcité, mode d'emploi - cadre légal et solutions pratiques : 42 études de cas* (Paris, Eyrolles, 2010).

Marc Cantin

S'ouvrir aux autres et se mettre en position d'écoute

Félix, passager clandestin originaire de Côte d'Ivoire, arrive avec sa mère, son frère aîné Moussa et sa petite sœur dans le port de Brest.

Impatient, Moussa prend ma place et vient écraser son nez contre la vitre du hublot.

À mon tour, je le repousse. Nos joues se pressent, se serrent et se collent. Le partage est équitable : chacun conserve un œil ouvert sur ce monde nouveau que nous attendions de découvrir depuis si longtemps.

Le paysage se déroule tranquillement, au rythme du bateau. Les quais donnent l'illusion d'avancer, pareils à une terre en mouvement sur laquelle des montagnes de conteneurs, identiques à ceux qui remplissent le cargo, modèlent un espace rectiligne. Seules quelques grues dressent de temps à autre leur long cou de girafe.

Parfois, l'image s'efface derrière un autre cargo à quai, nous plongeant pour quelques minutes dans l'obscurité totale. Attente. Bruit des vagues échangées contre les coques. Puis le bateau jumeau disparaît comme s'il n'avait jamais existé, laissant à nouveau la place à ce décor de béton et d'acier.

Nous nous partageons toujours le hublot, essuyant régulièrement de la paume de la main la buée qui s'y forme. Dehors, la pluie est fine. Elle apparaît uniquement à la lueur des lampadaires.

Encore mes dents sur mes lèvres. J'ai faim. Faim de la France. Mais où se cache-t-elle ?

– Là ! Le château !

Ça y est. Je la vois. Regarde, Moussa. Mais regarde la France !

– Arrête, tu fais plein de buée, se plaint mon frère.

Il frotte la vitre avec un pan de sa chemise.

– On s'en fiche de la buée, Moussa. Tu la vois ? La grosse tour ! C'est comme dans le livre de Yaoundé. On est bien arrivés.

La France.

La même que dans le livre de Yaoundé, ce vieux manuel de géographie précieusement conservé par notre grand-père. Souvenir de ces quelques années passées à l'école, du temps où notre pays n'avait pas encore son propre président. Du temps où la France et la Côte d'Ivoire ne faisaient qu'un… ou presque, comme ne manquait jamais de le préciser Yaoundé.

Ce livre de tous les espoirs, je l'ai feuilleté maintes fois en rentrant le soir des champs. Ces pages, je les ai usées et salies malgré moi, à force de les caresser du bout de mes doigts endoloris dans la lumière des derniers rayons du soleil. Toutes ces photos disparaissant chaque soir dans la nuit pour mieux venir habiter mes rêves, je vais les découvrir aujourd'hui, les toucher, les sentir. Les remparts et les tours de ce château s'élèvent au-delà du port de Brest, éclairés par mille feux, et moi je les dévore des yeux.

J'entre dans le livre de Yaoundé.

La Côte d'Ivoire et les dix premières années de ma vie me semblent très loin ; le port de Brest m'ouvre les bras.

Extrait de Marc Cantin, *Moi, Félix, 10 ans, sans-papiers*, collection Tranche de vie, © Éditions Milan, 2000.

septembre-novembre 2008

Sur l'ensemble de votre production jeunesse, quelle part diriez-vous relève, d'une façon ou d'une autre, du multiculturalisme[1] ?

Je vis dans un monde multiculturel, j'espère donc que la plus grande part de ma production en est le reflet. Il m'arrive d'aborder ce thème de façon directe (*Moi, Félix, L'Enfant des rues, Demain, je serai afri-*

---

1. Marc Cantin a son site internet: http://cantin.apinc.org/.

cain...) mais aussi, et je devrais dire « plutôt » car cela concerne certainement la majorité de mes livres, de manière indirecte en intégrant des personnages de différentes origines et de différentes cultures dans mes histoires.

Dans *La Forge du diable*, vous entourez l'héroïne, Louise, de deux amis, Alice et Karim. Dans *Y en a marre des cauchemars*, le camarade de classe d'Éric s'appelle Tonio. Dans la série « Les meilleurs ennemis », Carla et Hugo sont entourés de Zoé et Malik, deux copains blacks. Est-ce ainsi que vous concevez la représentation des minorités dans la société française contemporaine, en les représentant comme allant de soi, sans en faire une montagne ?

Oui. C'est une forme d'intégration qui est peut-être un peu idéalisée, qui anticipe peut-être un peu par rapport à des difficultés qui existent à certains endroits. Mais le multiculturalisme, qu'il soit accepté ou non par certains, est un fait. Selon moi, on doit donc le retrouver dans une écriture contemporaine qui se prétend en phase avec le monde.

De plus, intégrer des personnages de diverses origines, sans « en faire une montagne », cela permet justement de ne pas « en faire un problème ». Et cela valide la position des jeunes enfants qui, dans la vraie vie, ne se posent pas la question de savoir si leurs copains sont de la même origine qu'eux. Ils jouent ensemble s'ils s'entendent, c'est tout. Ce sont plutôt les adultes qui marquent des différences. Donc, banaliser le multiculturalisme dans la littérature est à mon sens une bonne chose.

Le héros d'*Une moitié de sœur* s'appelle Florian et a, d'après le texte, les yeux bleus, c'est la seule indication physique. L'illustratrice, Virginie Sanchez, lui a donné un teint très mat. Coexistent donc le message porté par le texte et le message porté par l'illustration qui peut appuyer le texte ou constituer une interférence avec celui-ci, qui peut limiter la représentation que s'en fait l'enfant. Quelle devraient être, selon vous, les parts de responsabilité de l'auteur et de l'illustrateur ?

Dans *Une moitié de sœur*, l'intérêt est justement de ne pas être redondant avec l'illustration. Cette représentation du multiculturalisme se fait uniquement par le dessin. C'est suffisant. Si on la répète dans le texte, vu le contexte familial (divorce, garde...), on pourrait penser que ces problèmes sont en partie liés à l'origine des parents. Prudence, donc. Alors, ici, la représentation est seulement graphique. C'est suffisant.

Entre parenthèses, il serait aussi très intéressant, quand un personnage s'appelle Karim, de le représenter blanc avec des cheveux blonds... Mais c'est parfois un peu plus difficile à faire comprendre !

Aviez-vous donc demandé une telle représentation graphique ou est-ce l'illustratrice qui a pris des libertés ?

Il y a des échanges via l'éditeur. Je ne suis pas un auteur « directif ». Je donne le texte, on discute, je suggère des choses à l'éditeur, l'illustrateur commence à travailler, envoie parfois des brouillons. Dans le cas dont nous parlons, il y avait une opportunité, l'illustratrice l'a saisie. Je n'aime pas trop le terme « prendre des libertés » car il sous-entend qu'il y aurait un cadre défini par l'écrivain (c'est seulement lui qui produit le premier travail, car il faut commencer par l'histoire). L'illustrateur est autant « auteur » que l'écrivain. Il y a une vraie narration graphique, en jeunesse. Et c'est un travail d'équipe, une réflexion d'équipe.

Y a-t-il, d'après vous, en France, un intérêt plus grand pour les personnages étrangers évoluant hors de France, comme Nitou l'Indien, que pour les personnages « autres » évoluant dans un cadre français ?

Certainement davantage qu'il y a quelques années. *Demain, je serai africain*, par exemple, devait à l'origine être publié par un grand éditeur français chez qui je publiais aussi d'autres livres. Un directeur de cette prestigieuse maison est intervenu pour en interdire la publication sous prétexte qu'il trouvait choquant qu'un enfant blanc veuille devenir noir ! J'ai arrêté de travailler pour cet éditeur, l'éditrice a démissionné. Plus tard, j'ai publié le texte chez Bayard, en presse, dans « Pomme d'Api ». Le magazine l'a reproduit dans plusieurs hors-séries et traduit dans d'autres magazines de la filiale Bayard. Puis, au bout de cinq ans, j'ai récupéré les droits de ce texte pour le faire éditer en librairie par Rageot. Aujourd'hui, les éditeurs n'ont plus peur de sortir ce genre de texte. Il y a dix ans, certains étaient encore frileux, par convictions personnelles et parce qu'ils pensaient que les parents des lecteurs pourraient être choqués. Il y a dix ans, en presse jeunesse, il fallait aussi être « lisse », représenter un Africain si on racontait l'histoire d'un enfant français qui se rendait en voyage en Afrique, ou si on parlait clairement, de façon réaliste, d'un problème lié à l'immigration, au racisme. Puis, un peu avant 2000 (l'effet Coupe du Monde, Black, Blanc, Beur ?), la volonté de représenter les minorités a été mieux accueillie, demandée (timidement), même. Elle s'est généralisée au lieu d'être confinée à quelques exceptions. C'est en tout cas ce que j'ai ressenti de mon point de vue d'auteur. Sinon, les enfants aiment les personnages comme Nitou qui les transporte ailleurs, dans un autre monde. Mais là, ce n'est pas « l'étranger » qui vient chez nous, c'est nous qui allons chez lui... C'est plus facile ! Avec Nitou, j'essaie même plutôt de « lutter contre le multiculturalisme » ! Je m'explique. Je voyage régulièrement dans les Andes et je passe pas mal de temps avec les Indiens Aymara (les paysans des Andes, en fait). Ils vivent entre eux, en communautés isolées, avec des règles communautaires très strictes. Tous ont des devoirs (qui sont en réalité des obligations) envers la communauté et, en contrepartie, personne n'est laissé sans rien. Chacun a au minimum un rôle, un petit bout de terre, un travail. À El Alto, ville Aymara d'un million d'habitants, en immense majorité peuplée d'Indiens, c'est le même fonctionnement. Les Indiens ont reproduit leur organisation rurale, sans l'agriculture, basée sur le commerce. Idem, il y a une place pour chacun. Les mendiants sont très rares. À Bogota (j'y ai passé une semaine fin août [2008] avant de rentrer en France), c'est totalement différent. Huit millions d'habitants, une ville totalement multiculturelle. On pourrait aussi bien être à Paris, Berlin ou Londres. Résultat : une ville qui se développe à l'américaine (ou à l'européenne, c'est pareil), libéralisme à tout va, partage inégal, grande pauvreté et grande richesse. C'est là un des vrais dangers du multiculturalisme. Les cultures se mélangent, les valeurs s'affaiblissent et les gens... se ressemblent. Ils veulent tous la même chose : consommer. Ils deviennent individualistes et rêvent de s'enrichir, même si pour cela, d'autres doivent mourir dans la rue. À mon avis, mais c'est très personnel, le multiculturalisme affaiblit la résistance au libéralisme (alors qu'à l'origine, les gens sont souvent issus de cultures communautaires proches de celles de Aymara), au moins durant un certain temps, peut-être transitoire, où une nouvelle culture se met en place. Le mélange des cultures est pourtant une richesse, j'en suis convaincu, mais seulement si les citoyens réussissent à vivre avec leurs différences (c'est le cas à Toronto où les communautés restent fortes et où l'organisation sociale, politique et juridique s'est construite autour du multiculturalisme). Pas s'ils se mettent tous à vouloir la même chose : le pouvoir et l'argent ! Pour en revenir à Nitou (enfin !), il représente le respect des différences. L'intégration, pour moi, ce n'est pas demander à tout le monde de vivre de la même façon, c'est réussir à trouver des moyens et des compromis pour vivre ensemble, dans la diversité. Nitou n'a pas un style de vie qui correspond à ce que connaissent les lecteurs de la série, il ne peut donc pas servir de « modèle » (et c'est justement ce qui m'intéresse !). Pourtant, les enfants peuvent trouver dans ses aventures des parallèles, des sujets de réflexion, des valeurs, et donc se questionner sur leur comportement, intégrer ces découvertes à leurs autres apprentissages. Le multiculturalisme peut nous apporter cette richesse, cette ouverture d'esprit, nous aider à évoluer dans le respect des autres et des différences, c'est-à-dire à réellement évoluer.

Vous publiez depuis 1996. En 2000 et 2003 est sortie votre trilogie des « Félix » – *Moi, Félix, 10 ans, sans-papiers, Moi, Félix, 11 ans, français de papier* **et** *Moi, Félix, 12 ans, sans frontières.* **Qu'est-ce qui a fait naître ce personnage et donc injecté du multiculturalisme dans votre production ?**

Il y a les événements de l'église Saint Bernard, bien sûr. En 1996, je vois le traitement qu'en font les journalistes, et je me dis qu'on ne peut jamais vraiment se mettre à la place d'un sans-papiers. Articles de presse ou reportages TV/radio nous laissent toujours à distance. Je pense alors qu'un roman à la première personne et au présent, où le lecteur aurait l'âge du héros, pourrait permettre cette identification, permettre de comprendre un peu mieux ce qu'est la clandestinité.

Quelle recherche avez-vous effectuée pour cette trilogie ?

Au départ, il n'y a pas de trilogie. Juste un roman. Je passe deux mois à rencontrer des personnes qui vivent clandestinement, ou qui ont connu cette situation. C'est long. C'est une affaire de confiance. J'ai des contacts avec une communauté ivoirienne. Les premières rencontres ont lieu dans des endroits publics et, peu à peu, les gens me font entrer chez eux. Ils vivent clandestinement, ils ont des enfants inscrits sous de faux noms à l'école, avec la complicité des directeurs. Je mesure vraiment ce qu'est la peur de se faire dénoncer. Ils me racontent leur histoire, pensant que je vais écrire ce qu'ils me disent, comme un journaliste. Je suis obligé d'expliquer que je vais écrire un roman, une fiction, réaliste, certes, mais une fiction. Au départ, les gens sont déçus, puis, peu à peu, ils comprennent ma démarche et acceptent d'être une « matière première » pour moi, au service d'une histoire.

Comment le roman est-il devenu une trilogie ?

Devant le succès (totalement inattendu) du tome 1, l'éditeur veut la suite le plus vite possible. Au départ, je refuse. Je n'ai rien de plus à dire sur cette situation. Mais les lecteurs m'envoient des courriers, beaucoup de courriers ! Au bout de trois ans, je finis par céder et j'écris une suite. Mais dès la sortie du tome 2, c'est une nouvelle avalanche de courriers. Les lecteurs ne veulent pas la suite, ils veulent la fin ! Cette fois, je me dis que je ne peux pas les laisser sans solution face au problème des sans-papiers. Je dois leur proposer des pistes. Et j'écris donc le troisième et dernier tome.

Les premiers mots entendus par Félix et les siens sur le sol français (à Brest en l'occurrence) sont racistes; il se fait traiter de « bamboula ».

Oui. C'est une bonne entrée en matière pour montrer le décalage qui peut exister entre un clandestin et les habitants du pays où il arrive.

Le titre rappelle – référence que les jeunes n'ont probablement pas – un livre/film allemand des années 1980, *Moi, Christiane F, 13 ans, droguée, prostituée* de Kai Hermann et Horst Riek et *Shérazade, 17 ans, brune, les yeux verts*, le roman de Leïla Sebbar. Le premier nous plonge dans le sociologique, le second dans la quête identitaire et le monde des Beurs et des jeunes marginaux en France. Votre trilogie expose aussi un problème des temps modernes et donne visage humain à ce problème.

Je n'ai pas choisi le titre. Je laisse ce soin à l'éditeur. C'est la partie « commerciale » dont je me décharge sur lui. Le titre permet d'indiquer que le récit est au présent et à la première personne. Et il associe en effet le terme sans-papiers à un enfant de dix ans. C'est efficace... Cela manque peut-être un peu de poésie. Mais j'attendais de l'éditeur qu'il permette au plus grand nombre de s'intéresser au problème des sans-papiers. Au vu des chiffres de ventes, il a réussi, et je ne regrette pas de lui avoir fait confiance.

Avez-vous trouvé facilement preneur pour ce livre, finalement publié chez Milan ?

Oui. Mais je craignais de me retrouver dans une collection spécifique, à caractère « social », chez un éditeur spécialisé dans ce genre (Syros par exemple). Le projet de Milan m'a séduit car le livre était intégré à une collection de romans diversifiée (aventure, SF...). Nous avons donc touché un public large et populaire.

Les illustrations de couverture sont de Jacques Ferrandez, dessinateur connu pour ses *Carnets d'Orient*, situés en Algérie.

Un choix judicieux de l'éditeur. Hélas, dans la nouvelle édition, les couvertures ont été redessinées par un autre illustrateur. Elles sont très belles, mais j'aimais cette cohérence avec le travail de Ferrandez.

L'installation en France de l'immigré (africain) s'accompagne-t-elle nécessairement, comme vous le laissez entendre dans cette trilogie, d'un « engrisaillement », d'une perte de couleur des vêtements, des caractères ?

C'est tout le problème de « l'intégration ». Essayez de vous intégrer avec une djellaba dorée, c'est plus difficile qu'avec un costume-cravate. La différence fait peur, les gens ont besoin de se ressembler pour vivre ensemble. Quand on est clandestin, on doit ressembler aux autres pour passer inaperçu, et, pourtant, comme on vit en exclu, on a besoin de marquer son appartenance à sa communauté d'origine. C'est une situation très difficile à vivre.

Dans le deuxième tome, Félix est tiraillé identitairement entre un passé révolu et un présent où il n'est pas accepté – il n'est plus ivoirien, il n'est pas français.

Oui. C'est une vraie douleur. On oublie souvent que quitter son pays, sa famille, ses amis, sa culture, ce n'est pas une partie de plaisir.

Vos personnages se jouent des stéréotypes. Ainsi, Félix arrive dans la famille des Nguéné soi-disant parce que monsieur Nguéné est polygame et a une première femme en Côte d'Ivoire. Il est amené là par des amis de Pau, car tous les Africains se connaissent. Monsieur Launay, qui cache Félix de la police, s'offusque de la visite des policiers, les vrais Français récoltant les ennuis.

Oui. C'est en mettant en scène les stéréotypes qu'on réussit à les affaiblir. Mais ils ont la peau dure !

Monsieur Nguéné représente la première génération d'immigrés, une génération du silence, qui s'efforce de ne pas attirer l'attention sur soi, qui vit « sur la pointe des pieds », qui se fond dans l'ombre des Français (expression utilisée deux fois). Félix, lui, se rebelle et affirme par trois fois qu'il en a « assez ». Ces réactions, différentes selon la génération, sont typiques, n'est-ce pas ? C'est par exemple le cas des immigrés maghrébins et des Beurs.

Oui. Ces jeunes ont besoin de trouver une nouvelle identité. Il faut la laisser s'exprimer. Le multiculturalisme, c'est cela.

Le ton de ce deuxième tome est beaucoup plus sérieux que les deux autres. Vous y abordez le problème des banlieues : l'importance de l'image qu'on donne, ce qui pousse au vol (la tentation du portable), la surveillance des filles par leurs frères (en l'occurrence Hanifa). Figurent aussi des réflexions sur l'intégration – qui équivaut à renier ses origines et apprendre à se taire.

Mon but est de poser les problèmes. Je n'ai pas les solutions. Je pense simplement que si beaucoup de personnes y réfléchissent, on a plus de chance de faire les bons choix. L'acceptation des différences est un sujet complexe qui suppose également des limites, une définition de ce qui est tolérable ou non. Il n'y a pas de recette. L'important, c'est d'être toujours prêt à y réfléchir et de rester à l'écoute. C'est ce que j'attends de mes lecteurs (je suis très exigeant envers eux !).

Félix, âgé de 11 ans, fait des réflexions mûres sur sa situation, il a pleinement conscience de sa position sur l'échiquier socio-ethnique français – il affirme qu'il ne sera jamais aussi français que Flavie, son amie bretonne née en France de parents blancs.

Oui. Sa situation l'oblige à mûrir, à quitter plus tôt l'enfance.

À la fin de la trilogie, Félix se voit offrir ces papiers qui lui ont tant fait défaut, mais il opte de repartir en Côte d'Ivoire, retrouver ses parents. Il aurait pu rester en France, y faire des études, y trouver un travail grâce auquel il aurait pu venir plus en aide à sa famille. Pourquoi le faire retourner en Côte d'Ivoire ?

Pourquoi le faire rester ? J'ai entendu une majorité écrasante de clandestins dire : « Si je pouvais, je vivrais au pays ». Le choix de partir est lié aux conditions de vie sur place. Je voulais donc mettre cela en avant, en valeur. Et je voulais que les Français arrêtent de penser que leur pays est bien meilleur et que tous les Africains voudraient y vivre. Selon moi, si les richesses étaient mieux partagées, la plupart des gens préféreraient vivre dans leur pays d'origine. Et la question des flux migratoires serait anecdotique.

Je suis d'accord, mais justement, Félix ne va pas trouver à son retour une situation économique meilleure. C'est comme revenir au point de départ, les leçons tirées de cette expérience en plus.

Oui, avec des projets, des amitiés, des liens, des espoirs, un avenir. Dire que la situation d'un pays du « sud » va changer, ce serait retomber dans la fiction pure. Dire qu'on peut espérer faire évoluer un peu les choses en adoptant des comportements nouveaux (commerce équitable...), c'est rester dans la réalité. De plus, changer de pays, ce doit être un choix, pas une contrainte. Félix ne revient pas à son point de départ, il repart sur de bonnes bases. Son histoire lui a été nécessaire pour comprendre certaines choses, comme elle a été nécessaire au lecteur pour progresser dans sa réflexion.

L'Africain ne peut s'installer en France, mais la Française, Flavie, peut aller s'installer en Côte d'Ivoire. Dénoncez-vous ainsi une certaine injustice, et une inhospitalité française?

C'est une réalité. Pour ne parler que de la Côte d'Ivoire, les Français s'y sont installés comme bon leur semblait ces cinquante dernières années (avant d'être malmenés ces dernières années, mais pouvait-il en être autrement à long terme ?) alors que d'innombrables Ivoiriens ou Maliens ont été, et sont encore, renvoyés dans leur pays d'origine.

En 2004, l'Afrique revient sous votre plume avec *Demain, je serai africain* avec une première phrase désarçonnante « Tu sais, p'pa, quand je serai grand, je serai africain ». Le père de Simon prend la déclaration à la légère mais le fils n'en démord pas et sent ses cheveux boucler déjà. Ce petit livre oscille entre humour et rêve, n'est-ce pas ? car l'Afrique évoquée par Simon est celle des livres et des contes, une Afrique stéréotypée, en net contraste avec celle de Félix où les enfants travaillent dans l'industrie du cacao ?

C'est une première approche, pour les plus petits. Mais le message est le même, un message de tolérance envers la différence, cette diffé-rence qui nous enrichit. Et c'est important qu'un jeune enfant s'attache à cette Afrique décrite sous l'angle de la nature et de la tradi-tion, à condition de ne pas écarter l'angle humain et relationnel. Sinon, plus grand, il s'inscrira dans les safaris du Club Med. De plus, ce livre apporte une notion qui est pour moi intéressante : même si Simon change de couleur de peau, même s'il ressemble à Fofana, il restera le même. C'est ce que n'arrive pas à comprendre le père qui ne s'attache qu'aux apparences et aux préjugés.

Vous dessinez aussi, mais vous n'illustrez pas vos textes. Vous soumettez parfois des croquis aux illustrateurs ?

Cela arrive. Pour les scénarii BD la plupart du temps, car le découpage et le cadrage sont des outils narratifs que j'utilise pour raconter l'histoire et mettre en scène les personnages. Pour les illustrations (romans illustrés), c'est plus rare. Seulement si je ne réussis pas à trouver les mots pour expliquer une idée. Je ne veux pas, non plus, empiéter sur le terrain de l'illustrateur.

En tant qu'auteur français dit « de souche », quelle contribution votre voix apporte-t-elle à celles d'auteurs qui ont connu eux-mêmes ou reçu en héritage l'immigration ou l'exil ?

À mon avis, c'est plus une histoire de sensibilité que d'origine. L'expérience est importante, mais la capacité de se mettre à la place des autres est aussi indispensable. Certaines personnes possèdent un héritage multiculturel mais sont tellement égocentriques et tournées vers leur réussite qu'elles sont incapables de partager cet héritage et de le faire évoluer positivement. Avoir une démarche multiculturelle, c'est avant tout s'ouvrir aux autres, se mettre en position d'écoute. Selon moi, plus que le bagage culturel en lui-même, c'est l'intention qui compte, et la réflexion qui s'engage au contact des autres. En clair, je ne me sens pas moins bien placé qu'un clandestin pour parler des sans-papiers, à partir du moment où j'ai la démarche sincère d'écouter, de partager, d'accepter d'autres idées, de remettre en question les clichés qui m'envahissent (comme tout le monde), à partir du moment où je n'abuse pas de ma capacité à écrire pour « produire » des romans destinés à me donner une image, et seulement une image, d'écrivain sensible aux difficultés des autres.

Ressentez-vous le fait de dénoncer des problèmes sociaux (les sans-papiers) ou de montrer la réalité sociale (la présence de petits Malik, Karim, Tonio dans les classes) comme un devoir ? Le faites-vous par souci de réalisme, par didactisme ?

Certains auteurs parlent d'eux-mêmes. C'est beaucoup le cas en littérature adulte. Personnellement, j'écris pour parler des autres, pour leur dire ce que je perçois d'eux. Une sorte de miroir des gens et des sociétés. C'est ma façon d'écrire. Me mettre au service de la parole des autres (dans de réels recueils de témoignages comme *L'Enfant des rues* ou *Les Gamins des Andes*) est un bonheur profond. Je ne me sens pas en mal de fiction dans ces moments-là. La fiction, qui m'appartient davantage, est également un vrai plaisir, mais je dois la nourrir de la vie des autres. Je ne reproduis pas alors des événements que j'ai vus, mais je garde l'essence de certaines rencontres, des émotions partagées, de mes étonnements, des amitiés, des échanges. L'image du miroir, pour définir ma démarche, me semble juste. Mes histoires, réalistes ou fantastiques, cherchent à être le reflet du monde qui m'entoure et je fais le nécessaire, à travers mes rencontres et mes voyages, pour que cet univers soit le plus multiculturel et donc le plus riche possible. Je me situe donc peut-être plus dans une démarche de montrer la réalité sociale.

Marie-Félicité Ebokéa

« La France est une vieille fille
qu'il ne faut pas brusquer »

*Charlotte, partie du Cameroun pour poursuivre des études de méde-
cine en France, revient à l'occasion du décès de sa grand-mère (annoncé dans un rêve où celle-ci lui a fait parvenir un collier). Sur
l'insistance de sa mère, Hanna, Charlotte se rend chez Aladji le marabout.*

– *Salam alékoum* Hanna, que Dieu vous garde, toi et ta grande
fille.

– *Alékoum salam*. Charlotte, dis bonjour à Aladji.

Charlotte tend une main réticente et regarde, avec mauvaise
conscience, les yeux voilés d'une membrane blanchâtre.

– Ta mère doit cesser de se faire du souci pour toi, tu as beaucoup
de force, dit-il en sortant une poignée de coquillages blancs et lisses
de l'immense poche de son boubou.

Il lance les cauris sur le tapis, pose ses deux mains sur les arabesques :

– L'âme de la morte n'est pas en paix, elle rôde autour de sa petite-fille. N'aie pas peur Hanna, ta fille est courageuse, psalmodie-t-il
tout en posant son regard aveugle sur Charlotte. Ta grand-mère a
toujours su que toi seule peux voir dans la nuit les mauvais esprits qui
t'entourent, toi seule décideras de ton chemin, toi sa petite-fille.

Il reprend ses cauris et les relance dans un ample mouvement :

– Près de l'eau, des personnes que je distingue mal complotent
contre vous. Je vois un danger proche, dans un endroit sombre, et
ton cœur de jeune femme battre trop vite.

Charlotte n'y croit pas un instant, elle a du mal à cacher le glous-
sement nerveux qui lui monte à la gorge et tousse pour détourner le

fou rire qui menace d'exploser à tout instant. En fait, elle ne veut pas se l'avouer, mais le vieillard lui fiche la frousse. Sa mère indique le sac à dos de sa fille d'un geste du menton :

– Montre le collier à Aladji.

Charlotte glisse l'objet vers le marabout, qui refuse de le prendre en secouant la tête.

– Un talisman que ta grand-mère a chargé pour toi, c'est une arme qui détruira quiconque tentera de s'en [sic] approprier. Aide-la à se déshabiller, Hanna. On va lui préparer un bain pour la nettoyer. Je lui donnerai aussi des sachets d'herbes pour se laver à la maison et une huile à se passer sur le corps tous les matins après la douche.

– Je refuse et si tu me forces, je rentre à Paris, dit Charlotte à sa mère.

Le marabout rigole doucement, mais Hanna n'est pas du tout contente de sa fille :

– Si j'avais su que tu te perdrais ainsi un jour, je n'aurais jamais accepté de t'envoyer en France.

Extrait de Marie-Félicité Ebokéa, *Retour à Douala*, © Thierry Magnier, 2002.

Paris, 25 juin 2007

Vous êtes née au Cameroun en 1962. Quel genre d'éducation avez-vous reçue ?

J'étais dans une famille pauvre mais très ouverte. Question éducation, au départ j'étais très curieuse de lecture. J'ai commencé à lire très tôt, très vite. Du coup mon beau-père me donnait ses journaux le matin. Il était très fier d'avoir une fille qui lisait. Avant de rentrer à l'école, je savais déjà lire et écrire. Donc on n'avait pas de moyens mais il y avait une très grande liberté. J'ai fait l'école primaire, secondaire, jusqu'au collège au Cameroun. Je suis arrivée en France pour entrer au lycée en seconde.

Au collège là-bas, vous lisiez toujours à la bibliothèque ?

Voilà. Un jour, j'ai pris la carte de ma mère pour aller m'inscrire, à huit ans exactement, au centre culturel français puisque c'est la seule bibliothèque où on avait vraiment des livres de partout. Je rentrais avec des bouquins cachés dans mon cartable et je les lisais la nuit avec une lampe-torche jusqu'à ce que ma mère découvre sous mon matelas des histoires d'amour de l'histoire de France. Elle a cru que c'était un livre érotique parce que je crois que sur la couverture il y avait une peinture d'Ingres, une des Mme Pompadour pince le sein d'une autre. Cela a fait toute une histoire parce qu'évidemment ce sont des livres qu'elle ne lisait pas et après cela elle disait : « Toi, on ne peut rien pour toi ».

C'étaient des livres de littérature générale, pas de la littérature jeunesse.

Non. À l'époque, hormis peut-être la bibliothèque verte qui m'a beaucoup marquée, *Le Club des Cinq*, je lisais Sartre, j'étais vraiment dans la littérature.

Vous êtes arrivée en France à 15-16 ans.

À Paris. Pour entrer en seconde, au collège. Ma mère m'a pris un appartement tout de suite, toute seule. Elle m'a accompagnée, elle est allée voir le proviseur, les voisins pour dire que j'allais habiter toute seule. J'avais toujours le sentiment d'être en Afrique même si je n'y étais plus. J'avais peur, donc je ne faisais rien de répréhensible. Je m'ennuyais énormément l'été. Pour passer le temps, j'allais au cinéma du matin au soir.

Et toute la famille était restée au Cameroun ?

Oui, j'avais juste un oncle à Clermont-Ferrand qui était contre l'action de ma mère de m'avoir laissée toute seule à Paris. Je ne le voyais qu'à Noël. Il était prof de maths. C'était un dictateur masculin et ma mère disait : « Pas de dictature sur ma fille ». Donc je n'ai pas habité avec lui, j'étais seule à Paris.

Vous avez fait des études supérieures.

Oui, j'ai fait des études à Lille. J'ai commencé par les maths parce que c'était le rêve de ma mère. J'ai obtenu un bac D et ensuite je suis allée faire les études maths sup-chimie à l'université de Lille où je suis restée deux ans. C'était vraiment dur. Après le DEUG, je suis revenue en cachette à Paris, je me suis inscrite à Paris 8, qui était encore Vincennes à l'époque, pour faire de la littérature comparée puisque cela avait toujours été mon rêve. Ma famille a découvert deux ans plus tard seulement que je n'étais plus à Lille (parce que je faisais envoyer des courriers par copains de la fac).

Littérature comparée avec un angle déjà ?

Oui. Au départ j'ai fait les *women's studies*, les études féminines surtout, les bouquins écrits par les femmes parce que c'était une grande nouveauté et j'étais très curieuse. À la fin, j'ai fait une option en licence d'études féminines, mais j'ai trouvé que c'était vraiment bizarre parce que, finalement, la littérature, c'est la littérature quoi. Les « genders », les genres, je ne suis pas une grande partisane.

Vous êtes partie aux États-Unis après ça ?

Je suis partie aux États-Unis après la maîtrise à Paris 8. J'ai fait le « Master's » là-bas. J'ai enseigné là-bas, dans le sud. Une très belle expérience. Quand je suis revenue, je suis retournée à l'université pour faire un DEA parce que je voulais faire mon doctorat de 3e cycle. J'ai arrêté parce que je voyais qu'il n'y avait pas vraiment de débouchés pour une Africaine à l'université.

Contrairement aux États-Unis.

Contrairement aux États-Unis où on m'avait fait énormément de propositions. En France, j'ai été très malheureuse et j'ai découvert que tout cela n'allait servir à rien si je ne passais pas une agrégation, si je ne prenais pas la nationalité française. C'est comme un geste de rébellion, j'ai arrêté là et puis j'ai commencé à travailler pour le cinéma. C'était l'occasion pour moi d'écrire et j'ai commencé à écrire ainsi. Le chemin jeunesse est arrivé un peu par hasard. Ce n'était pas du tout un choix. Mon premier bouquin, un recueil de nouvelles qui s'intitu-lait *Femmes fragmentées* et que j'ai publié en 1994, n'est vraiment pas destiné à la jeunesse[1]. J'ai eu la possibilité de partir en Afrique pour *Kirikou et la sorcière*. Ils cherchaient une Africaine ou un Africain pour diriger la production sur place pour le casting des voix et c'est ainsi que je suis tombée dans la jeunesse. L'histoire m'a plu. C'était aussi la première fois qu'on mettait l'Afrique en lumière. On la resti-tuait au cinéma en film d'animation et donc je me suis dit qu'il y avait des choses à faire, des choses à écrire.

En littérature jeunesse, il y a quand même Tibili qui est sorti avant Kirikou.

Oui, mais Tibili n'est pas écrit par un Africain[2]. Il y avait quelques auteurs jeunesse qui commençaient à l'époque à percer grâce à Jacques Binzstok, chez Albin Michel, qui a permis l'éclosion de la littérature jeunesse comme on la connaît aujourd'hui, mais la plupart de ces bouquins étaient écrits par des Français ou des Européens. J'ai eu envie de raconter mon Afrique et tout ce que j'avais comme souve-nirs, comme frustrations, comme désirs aussi.

L'auteure d'origine américaine, Susie Morgenstern dit que l'identité à tiret, comme « Italian-American », « Irish-American », est impossible en France[3]. Est-ce qu'on ne peut pas être franco-camerounais et écrire de la littérature, disons, afro-française ?

C'est difficile parce qu'en littérature je crois qu'on ne peut être qu'un, pas les deux. Quand j'essaie de vendre des histoires qui n'ont rien d'africaines, on me dit : « Mais non, reste dans ce que tu sais faire. Tu es africaine, raconte-nous de belles histoires africaines ». Je ne crois pas que ce soit possible en France. C'est de fait petit à petit que se construit cette fausse identité. Je suis camerounaise, je trimballe mon histoire camerounaise mais je suis aussi très française. Quand je vais à l'étranger, je suis une Française. Il n'y a pas de doute. Mais quand je propose une histoire qui n'est pas basée sur l'Afrique, cela ne passe

---

1. Chez L'Harmattan.
2. Marie Léonard et Andrée Prigent, *Tibili, le petit garçon qui ne voulait pas aller à l'école*, Paris, Magnard, 2001.
3. Susie Morgenstern, *op. cit.*, p. 177.

pas. Donc on ne peut pas faire cohabiter cette fierté, cette multiculturalité, dans la littérature en France. La France est une vieille fille qu'il ne faut pas brusquer.

Et différents éditeurs vous ont donné cette réponse ?

Oui. Cela a été très caché. On finit, nous, par comprendre pourquoi telles histoires sont refusées, et dès qu'on amène un conte ou un roman qui se déroule en Afrique, c'est accepté. C'est une réalité. Vraiment.

On les accepte d'auteurs franco-français, mais cela ne marche pas dans l'autre sens.

Non. Un Français peut raconter une histoire africaine, mais c'est dur pour une Africaine de vendre une histoire française.

Votre compatriote, Calixthe Beyala, s'est insurgée contre le manque de représentation des minorités visibles à la télévision française et dans d'autres sphères artistiques[4]. Pensez-vous qu'il y a un tel manque en général et en littérature jeunesse en particulier ?

Je crois que la littérature jeunesse est le lieu où on est le plus visible aujourd'hui parce que la France, l'Europe a oublié un peu ses rites, ses coutumes, et grâce à la littérature jeunesse africaine, enfin, aux auteurs africains qui vivent ici ou qui sont restés au pays, il y a cette richesse qu'on redécouvre dans les écoles. Cela fait retravailler une manière d'être « authentique ». Honnêtement, je trouve qu'on a beaucoup de chance en tant qu'auteur jeunesse afro ou autre d'être entendu. Par contre, dans tous les autres domaines, effectivement, c'est hyper dur.

Les petits Africains qui vivent en France, eux, n'ont pas de héros auxquels s'identifier.

---

4. Calithe Beyala, *op. cit.*, pp. 70-71.

Non. À travers le football [rires]. Il y a eu le petit Kirikou mais je ne suis même pas sûre que ce soient les petits Afros qui s'identifient à Kirikou, peut-être ceux restés au pays.

Mis à part ces *Femmes fragmentées*, vous écrivez essentiellement pour la jeunesse. Vous dites que c'est venu par hasard, du jour au lendemain.

C'est venu aussi quand j'ai eu ma première fille. J'ai commencé – je ne savais pas que j'avais cela en moi – à lui raconter des histoires dont je me rappelais, de ma grand-mère, à lui chanter des chansons alors que je ne parlais plus ma langue depuis très longtemps. C'est arrivé comme ça. Le premier livre jeunesse, je l'ai fait avec son père qui est musicien. On s'est dit que ce serait bien de raconter notre histoire d'une manière romanesque. On a fait un livre en musique [*La Rencontre de Peau et Vent*] et c'était plus ou moins parti. J'avais envie de raconter d'autres histoires et d'autres histoires. Ensuite sa petite sœur est arrivée et j'avais envie de lui raconter encore d'autres histoires. C'est arrivé par hasard, mais c'est le fait aussi d'être mère. Quand j'ai fait *Kirikou*, j'étais enceinte déjà. Cela a dû me bouleverser et me ramener vers l'Afrique.

Certains éditeurs sont-ils, d'après vous, d'après votre expérience, plus ouverts que d'autres à la publication de livres représentant un certain multiculturalisme en France ?

Évidemment, parce que chaque éditeur a un peu son programme et ses spécificités. Il y en a qui sont très contre, il y en a, pas du tout. Donc effectivement il faut aussi savoir cibler l'éditeur. Même quand on écrit l'histoire, il faut déjà avoir un éditeur en tête, connaître son travail. On commence par lui. Après, quand c'est refusé, on fait son tour.

J'aimerais aborder deux de vos textes. D'abord *Retour à Douala*. Comment en est venue l'idée ?

Retour à Douala est une très vieille histoire que j'avais commencé à écrire – ce n'était pas pour la jeunesse – après mon premier recueil, *Femmes fragmentées*. Et puis je l'ai laissée parce qu'entretemps ma grand-mère est tombée malade. C'était très bizarre. Au départ, c'est comme un règlement de comptes avec ma famille. On m'a donné beaucoup de chances, mais j'avais aussi été sacrifiée, d'une manière. Je l'ai vécu comme ça, au bout d'un certain temps. On avait misé énormément de choses sur moi et j'allais faire vivre la famille. Donc le premier texte, le *Retour à Douala* qui s'appelait *Cadavre vagabond*, réglait énormément de comptes. Je l'ai laissé de côté. J'ai abandonné ma famille. Je suis partie aux États-Unis sans leur dire où j'étais, la pression devenait trop forte et je ne rentrais pas assez d'argent pour m'assurer la survie des autres, donc j'ai préféré disparaître. Quand je suis revenue, pareil, pas de nouvelles et c'est par hasard qu'ils ont retrouvé mes coordonnées. J'ai repris le texte, j'ai recommencé à le travailler. Je n'écrivais pas encore pour la jeunesse. Après la sortie de *Peau et Vent*, j'ai rencontré Thierry Magnier qui me disait : « Ah, j'aimerais bien publier quelque chose de toi, j'adore le Cameroun. C'est très beau ton texte *Peau et Vent* ». Donc j'ai ressorti le *Retour à Douala* et Soazig Le Bail, qui est directrice de collection, l'a voulu. Elle m'a aidée à le ramener au niveau jeunesse. *Retour à Douala* est très personnel.

Et Charlotte vous ressemble un peu. Elle est coupée de sa famille.

Elle est quand même beaucoup plus proche que moi de sa famille. Mais elle est entre deux cultures. Moi, je ne me pose plus ces questions-là.

Est-ce que *Retour à Douala* vous a aidée à dépasser cela ?

Peut-être. Comme je dis, c'est un texte qui a 15-20 ans. Peut-être que c'était une sorte de psychanalyse à travers l'écriture.

Malgré des comportements et des réactions très français, Charlotte est encore attachée à l'Afrique et ses superstitions (quand elle voit sa grand-mère pénétrer dans son rêve ou avec le pendentif qui bouge).

Elle est entre deux. Elle pense qu'elle a oublié qui elle est mais en fait, c'est ce que je dis toujours aujourd'hui, on se trimballe avec son histoire. On ne peut pas dire qu'on soit exilé. On est exilé dans un lieu, dans un espace, mais au fond, la base, d'où on vient, reste en nous et cela doit être une fierté. Elle découvre qu'elle a en elle la puissance de sa grand-mère, les pouvoirs de sa grand-mère, alors qu'elle était coupée de cela.

Mais elle se rit des prédictions du marabout.

Elle fait semblant, à mon avis. C'est parce qu'elle a peur qu'elle se comporte ainsi. C'est vrai que quand on n'est plus dedans, on a vraiment l'impression que c'est un truc de fou, que c'est surnaturel. Je pense que c'est plus guidé par la peur. Elle y croit à fond. Dès le départ, quand elle voit le pendentif bouger, elle a peur immédiatement. Elle y croit sinon elle n'aurait pas peur.

Est-ce que, d'un certain côté, elle renierait ses origines ou est-ce que c'est juste qu'elle s'est laissé dériver ?

Je crois qu'elle s'est laissé dériver. Et puis elle voulait trop bien faire en France. Elle voulait être la meilleure. Quand on est immigré – c'est le sentiment que j'ai eu, comme d'autres – on veut être d'excellence. Quand je vois notre ministre de la justice, Rachida Dati, je crains pour elle parce qu'elle veut trop bien faire, et à un moment, on frise la dépression, on ne sait plus qui on est. On est dans un milieu qui n'est pas le nôtre et on veut faire mieux que ceux qui sont du milieu. Je crois que c'est cela que Charlotte a vécu avant de rentrer au Cameroun.

Quelle est sa relation avec sa mère ? Sa mère lui dit à un moment : « Si j'avais su que tu te perdrais ainsi un jour, je n'aurais jamais accepté de t'envoyer en France ».

Ce sont des relations très directes, qui ne sont pas basées sur la tendresse. Une fille doit toujours ce qu'on lui a donné, pour pouvoir faire des études, travailler. D'une manière, elle appartient à la famille. C'est la mère qui transmet cette idée, que la fille doit revenir, même si elle se marie, elle doit ramener le mari dans la famille maternelle. Les rapports de Charlotte et sa mère sont vraiment, pour moi, basiques. Mais en même temps, il y a une forme de complicité parce qu'elles sont une famille de filles, de femmes, elles se disent des choses assez directes.

La mère a un rôle très féminin dans le texte, elle s'occupe de ses enfants, elle en a un en bas âge alors que Charlotte, elle, va dans le monde, rechercher ce corps qui a disparu. Elle a un rôle un peu masculin, elle fait partie d'une quête de toute façon.

Exactement, parce qu'elle est l'aînée. Il n'y a pas d'homme avant elle. Son frère n'est pas assez grand, donc elle doit jouer le rôle de celle qui va à l'extérieur.

Quelqu'un demande à Charlotte si le Cameroun lui manque mais elle ne répond pas.

Non, parce qu'il vaut mieux ne pas s'arrêter. Si on s'arrête, on est mort.

Et on dirait que ses études de médecine sont comme une carapace pour elle. Elle se retranche derrière.

Certainement. Cela permet de ne pas souffrir et d'avancer. Quand on est dans l'action, on ne réfléchit pas, on ne pense pas, donc on souffre moins.

Elle dit à Olivier, le journaliste français, ne pas être prête à revenir au Cameroun. Lui, dit n'avoir qu'une hâte quand il rentre à Gentilly (là où vous habitez), c'est d'en repartir. L'exil est loin d'être une expérience négative alors ?

Absolument, puisque c'est dans les deux sens. Chacun trimballe son histoire, donc on a tout le temps des quêtes, on va chercher ailleurs, on a le sentiment de ne pas trouver ou ne pas avoir trouvé à côté de nous, chez soi. Un jour, je disais qu'on est parfois mieux entendu par ceux qui sont différents de nous que par ceux-là mêmes qui nous ressemblent.

La quête du corps de la grand-mère, c'est une quête identitaire. Charlotte se retrouve en fin de roman. Donc, à petite fille exilée, cadavre vagabond ?

C'est ça, exactement.

À la fin, le corps est enterré, il y a donc résolution. Et Charlotte se résout à son ambivalence puisqu'elle décide de repartir en France mais de revenir tous les ans.

Oui, elle retourne au Cameroun régulièrement. C'est une belle fin, non ?

C'est une très belle fin. J'ai aussi aimé la fin des deux responsables de la disparition du corps puisque l'un se change en chien, donc ce sont les superstitions africaines, et l'autre est poursuivi par une nuée de mouches, comme Oreste ?

Voilà. C'est la culpabilité.

On a les deux cultures, l'Afrique et...

Exactement. Vous êtes la première qui avez compris cela.

Comment en êtes-vous venue à la publication de *Vacances en brousse* ?

Vacances en brousse part aussi d'une rencontre, cette fois avec le directeur de collection François Beiger, chez Belin. Je lui ai d'abord envoyé un conte qu'il a publié avant *Vacances en brousse*, *Mbela et la perle de Mamiwater*, et il m'a demandé tout de suite si je voulais bien participer à sa collection de romans. C'était encore une occasion pour moi de retourner chez ma grand-mère, d'aller en brousse. C'est vraiment des souvenirs. En plus, à chaque fois, il y a un côté documentaire, mais en même temps, ce sont des souvenirs certainement fantasmés. De très très vieux souvenirs. Je ne sais pas où je vais les chercher, parce que je n'essaie pas d'inventer. Il faut que la base soit vraie pour moi, sinon je ne peux pas écrire.

Vacances en brousse est paru dans la collection « Terres Insolites ». Dans les titres de cette collection figurent le Grand Nord, le Québec avec les trappeurs, la Russie, l'Égypte, le Sahara, et donc, le Cameroun. Le héros a neuf ans, c'est un garçon dont le père est absent, il est le dernier de ses frères et sœurs, donc il est aussi solitaire que l'immigré en France ? C'est un petit peu une ombre de

Charlotte.

Un autre double, une autre facette de Charlotte.

Ces vacances en brousse seraient comme un retour aux sources, à l'identité camerounaise profonde, donc cela se rapproche encore une fois de *Retour à Douala*.

Oui. De toute façon on écrit toujours la même histoire.

Dans les deux romans, il y a une séance chez les Pygmées.

Les Pygmées m'ont énormément marquée. Je les ai vus une seule fois dans ma vie. On était parti passer un week-end à Kribi, au bord de la mer, et il y a plein de cocotiers le long de la plage. À un moment, je ne sais pas ce qui s'est passé, je suis allée avec un autre groupe d'enfants dans la forêt de cocotiers. On a vu nos premiers Pygmées. La première impression est de frayeur. En fait, ils sont là, ils cueillent les noix de coco pour les touristes. Ils arrivaient avec leurs machettes et nous, on a cru qu'ils venaient nous pourchasser. Après, je me suis documentée toute seule sur les Pygmées, même quand j'étais encore au Cameroun. Je les trouvais fascinants et je trouve dommage qu'ils sont en voie de disparition parce que leurs villages sont de plus en plus déboisés. Cela aussi, cela me tient énormément à cœur. Les Pygmées vont bientôt disparaître. Pour moi, ce sont ceux qui détiennent encore la vraie culture camerounaise.

On le sent parce qu'à chaque fois, pour les deux héros, il y a comme une initiation, une révélation qui se fait par la rencontre des Pygmées.

Oui, parce qu'ils vivent vraiment encore à l'ancienne, en bordure des villes, dans la forêt et pour moi qui écris, c'est de la magie.

Vous êtes ancrée dans une veine africaine, on vous demande de l'être. Mais pensez-vous écrire sur d'autres pays, d'autres expériences ?

Oui. Là, je suis en train d'écrire un recueil de nouvelles qui s'appelle

L'Autobus, et c'est l'autobus dans le monde entier. De courtes histoires, insolites, bizarres parfois, très drôles.

Pour la jeunesse ?

Non. Les personnages viennent de partout où j'ai voyagé, des rencontres, des amis qui me racontent leur pays d'origine. Chacun prend un autobus et dans chaque nouvelle il arrive quelque chose au personnage principal dans l'autobus. Évidemment j'ai envie d'explorer. Je fais pas mal d'histoires pour la télé aussi. Cela permet de compenser parce que la télé n'a pas de couleurs. On me demande de participer sur des séries animées enfant, très drôles, très relevées, comme *Les Zinzins de l'espace*, *Ogui et les cafards*. Cela n'a rien à voir avec l'Afrique.

Est-ce que vous écririez sur l'expérience d'une Charlotte en France ?

Est-ce que j'en ai envie ? Ce serait hyper dur. Parce que cela voudrait dire retourner à l'intérieur de moi aujourd'hui, me regarder aujourd'hui. Je ne crois pas que je sois prête.

Mais une jeune Charlotte. Enfin, peut-être pas quelqu'un qui a vécu ce que vous avez vécu, mais une jeune fille...

Non. Peut-être l'histoire d'une de mes filles, un jour, mais pas d'une Charlotte. Je suis sur un truc entre deux, comme ça, un roman jeunesse, entre deux, je ne sais même pas si je vais pouvoir le vendre. C'est une Charlotte mais qui est chez elle, au Cameroun, et qui va partir beaucoup plus tard. Et elle raconte après, parce qu'elle sent une fumée de cigarette et elle se rappelle sa grand-mère qui fumait, donc elle repart par la pensée. C'est assez méchant, donc, je ne sais pas.

Redoutez-vous d'être cloisonnée dans cette identité africaine ?

Non. Les gens sont toujours surpris. Quand ils m'entendent parler, ils pensent qu'ils vont rencontrer une Française. Ils remarquent un léger accent, ils ne savent pas trop. Et puis ils me voient, ils pensent automatiquement que je suis française. Alors je dis : « Non, je n'ai même pas la carte, je n'ai pas besoin. Je suis qui je suis, ça ne change rien, vu le chemin professionnel que j'ai pris. Je ne vais pas devenir fonctionnaire, donc... Non, non, je sais qui je suis ». Moi, d'ailleurs, cela m'amuse énormément. Les gens sont souvent déroutés par moi parce que je ne recherche pas la communauté africaine. Je fricote plutôt avec des gens venus de partout. Ceux qui me connaissent ont tendance à oublier qui je suis en fait, mes origines. C'est assez étrange. Je suis ça. Je renvoie ça.

Est-ce que vous pourriez comparer votre expérience de Camerounaise en France et votre expérience de Camerounaise aux États-Unis ?

Ah oui. J'ai écrit un texte dessus. C'est super. Camerounaise aux États-Unis, je suis vraiment une *nigger*. Je le suis vraiment, mais c'est magnifique. D'ailleurs, j'ai commencé à écrire le texte qui est sorti, *Femmes fragmentées*, aux États-Unis parce que je suis arrivée à l'aéroport à Atlanta, dans ces immenses espaces, et tout de suite, j'étais une fourmi, et tout de suite, les gens me renvoyaient un regard, j'étais une Africaine, rien à faire... Enfin, j'étais une Noire, quoi, il n'y avait pas de problème là-dessus. Petit à petit, grâce à ce regard-là, je me redécouvrais noire et africaine et différente. Ici, on a le sentiment, en parlant d'intégration, qu'on est pris dans un marshmallow, un truc mou, on fait semblant de ne pas voir que tu es afro, on n'en parle surtout pas, on n'est pas raciste et en fait on t'endort. On t'endort parce qu'au fur et à mesure tu oublies qui tu es, tu veux être une bonne Française en vrai, tu veux bien vivre là où tu es, qu'on t'accepte. Donc tu nies à un moment – je l'ai vécu ça – tu nies une partie de toi, tu le portes comme une honte puisque le regard qu'on a ici de l'Afrique est un regard honteux, un regard, pour moi, d'assistanat. Donc, les États-Unis m'ont fait un bien fou en me renvoyant : « Tu es noire, un point c'est tout. En tant que noire, tu as quelque chose à nous apporter, tu l'apportes. Tu vis avec ce que tu es mais tu peux participer à la construction de quelque chose ». Ici, on te dit : « Mais non, mais non. Nous, on n'est pas raciste du tout. Ne parlons pas de vos origines. Ça ne compte pas ». Mais tu n'as rien. J'ai préféré vivre en tant que *nigger* aux États-Unis. Ici, il y a toute la culture, toute la sensibilité qui me lie.

Vous animez des ateliers d'écriture dans des écoles.

Oui, régulièrement. De la grande section de maternelle à la 6ème-5ème au collège.

Est-ce que ces enfants sont d'origines diverses ?

Majoritairement, plutôt des petits Français, même si issus de parents immigrés. Souvent ils ne connaissent même pas l'Afrique, même s'ils ont la peau noire. Ils ne connaissent rien.

Est-ce que ce travail vous permet de leur apprendre des choses ? Et vous...

Des choses, oui. Cela m'enrichit. Absolument. J'adore faire des ateliers d'écriture parce qu'on est dans un processus sans cesse, parce que je fais écrire collectivement. Ensuite, je rentre à la maison, je retouche un peu, je ramène des compositions. Les enfants votent et au bout d'un moment, je sais mieux moi-même, quand j'ai un sujet, comment le cadrer, comment aller au plus vite. L'histoire que je présente, là, au Seuil-Le Sorbier, vient d'un de ces ateliers d'écriture[5]. Effectivement, c'est un apport dans les deux sens. J'adore faire cela. Si je pouvais le faire tout le temps, ce serait magnifique.

Vous écrivez surtout pour les adolescents, pas pour les petits.

Non, je n'y arrive pas parce que je suis très texte. D'ailleurs on me demande souvent de couper. Quand je raconte, j'ai envie d'écrire. Parfois je sors des mots très compliqués d'ailleurs, je suis souvent frustrée avec ça, parce que pour la jeunesse, on me demande d'enlever souvent des mots ou de mettre un glossaire qui explique. Je pense que le mot a une sonorité même si l'enfant ne le comprend pas. Et plus tard, on a ce mot qui reste. Je me rappelle dans *Peau et Vent*, il y avait beaucoup de mots que les petits de la maternelle ne comprenaient pas, mais c'étaient ceux-là qu'ils répétaient tout le temps parce que cela sonnait spécial. Petit à petit, ils ont compris ce que ces mots-là voulaient dire, ces mots qu'on n'utilise pas dans le parler de tous les jours.

---

5. *Mariétou Kissaitou*, sorti en mars 2008. En 2010 est sorti *À l'eau Mariétou*.

Je préfère écrire pour les plus grands, cela me laisse plus de liberté. Je ne saurais pas écrire pour les petits. Même mes enfants, je ne leur ai jamais raconté des petites histoires de petits lapins. Moi, ce sont les contes, des contes d'aujourd'hui, des contes modernes, des histoires qui peuvent arriver en ville ou un peu partout au village. J'ai besoin de texte. J'ai besoin d'écriture pour développer une idée.

Gudule

« Une société saine est forcément métissée »

Louis, un grand de 13 ans, a sauvé Roberto, Italien nouvellement arrivé dans ce village minier du Nord, d'une bande d'enfants qui voulaient l'intimider. Après avoir fait plus ample connaissance grâce au chien de Louis, ils se retrouvent le lendemain dans la cour de récré.

P'tit Léon vient de se casser la figure au milieu du préau. Les jumeaux pouffent derrière leurs mains, c'est Roger ou Georges qui l'a poussé. Le genou écorché, P'tit Léon se relève, tend le poing dans leur direction, mais reste à bonne distance : seul contre deux, il ne fait pas le poids. Roberto ne perd pas une miette du spectacle.

« Ils ont de la chance, ceux-là, d'être inséparables, remarque-t-il. Personne ne les embête parce que, si on en frappe un, l'autre le défend.

– T'as pas de frangin, toi ? demande Louis.

– Non, juste une petite sœur, et toi ?

– Une grande, mais j'aimerais mieux pas en avoir.

– Pourquoi ?

– C'est une teigne. »

P'tit Léon ramène Richard et lui explique toute l'affaire. Les jumeaux fanfaronnent moins, tout d'un coup. Une belle bagarre se prépare, et cette fois, les forces en présence sont à égalité.

« Heureusement qu'il y a les copains, pour ceux qui n'ont pas de frère, constate Roberto.

– C'est presque aussi bien, finalement, mais on n'est jamais sûr de pas être trahi.

– Un vrai copain, c'est fidèle à la vie à la mort ! » décrète Roberto, solennel.

Louis hoche la tête sans grande conviction.

« Tu sais ce qu'il m'a promis, hier, mon père ? s'enhardit Roberto auquel cette conversation ouvre des horizons.

– Quoi ?

– Quand il aura fini le jouet de Bambina, il me fera une arche de Noé.

– Qu'est-ce que c'est ?

– Tu ne connais pas Noé ? Ce type qui avait un bateau, dans lequel il a embarqué plein de bêtes pour les sauver du Déluge. On apprend ça au catéchisme.

– Ah, cette histoire-là ! se rappelle Louis.

– J'aurai tous les animaux du monde : des éléphants, des singes, des girafes...

– Ton père est vraiment chouette ! »

Roberto sourit de toutes ses dents.

« Je te la prêterai, mon arche, si on devient amis ! »

Louis s'apprête à répondre quand une voix sèche l'interpelle :

« Tu fricotes avec les romanos, maintenant ? »

C'est Richard, escorté de P'tit Léon. Ayant réglé leur compte à Georges et Roger (l'un des jumeaux saigne du nez, l'autre se tient le ventre à deux mains), ils jouent les matamores.

Toute la joie de Roberto s'envole d'un seul coup.

« Ça te dérange ? » articule placidement Louis.

Ricanement de P'tit Léon, caché derrière son pote.

« Fais attention, ces gens-là puent ! éructe-t-il. Si tu vas avec eux, tu sentiras aussi !

– À propos de puer, tu t'es lavé, ce matin ? répond Louis sans s'énerver. T'as encore de l'œuf au menton ! »

Du pouce et de l'index, il envoie une pichenette en direction de la trace suspecte, et ajoute :

« Si tu veux, je peux te l'enlever avec mon poing dans la gueule... »

P'tit Léon, qui perd sa superbe à vue d'œil, juge prudent d'opérer un repli stratégique.

Extrait de Gudule, *L'Immigré*, © Éditions Hachette jeunesse, 1992.

Sur l'ensemble de votre production jeunesse, quelle part diriez-vous relève, d'une façon ou d'une autre, du multiculturalisme, du caractère multiethnique de la société française[1] ?

Une part très importante, car même si la dénonciation du racisme ordinaire n'est présente que dans, disons, une quinzaine d'ouvrages maximum, elle existe à l'état latent dans de nombreux autres, ne serait-ce qu'à travers mes personnages. Dans la mesure où, pour moi, une société saine est forcément métissée, la « population » de mes romans l'est d'office aussi. Et les problèmes (ou les bienfaits) liés à la multiplicité des ethnies, même s'ils ne sont pas, ou peu, soulevés, sont présents de fait, pour qui sait lire entre les lignes.

Il me semble que vous incluez des minorités visibles dans vos textes là où il pourrait ne pas y en avoir. Par exemple, dans *La Bibliothécaire*, Guillaume est épaulé dans sa quête du grimoire par son ami Doudou, un rappeur noir, l'amie de Léna dans *Étrangère au paradis* se prénomme Souad. Il s'agit donc là d'un choix conscient ?

Conscient, oui, mais naturel. Pour les raisons exposées plus haut, ces « étrangers » qui apparaissent dans mes livres font partie de ma population intime. Je ne décide pas d'un « quota » de personnages de couleur, comme cela s'est fait durant les vingt dernières années dans le cinéma américain. Cette démarche m'apparaîtrait comme démagogique et même insultante, à la limite. Les héros qui m'habitent ont tout naturellement des origines diverses avec peut-être une petite préférence pour le monde arabe que je connais très bien, ayant vécu plusieurs années au Liban[2].

Je suis particulièrement sensible à la beauté extrême de certaines ethnies d'Afrique, d'Asie ou d'Amérique latine, et plus encore au mélange de toutes ces caractéristiques physiques par le métissage. Porter sur ses traits l'empreinte de plusieurs origines me semble une démonstration flamboyante de la richesse de ces mélanges. (On re-

---

1. Gudule a son blog sur internet : http://gudule.over-blog.com/.
2. Gudule a publié chez Grasset trois romans autobiographiques : *La Vie en Rose*, *Soleil Rose* et *La Rose et l'Olivier*.

trouve la même émotion dans les musiques où s'associent plusieurs courants venus du monde entier.) Un jour où, dans le métro parisien, j'observais du coin de l'œil un adolescent offrant, de manière éblouissante, ces caractéristiques, je le montrai à ma petite-fille qui m'accompagnait. Et je lui expliquai que, ne pouvant, à mon âge, le « draguer », j'allais, selon mon habitude, le « kidnapper » et le mettre dans un de mes livres, pour le plus grand plaisir de mes petites héroïnes. C'est ainsi que sont nés les héros masculins de *Barbès Blues*, de *J'ai 14 ans et je suis détestable*, de *Impasse du Nord*, du *Petit théâtre de sang* et de tant d'autres.

Pourriez-vous situer *L'Immigré*, *L'Envers du décor*, *Barbès Blues* et *Impasse du nord* par rapport au reste de votre production pour la jeunesse ?

L'Immigré est la version n°2, revue et corrigée, de mon premier roman pour la jeunesse, paru en 1987 dans la bibliothèque verte. Ce roman s'intitulait *Mort d'un chien* et s'appuyait sur une expérience vécue dans mon enfance. Je suis, en effet, d'origine belge. Bruxelloise, pour être précise. Mais ma mère était de Liège, principal bassin minier belge, où vivait toujours le reste de sa famille. Petite fille, je passais toutes mes vacances là-bas, et j'étais confrontée, à travers mes copains, à l'effarant racisme dont étaient victimes les mineurs italiens et leurs enfants. Par un phénomène que je ne m'explique pas, j'étais déjà, enfant, révoltée par tout ce qui s'apparentait à de la ségrégation. (Ma première rédaction, en CP, avait pour thème « Si j'étais fée », et j'y avais écrit que, si j'étais fée, il n'y aurait plus de différences entre les Blancs et les Noirs et tous les peuples s'aimeraient.) J'ai donc lutté, à ma manière, contre ce que je considérais comme une aberration et une inacceptable injustice. Ce sont mes sentiments d'alors que j'ai retranscrits, trente ans plus tard, dans *Mort d'un chien*.

L'Envers du décor est le fruit de ma révolte face à la misère. Lorsque je l'ai écrit, je vivais dans le 18ème arrondissement de Paris, près de la Porte de la Chapelle. De nombreux sans-abri hantaient les rues de mon quartier et l'hiver était particulièrement froid. Cela m'était insupportable. Je n'en dormais plus la nuit. J'ai donc décidé d'écrire un livre pour exprimer ma colère face à cette situation insupportable. Pour ce faire, j'ai mené une véritable enquête – qui m'a permis de découvrir des choses si douloureuses, si inhumaines et si indignes que j'ai failli renoncer à écrire le livre, pour me préserver. Mon roman se greffe sur cette enquête effectuée auprès des SDF eux-mêmes, mais aussi des centres d'accueil, des commissariats de police, des assistantes sociales, des Emmaüs et autre Armée du Salut. Je suis tombée deux fois malade en l'écrivant.

J'ai conçu *Barbès Blues* devant le mur tagué de la rue Doudeauville, en observant les tagueurs au travail. Je restais des heures à regarder ces filles et ces garçons en plein travail. J'ai toujours aimé les « arts des rues » qui sont l'expression la plus vivante de la création populaire. Tout ce que j'aime était rassemblé là : une communauté d'artistes de toutes les origines, une œuvre collective offerte spontanément au public... Je trouvais à la fois cela riche et émouvant. Comme cadre pour un roman, je ne pouvais pas trouver mieux. En revanche, je n'avais pas encore l'intrigue. Or, nous étions en juillet. En août, quand le mur a été terminé, je suis partie en vacances, et pendant que je mettais les bagages dans la voiture, j'ai eu peur qu'on me vole mon ordinateur portable que j'avais posé sur le siège avant, toutes portières ouvertes. Tout naturellement, les deux choses se sont « téléscopées » dans ma tête. J'y ai pensé durant tout le trajet. Quand je suis arrivée sur mon lieu de vacances, je tenais mon roman.

Impasse du Nord est, comme je le dis souvent à mes lecteurs, « un livre en noir et blanc, comme le cinéma, et comme l'amour ». Car le cinéma, et particulièrement celui des années quarante, est l'une de mes grandes passions. Ce livre lui rend hommage. J'ai pris pour modèle mon quartier, une fois de plus. Et une héroïne qui ressemble, sans doute, à celle que j'étais à quinze ans.

Vous me citez ces quatre livres en me demandant de les situer par rapport au reste de ma production pour la jeunesse mais cela, je suis incapable de le faire. Ce ne sont que quelques récits parmi d'autres, point. Si l'intrigue diffère, je pense être toujours portée par les mêmes sentiments. *La Vie à reculons*, *Kaïra*, *J'ai 14 ans et je suis détestable*, *Mélodie des îles*, *Le Garçon qui vivait dans ma tête*, *Le Petit théâtre de sang*, etc. partent tous du même désir de faire partager aux lecteurs mes rêves et mes révoltes. Mes bouquins fantastiques répondent à la même logique : respect des autres, quelles que soient les raisons de leur différence : origines, situation sociale, santé, religion, spécificité sexuelle. Revendication de l'égalité et de l'amour en dépit de tous les préjugés. Refus d'adhérer à des idées reçues, surtout si elles sont source d'exclusion, de mépris, d'élitisme, de rejet. Pour terminer, je vous citerai ce très joli mot d'un élève de 5ème, lors d'un de mes voyages à la Réunion. « Pourquoi, dans vos livres, les Noirs sont-ils toujours beaux et gentils ? », m'a-t-il demandé. Dans un premier temps, sa question m'a glacée : faisais-je du « racisme à l'envers » ? Non, heureusement : en vieille romanesque, j'offrais simplement à mes héroïnes – auxquelles j'ai une fâcheuse tendance à m'identifier – des amoureux charmants, quelle que soit, par ailleurs, la couleur de leur peau. Et dans cette « couleur », j'incluais également les petits blonds à lunettes dont certaines de mes héroïnes sont folles. Quand j'ai répondu cela à ce jeune garçon, il a beaucoup ri.

Comme son titre l'indique, *L'Immigré*, paru en 1992, porte sur l'immigration, l'immigration italienne dans les années 1950. Vous vous êtes inspirée d'un climat et de situations de votre enfance, mais le lecteur qui choisirait de lire ce livre uniquement pour son titre s'attendrait sans doute à une immigration plus récente, comme celle des Maghrébins, non ?

Pour moi, l'intérêt de ce roman réside justement dans son décalage dans le temps. N'est-ce pas une démonstration flagrante de l'imbécillité du racisme que de constater, un demi-siècle plus tard, que ceux que l'on a rejetés comme des êtres « inférieurs » (car, si on y réfléchit, le racisme n'est que le mépris d'une société arrogante envers ceux qu'elle considère, généralement à tort, comme moins évolués qu'elle) sont aujourd'hui nos partenaires européens ? L'italianophobie des années cinquante paraît aujourd'hui aussi ridicule et désuète que celle des Parisiens du 19ème siècle envers les provinciaux ! Partant de là, on peut se dire que dans quelques décennies, notre racisme actuel fera sourire nos descendants. N'est-ce pas encourageant pour l'avenir ?

Vous faites référence dans ce roman à une autre immigration, celle des Polonais, mais ils semblent moins en butte que les Italiens à la xénophobie, les immigrés italiens étaient-ils ainsi stigmatisés à cause de la seconde guerre mondiale ?

Non, je pense que les Polonais ont été, tout autant que les Italiens – et même peut-être plus puisqu'ils venaient de plus loin – confrontés au racisme. (La politique, en l'occurrence, n'y était pour rien. Seule la crainte de l'étranger aux mœurs différentes – et donc inquiétantes –

motivait le rejet de la population.) Mais il se fait que, pour des raisons que j'ignore, l'immigration polonaise a surtout eu lieu en France, pas en Belgique. Je n'y ai donc pas été confrontée, et si je l'avais abordée, j'en aurais forcément parlé moins bien, de manière moins ressentie. Mon roman n'est pas un essai sur le racisme, c'est juste l'expression d'un certain nombre d'émotions, de questions et de colères qui m'habitaient depuis l'enfance. À signaler qu'au départ, j'avais situé l'intrigue dans la région de Liège, d'où le nom du village. L'éditeur, pour des raisons commerciales, m'a demandé de la situer dans le nord de la France, le public français, auquel ce livre était destiné en priorité, ayant plus de facilité à s'identifier à des compatriotes.

La première rencontre de Roberto avec les autres élèves et l'instituteur est négative (il s'entend traiter de « romano », de « rital »), il est ostracisé. Le chien de Louis, par contre, lui réserve un meilleur accueil.

On n'a jamais vu d'animaux racistes !

Même la première rencontre de Roberto avec Louis est entachée de racisme, Louis ne faisant que répéter les stéréotypes sur les Italiens (qui soulèvent les jupes des filles, kidnappent les enfants, mangent les chiens). Il succombera d'ailleurs au dernier de ces stéréotypes. Les gens ne s'unissent-ils que dans le malheur, comme les femmes, se précipitant à l'annonce d'un éboulement à la mine, « toutes nationalités confondues » ?

Il est évident qu'une douleur commune balaie les préjugés, les inimitiés, les haines dérisoires. Face au malheur, les êtres humains redeviennent des hommes, tout simplement. Ils se serrent les coudes. Cela aussi, c'est une démonstration éclatante de l'absurdité du racisme.

Roberto est un enfant assez résilient. Il accepte beaucoup de choses avant de finalement exprimer très simplement son ras-le-bol d'être l'« étranger ». D'où tient-il cette résilience ?

A-t-il le choix ? Ou il entre en lutte contre tous, ce qui est au-dessus de ses forces, ou il s'écrase, accepte les humiliations et ravale ses rancœurs, dans l'espoir d'être accepté. N'est-ce pas souvent cela, l'intégration ?

Diriez-vous que Roberto a la résilience de ces enfants évoqués par Boris Cyrulnik, qui transforment leur « merveilleux malheur » – Roberto fera des études brillantes, aura une belle carrière et un beau mariage… en Italie, tout en étant hanté à vie par le sort de Toby, le chien de Louis[3] ?

Je ne connais pas l'ouvrage auquel vous faites allusion. La destinée de Roberto est celle de tout un chacun : des moments difficiles, des échecs, des réussites. Et, comme tout un chacun, il porte en lui des événements liés à son enfance qui le hanteront jusqu'à la mort.

De même que la mort de Toby sera nimbée du manque d'enterrement en bonne et due forme, la discorde entre Roberto et Louis ne sera jamais éclaircie. Seul un enterrement de substitution peut amener la paix à Roberto, une résolution de cet épisode traumatisant.

Oui, un geste symbolique par lequel Roberto espère effacer l'événement marquant de son enfance et le traumatisme qui y est lié. Je me suis souvent dit que cette notion psychanalytique était trop complexe pour le lectorat auquel ce roman était destiné. Si je devais réécrire ce livre aujourd'hui, j'aborderais cela différemment. Sans doute gommerais-je purement et simplement le passage de l'enterrement du chien.

Par l'enterrement de ce chien 40 ans plus tard, il y a donc résolution pour Roberto, pour l'étranger accusé à tort, résolution qu'il doit amener, trouver lui-même. Rien n'est dit de la société d'accueil et du devenir de ses sentiments vis-à-vis de cette immigration européenne jugée maintenant, après les immigrations maghrébine, africaine et caribéenne, plus réussie. Qu'en pense Louis, 40 ans plus tard ?

Ce que vous me demandez là, c'est le thème d'un autre roman. Ce que pense un personnage quand le livre est fini, l'auteur lui-même l'ignore, à moins de le faire revivre dans une « suite », ce qui n'a pas

---

3. Boris Cyrulnik, *Un merveilleux malheur*, Paris, Odile Jacob, 1999.

été le cas. Ce que je pense, moi, c'est que les choses n'ont pas fondamentalement changé. Si l'étranger fait moins peur que jadis, il se heurte à de nouvelles difficultés, et non des moindres, liées au contexte socio-économique. Il ne lui suffit plus, aujourd'hui, de trouver sa place dans une société aux critères différents et où il n'est pas forcément le bienvenu. Les problèmes auxquels il est confronté sont d'ordre politique et infiniment plus complexes. Autant les migrants d'après-guerre étaient souhaités par les autorités – ce sont eux qui, en grande partie, ont relevé l'économie de pays rendus exsangues par cinq années de conflits –, autant, aujourd'hui, ils sont considérés comme indésirables. On va jusqu'à leur faire porter la responsabilité de nos incuries et de nos faillites économiques. Les difficultés personnelles de l'intégration se doublent donc de tracasseries administratives, de contrôles, d'expulsions. Il y a, dans les grandes villes, un harcèlement policier dont sont victimes en permanence les immigrés, qui frise l'insoutenable. Le rejet de l'étranger est moins individuel que national, aujourd'hui. C'est probablement pire.

Sans parler du harcèlement policier dont souffrent les enfants d'immigrés qui sont culturellement français. Il me semble aussi significatif que Roberto ait réussi sa vie, mais en Italie, comme si le succès était impossible en France pour l'étranger ?

C'est souvent le cas, non ?

Passons à *L'Envers du décor*. Ce roman est précédé d'une préface par l'Abbé Pierre qui exprime l'espoir que ce livre changera le regard des lecteurs sur les démunis. Outre d'exprimer votre colère vis-à-vis de cette situation, était-ce aussi votre but en écrivant ce texte ?

En écrivant un texte, on a toujours l'espoir, plus ou moins avoué, de faire adhérer le lecteur à son propre point de vue. Surtout quand ce texte vous sort des tripes, comme ce fut le cas de *L'Envers du décor* – que j'ai failli ne pas écrire, tant ce que j'apprenais, au cours de mon enquête préalable, me bouleversait. Je me disais : « Jamais je ne vais pouvoir aller au bout, je craquerai avant ». Je crois que peu de livres m'ont fait autant souffrir que celui-là. L'idée de demander à l'Abbé Pierre de préfacer ce livre n'est pas de moi. Moi, je pensais plutôt au professeur Jacquard, aux côtés duquel j'avais manifesté à plusieurs reprises en faveur des plus démunis et dont j'ai toujours admiré le discours et le combat. Hachette en a décidé autrement. Mon livre a donc, contre mon gré, une coloration un peu religieuse, un peu charitable qui m'a dérangée, au début, car je suis foncièrement laïque. Mais en dépit de sa soutane, l'Abbé Pierre est un immense monsieur, pour qui j'ai le plus profond respect (je parle même de lui au présent, c'est tout dire !). Je lui suis donc reconnaissante d'avoir accepté.

***L'Envers du décor* expose non seulement le monde des sans-abri et des squatters, mais aussi un monde multiethnique. Les voisins de squat de Félix sont libanais, sénégalais, maliens, algériens, yougoslaves. Ce roman n'est donc pas porteur d'un message unique.**

La misère a de multiples causes et fait de multiples victimes. La plupart de ces victimes sont hélas des immigrés, qui, outre leur pauvreté, subissent également les tracasseries administratives et policières, des difficultés linguistiques et culturelles, et se heurtent à des attitudes racistes. C'est énorme. C'est insoutenable. On ne peut pas parler de sans-abri sans évoquer cette multitude de déracinés. Quant aux squats... Quand on a vu la police virer des familles de ces appartements inoccupés où, n'ayant pas d'autre choix, des déshérités avaient fini par trouver refuge, on ne peut qu'être révolté. En fait, ces multiples visages de la souffrance humaine sont liés ; le livre ne pouvait pas aborder l'un de ces problèmes indépendamment des autres.

Au début, Félix se retrouve sur un plateau de tournage où, bien sûr, il manque un mur qu'il faut éviter de regarder « pour que l'illusion dure ». Cette phrase ne s'appliquerait-elle pas au comportement de la société française qui évite d'un même regard les sans-abri et les immigrés et s'obstine à essayer de vivre dans l'illusion que tout va bien ?

Cette métaphore du décor, de l'illusion qui à la fois représente et cache la réalité, m'a effectivement sauté à l'esprit quand j'ai visité (comme le fait Félix) les studios de AB production. Cela a même été l'élément déclencheur de ce livre, que je couvais depuis des semaines et dans lequel je n'osais pas me lancer. Ce que j'éprouvais était d'autant plus violent que je mesurais, en arpentant ces décors, les sommes faramineuses dépensées pour créer cette illusion. N'oublions pas que le moindre téléfilm brasse des millions d'euros, même quand il aborde le thème de la misère.

Barbès Blues nous plonge dans le quartier le plus multiculturel de Paris, rendu célèbre par Michel Tournier, le quartier de la Goutte d'or. Mais c'est une coïncidence puisque ce qui vous intéressait, c'était le décor, ce mur tagué ?

Ce n'est pas une coïncidence. Ici aussi, c'est la rencontre avec un « décor » qui a déclenché chez moi le processus de l'écriture. J'ai longtemps habité ce quartier, que j'aimais d'ailleurs passionnément – essentiellement à cause de son brassage multiculturel. Le mur dont il est question dans le livre, je l'ai regardé être tagué jour après jour, au cours du mois de juillet 2000. Le livre est né au fil de ces couleurs, ces arabesques, ces graffitis qui se déployaient sous mes yeux.

Tout en ne cachant rien de la réalité du quartier, quartier de la misère, des graffeurs, des squats, vous en énoncez, par le biais de Véra, aussi les charmes : « ces rues où se côtoient des peuples du monde entier, qui vous trimballent de l'Afrique au Maghreb, avec un petit détour par le Pakistan, Madagascar et les Antilles, sont une invitation permanente au voyage. Combien de fois ai-je rêvé devant les vitrines de wax multicolores, respiré avec ivresse les senteurs d'épices exotiques, écouté, ravie, les dialectes chantants qui rendent l'endroit si attachant, malgré la pauvreté qui y règne ».

Véra exprime, en l'occurrence, mes propres sentiments. Mais après tout, n'est-ce pas le rôle d'un personnage que d'être le porte-parole de son auteur ?

Se côtoient dans ce livre deux mondes qui ont en commun le manuscrit inachevé et perdu intitulé _Barbès Blues_. Ces deux mondes se rencontrent finalement : celui de l'auteur, David Hook, qui, pour retrouver son ordinateur et son manuscrit, lance des appels, promet des récompenses, et celui de Véra et Daoud, son ami libanais, qui, eux, pour retrouver l'auteur du manuscrit, passent une annonce dans la presse gratuite, lancent un appel sur la radio

libre Blackbeur FM et finalement « illustrent » le manuscrit sur une palissade de la rue des Poissonniers dans l'espoir que l'auteur la verra et comprendra le message. Les deux mondes ne lisent pas les mêmes choses, n'écoutent pas les mêmes stations de radio et ne peuvent alors se retrouver que dans le visuel ?

C'est en tout cas ce qui se passe dans le livre. C'est à travers les tags – cet art si décrié par toute une partie de la population – que la communication devient possible entre ces deux univers que tout sépare. Cela aurait pu être la musique, aussi. Certains modes d'expression accomplissent ce miracle de briser le mur (!) de l'incommunicabilité entre les classes sociales et les diverses cultures. C'est parce qu'ils font directement appel aux sens (les yeux, les oreilles). La création sensuelle a cet immense avantage sur la création intellectuelle (l'écriture, par exemple, qui est un art de référence) que tout être humain qui sait voir ou écouter en possède les clés.

Les amis de Véra, des graffeurs qui survivent de menus larcins, ne lisent pas de romans. Un livre comme *Barbès Blues* leur est peut-être destiné mais ne les atteint pas car ils ne lisent pas. Dans quelle mesure est-ce un reflet de la réalité ?

C'est, en tout cas, le reflet de ma réalité, celle que je perçois à leur contact. En parler me fait plaisir. Et ce plaisir, j'ai envie de le partager avec d'autres, des jeunes qui n'ont pas vécu mes expériences, qui n'ont pas côtoyé le monde des graffeurs – ou l'ont fait sans chercher à le comprendre. Un an environ après la parution du livre, un groupe de jeunes Réunionnais est venu en voyage à Paris. Ils m'ont contactée car ils avaient lu plusieurs de mes livres, dont *Barbès Blues*, et souhaitaient me rencontrer. Je les ai emmenés voir « mon » mur. Cela les a beaucoup touchés, et une jeune fille m'a dit cette phrase étonnante : « Des murs tagués, on en voit partout, mais celui-là, ce n'est pas pareil : il y a des choses derrière ». Ce qu'il y avait derrière, c'étaient juste des gens dont elle avait entrevu l'histoire, et cette présence humaine qui transparaissait dans les graffitis faisait toute la différence.

Cependant, et c'est là l'ironie du sort et de *votre* roman, ces non-lecteurs finissent par illustrer, par retranscrire le roman dans la langue qui est la leur, celle des graffs. Et vous exprimez, via

l'auteur David Hook, ce souhait de tout auteur, je crois : non seulement être lu par des jeunes, mais les inspirer pour qu'ils créent eux-mêmes une œuvre, ou du moins, qu'ils répondent d'une façon ou d'une autre à leur lecture.

J'adorerais voir une scène d'un de mes livres taguée par des jeunes sur les murs de Paris ! Quelle consécration !

On pourrait dire que *Barbès Blues* finit bien. L'auteur va présenter Daoud et ses amis à son éditeur (Hachette, en l'occurrence, c'est un clin d'œil) et leur donner une chance dans le milieu de l'illustration jeunesse. Il les fait rentrer dans le rang (Daoud devient ainsi également présentable aux parents de Véra). Il me semble qu'on n'échappe pas au fait que ceux qui vivent en marge de la société doivent se conformer à ses règles et ses attentes pour y évoluer ?

On ne choisit pas de vivre en marge. C'est la société qui vous y oblige. Que ce soit dans *Barbès Blues* ou dans *L'Envers du décor*, les personnages subissent leur destinée. Et s'il leur arrive de la revendiquer, c'est par dignité. Mais donnez-leur la possibilité matérielle de changer d'existence, pas un ne la refusera ! Et les règles, ils s'y conformeront d'office. Penser que les défavorisés sont « différents » des personnes intégrées est un leurre. Ils ont juste eu moins de chance, c'est tout.

On retrouve dans *Impasse du nord*, situé dans le 18ème arrondissement de Paris, la rencontre et la confrontation de deux mondes, la rencontre entre Lilas et Aimé, un Français d'origine rwandaise, la confrontation entre le Café de la gare avec ses échanges racistes et le Bar des amis, tenu par une Beure. Ce roman présente de nombreux parallélismes avec *Barbès Blues*, mais n'êtes-vous pas allée un peu plus loin avec par exemple le discours ouvertement raciste du patron du Café de la gare et l'utilisation du stéréotype de la famille africaine nombreuse – la mère d'Aimé qui a encore un enfant au sein en attend un autre, le cinquième ?

Je ne sais pas si je suis allée plus loin. Ces deux livres sont très proches l'un de l'autre – ne serait-ce que géographiquement (toujours mon quartier). Cette fois, j'ai situé l'action place Hébert (qui s'appelle, dans mon livre, « place Violette », du nom de ma petite-fille qui habite toujours ce quartier). L'impasse et le cinéma sont imaginaires, mais il y avait jadis une rue minuscule, donnant sur les voies de la SNCF, dont je me suis inspirée et qui a disparu depuis. Les deux cafés existent (il y en a même trois, maintenant). Ici encore, mon livre a collé étroitement à ma réalité quotidienne. Si vous allez faire un tour de ce côté, vous verrez une petite rue qui joint la place Hébert à la rue de la Chapelle (la rue de la Chapelle part de Marx Dormoy, perpendiculairement à la rue Ordener, et va jusqu'à la porte de la Chapelle). Cette petite rue s'appelle « Rue des Roses ». J'y ai longtemps habité. Au 12, vous verrez une boutique de ciné-BD ; c'est celle de mon fils (le père de Violette) qui, projectionniste et grand collectionneur de films anciens, m'a donné tous les renseignements techniques qui figurent dans le livre. Pour en revenir à *Impasse du nord*, ici encore, le personnage de Lilas est celui auquel je me suis identifiée. Elle exprime mes révoltes, mes enthousiasmes, mes goûts. Le racisme auquel elle est confrontée est-il plus ou moins virulent que dans *Barbès Blues* ? Je ne saurais le dire. Cette scène avait sa raison d'être dans le déroulement de l'action, point. Quant au stéréotype de la famille africaine, j'ai tout simplement pris pour modèle une famille du quartier. Il faut bien se dire qu'un roman n'est pas théorisé par son auteur, mais vécu au fil de jours et de jours d'écriture. Il fluctue en fonction des humeurs, des rencontres et des émotions de son auteur. Mes livres ont toujours été nourris de petites anecdotes authentiques. C'est leur chair, leur sang – l'ossature étant le plan initial sur lequel repose l'action.

Vous avez écrit des romans d'après les scénarios de la série de France 2, *L'Instit*. Dans *Demain dès l'aube*, Mehdi, un jeune Beur, et Phuong, une petite Viêtnamienne, sont dans la classe de l'héroïne. Ces enfants figuraient-ils dans le scénario et/ou le téléfilm, ou est-ce vous qui les avez intégrés à l'intrigue ?

Alors là, vous me posez une colle ! L'écriture de la série *L'Instit* remonte à tant d'années... Quand Hachette m'a proposé ce travail, j'étais encore journaliste et je rêvais de quitter ce travail pour me consacrer entièrement à l'écriture. *L'Instit* m'a donné cette opportunité. Mais je n'ai accepté de novéliser la série qu'à une condition : que je puisse y apporter toutes les modifications que je jugerais utiles (tout en respectant les grandes lignes du scénario initial, bien sûr). J'ai donc créé, parallèlement aux personnages principaux, tout un tas de personnages secondaires qui étoffaient le récit, souvent fort pauvre. Mais de là à vous affirmer que Mehdi et Phuong sont mes propres créations, j'en suis parfaitement incapable. Une telle osmose s'est opérée entre le scénario initial et mon adaptation que je ne fais plus la différence entre ce que j'ai inventé ou juste interprété.

Vous écrivez dans une sorte de préface à *Mélodie des îles* que vous vous êtes « souvent demandé quelle pouvait être la vie au jour le jour d'une personne de couleur, dans un pays où, hélas, le racisme n'est pas rare » et que vous avez exploré cette question dans le journal de Mélodie. Cependant, de peur que votre texte ne « sonne faux », vous avez choisi de faire naître votre héroïne dans une famille blanche, qui aurait pu être la vôtre. Alors, l'inclusion du multiculturalisme dans vos textes, la présence de minorités ethniques relèvent-elles d'une curiosité d'auteur ou d'un engagement disons socio-politique ?

Je crois que cela relève surtout d'un rejet viscéral de tout ce qui ressemble, de près ou de loin, à du racisme, de l'exclusion ou de la ségrégation. Ma première rédaction, au début de l'école primaire, avait pour titre « Si j'étais fée ». Mes copines de classe avaient parlé de bijoux, de châteaux, de belles robes. Moi, j'avais écrit que j'abolirais les différences (pas en ces termes-là, bien sûr) et que je ferais en sorte que les Noirs et les Blancs s'aiment comme des frères. Je m'en souviens parce que mon institutrice avait lu ma rédaction tout haut et avait félicité mes parents. Par la suite, j'ai vécu six ans au Liban où je me suis mariée avec un Égyptien. Deux de mes enfants sont très typés. De retour en France, j'ai été confrontée, à travers eux, à des attitudes racistes, y compris (et surtout) de la part de l'administration française. Donc, l'engagement socio-politique dont vous parlez, et que je revendique, est également un engagement affectif et le reflet de mon propre vécu.

Dans *Mélodie des îles*, Mélodie exprime son ras-le-bol d'être traitée « à part ». Métisse née de mère française célibataire et de père jamaïcain (presque) inconnu, Mélodie compare sa situation à celle de son amie Fatoumata : « Si encore, j'étais née en Afrique

comme Fatoumata, je pourrais revendiquer une culture, un pays, une langue ; une vraie identité, quoi ! Mais je suis française, de parents français, et je n'ai jamais mis les pieds hors de France... ». Croyez-vous que les enfants comme Fatoumata, à l'héritage moins complexe, l'ont plus facile en France que les enfants comme Mélodie ?

Cette question, c'est à eux qu'il faudrait la poser. Mais personnellement, je le pense (puisque je l'ai fait dire à mon personnage). Savoir qui l'on est, d'où l'on vient, avoir de véritables racines culturelles et familiales, vous situe, par rapport à l'autre et à vous-même. Ressembler à son père, à sa mère, à ses ancêtres, avoir une véritable appartenance et une place au sein d'un groupe ethnique, est un facteur d'équilibre mental. Mélodie, elle, est dans le flou. Elle ne ressemble pas à ses parents. Elle ignore d'où elle vient, de qui elle tient ces gènes qui la rendent différente. Cela doit créer chez elle un sentiment de solitude très déstabilisant. Maintenant, au niveau administratif, il est évident qu'être né d'une mère française simplifie les choses. Mais ce n'est pas de cela que parle Mélodie. Les difficultés que rencontrent les immigrés, elle n'en a sans doute pas conscience. Ses problèmes à elle sont identitaires.

Mélodie, à qui son amie Fatoumata, restée à Paris, manque, remarque qu'à « deux, on est moins une minorité ethnique que tout seul ». Si on l'est moins à deux, est-ce qu'on l'est de nouveau quand on est nombreux ?

Non, justement. C'est la raison pour laquelle les immigrés se regroupent souvent dans les mêmes quartiers. Ils reconstituent de la sorte une forme de société proche de celle qu'ils ont quittée. Quand je vivais dans le 18ème, je « voyageais » ainsi en Asie, au Maghreb, dans les Antilles, en Inde. Traverser un quartier africain, avec ses boutiques, ses marchés, ses odeurs spécifiques, les gens qui s'interpellent d'un trottoir à l'autre en swahili ou en créole, c'est véritablement pénétrer dans une enclave africaine en plein Paris. Trois rues plus loin, c'était Chinatown. C'est ce patchwork d'îlots ethniques qui fait la richesse et la beauté des quartiers pluriculturels.

Vous faites dire à David Hook, l'auteur intradiégétique de *Barbès*

Blues, que « tous les livres comportent une part plus ou moins importante d'autobiographie… ». Êtes-vous d'accord avec ce personnage ? Pourriez-vous commenter cette déclaration et la mettre en rapport avec le multiculturalisme dans vos livres ?

Cette question, j'y ai répondu tout au long de l'interview. Pour résumer, je crois que chez tout écrivain, chaque ligne, chaque mot est chargé de son propre vécu – tout comme chaque cellule comporte l'ADN du corps dont elle est issue. Nos livres sont le produit de nos émotions, de notre expérience et des réflexions qu'elles ont suscitées. S'il en était autrement, la littérature n'aurait aucun sens.

Catherine Kalengula

De Martine à Francette

Charlotte et sa famille s'apprêtent à accueillir Nora la banlieusarde dans leur ferme de Normandie.

— Cet été, nous allons accueillir un enfant de la banlieue parisienne qui ne peut pas partir en vacances. C'est super, n'est-ce pas Charlotte ?

Super ? Une vraie cata, oui ! Oh, c'est un peu comme si le ciel me tombait sur la tête, c'est tout. Et maman qui m'annonce ça comme si c'était une bonne nouvelle ! Elle ne se rend pas compte. Passer une partie de mes vacances à m'occuper d'un petit monstre qui hurle comme une sirène, je sens que ça va être le grand bonheur. J'imagine déjà la scène : moi, épuisée, les yeux vagues, des gestes de robot, et l'abominable petite créature me criant dans les oreilles : « Charlotte, joue avec moi ! », « Charlotte, je veux faire du vélo ! », « Charlotte, va chercher mon ballon sur le toit ! ». Charlotte par-ci, Charlotte par-là, arrghh ! Je hais les enfants ! Ils ne vous laissent jamais en paix, une vraie calamité. Adieu, lecture de magazines sous les pommiers. Adieu, grasses matinées bien méritées. Adieu, feuilletons adorés, place aux dessins animés pour bébés… En résumé, adieu calme et tranquillité ! Non ! Ça ne se passera pas comme ça.

— Mais Maman, moi non plus, je ne pars jamais en vacances !

— Charlotte, tu sais bien que nous ne pouvons pas quitter la ferme. Réfléchis un peu, toi, tu vis à la campagne, dans une région magnifique, avec la mer à cinquante kilomètres. Tu as beaucoup de chance ! Les enfants qui bénéficient du programme « Vacances pour chacun » n'ont parfois jamais vu la mer.

Je m'écroule sur le banc du jardin, désespérée :

— Mais je ne suis pas une baby-sitter !

Maman s'assoit à côté de moi :

– Il faut savoir partager Charlotte, c'est important. Tu es heureuse, en tout cas, tu es plus chanceuse que beaucoup d'enfants. En plus, il y a une chose que je ne t'ai pas dite…

Maman prend un ton mystérieux, qui me fait tendre l'oreille :

– En fait, Nora, l'enfant qui va venir passer un mois chez nous, a dix ans, comme toi. Alors, j'ai quand même droit à un petit sourire, finalement ?

Avoir une compagne de jeux et de confidences, ça me plaît déjà plus ! Maman me tend une photo de Nora : elle est jolie, avec de longs cheveux noirs et ondulés. En revanche, elle ne sourit pas du tout.

– Elle a l'air rebelle.

Ma mère éclate de rire :

-- Dans ce cas, elle va sûrement te plaire !

Voilà, le compte à rebours a commencé. Impatiente de faire la connaissance de Nora, je souligne au fluo rose les jours qui restent jusqu'aux vacances.

Ma meilleure copine, Emmy, se met, elle aussi, à compter les jours, parce qu'elle en a assez de m'entendre parler de Nora sans arrêt. Le soir, dans mon lit, je me pose plein de questions. Est-ce que Nora sera sympa ? Est-ce qu'on va bien s'entendre ? Quand je scrute son regard noir, je me dis qu'elle n'a pas l'air commode…

Extrait de Catherine Kalengula, *Vacances forcées*, ill. Anne Guillard, *Zaza mimosa*, © Milan presse, 2007.

St-Lô, 24 juin 2007

Peut-être pourrions-nous commencer par quelques données auto-biographiques[1] ?

Je suis née à Mantes-la-Jolie dans la banlieue parisienne. Quand j'ai eu 12 ans, on est revenu sur Granville [Normandie], en bord de mer. J'ai grandi là-bas. J'ai fait mes études là-bas. Quand j'ai eu 20 ans, je suis partie en Angleterre plusieurs années et je suis revenue et je me suis mise à écrire pour de vrai. J'ai envoyé mes premiers textes il y a quatre-cinq ans aux éditeurs.

Quelles études avez-vous faites ?

J'ai bac+2. J'ai toujours aimé écrire. J'ai fait deux années d'université en commerce, donc cela n'a rien à voir.

Et en Angleterre ?

J'ai suivi quelques cours. J'étais au pair, j'ai fait plein de petits jobs, plus d'expériences de jeunesse, quoi.

---

1. Catherine Kalengula a d'abord publié dans la presse : *Fais dodo, Coco !* (*Petites histoires*, juin 2007), *Mona Story* (*Les P'tites Sorcières*, janvier 2007), *Prune et Mirabelle* (*Bambi*, mars 2007), *Vacances forcées* (*Zaza mimosa*, juillet-août 2007), *P'tite Boule tête en l'air* (*Petites histoires*, janvier 2006), *Le Chevalier Valentin peur de rien* (*Petites histoires*, mars 2006), *Le Concours des mamans* (*Petites histoires*, mai 2006), *Emmy va au marché* (*Bambi*, septembre 2006), *Et si maman ne revient pas ?* (*Petites histoires*, octobre 2006), *Le Grand secret* (*Petites histoires*, novembre 2006), *Ma maman court tout le temps !* (*Histoires pour les petits*, mars 2006), *Mona gothique* (*Les P'tites Sorcières*, février 2006), *La Pêche aux coques* (*Bambi*, juillet 2006), *La Rentrée de Mlle Triloupette* (*Les P'tites Princesses*, septembre 2006), *Surprise de lutins* (*Petites histoires*, décembre 2006), *C'est moi la reine !* (*Bambi*, décembre 2005), *Elle est jolie la coccinelle* (*Petites histoires*, mai 2005), *La Fille du président* (*Winnie*, septembre 2005), *Les Formules magiques* (*Averbode*, décembre 2005), *Mamie, dis pourquoi ?* (*Petites histoires*, avril 2005), *Les Petits trônes du petit roi* (*Petites histoires*, septembre 2005), *Quel chantier !* (*Toboggan*, janvier 2005), *Théo a peur de l'eau* (*Histoires pour les petits*, janvier 2005), *Toutes les mamans de Lilo* (*Petites histoires*, mai 2005), *Les Vacances du chevalier Baron* (*Winnie*, juillet 2005), *Les Crêpes à la mistouflette* (*Winnie*, septembre 2004), *Ikini et le roi* (*Toboggan*, janvier 2004), *Fidule, assistant du père Noël* (*Pirouette*, décembre 2004), *Makakou le petit singe blanc* (*Pirouette*, mai 2004), *À l'école des contes de fées* (*Toboggan*, septembre 2003).

Et vous écriviez pendant ce temps-là ?

Oui. En Angleterre, je n'ai pas trop écrit parce que j'ai eu ma fille, c'est vrai qu'on a été très occupé. Mais j'ai toujours écrit. Dans ma jeunesse, quand je suis revenue, quand j'ai été maman aussi.

Dans votre jeunesse, vous écriviez pour la jeunesse ?

Non, plutôt des nouvelles, des choses comme ça. J'écrivais pour moi essentiellement. Je n'envoyais pas aux éditeurs, particulièrement.

Donc vous dites qu'il y a quatre-cinq ans, vous avez commencé à écrire sérieusement.

Oui, vraiment sérieusement, à prospecter les éditeurs, à me mettre dans ce milieu, à apprendre à travailler avec les éditeurs. J'ai pris un an avant de publier mon premier texte. J'envoyais beaucoup, j'avais beaucoup de retours. Je ne connaissais pas encore bien les éditeurs, donc je ne ciblais pas assez. Il y avait des choses à apprendre, c'est certain. Au bout d'un an, j'ai commencé à publier en presse, et après j'ai trouvé de plus en plus d'éditeurs qui ont pris mes textes. J'ai appris aussi, petit à petit, à savoir ce qu'ils veulent etc. C'est vrai qu'il y a beaucoup à apprendre en fait.

Vous avez publié principalement dans la presse, vous êtes venue récemment à l'édition. D'après votre expérience, d'auteure et de lectrice, abordent-elles le multiculturalisme différemment ?

Je dirais que oui, pour moi oui, parce qu'en presse il n'y a pas vraiment de dialogue par rapport à la ligne éditoriale. Il y a des règles vraiment strictes. C'est très restrictif. Il y a des choses à respecter. C'est fixe à l'avance. On ne peut pas changer cela. En édition, il y a peut-être moyen de discuter avec l'éditeur, de proposer des choses qui sortent un peu des cadres de la presse. La presse, vraiment, c'est formatté, selon les événements. Il y a le format de longueur aussi, c'est évident. Mais il y a d'autres formats. Par exemple, on ne peut pas être négatif. Les parents sont forcément des parents idéaux, il faut rarement leur mettre des défauts. Les enfants ne doivent jamais être négatifs non plus. Il faut toujours que ce soit très positif, en fait. Ce n'est pas un reflet de la réalité. Il faut que ce soit très humoristique en général. Il y a un cadre à respecter qui est très fort en presse.

Donc l'édition serait plus ouverte au multiculturalisme.

Pour moi, oui, tout à fait.

Dans le texte ? Dans l'illustration ?

Dans l'illustration, j'en ai l'exemple avec Francette, chez Hatier. C'est moi qui ai défini l'origine de Francette. Son papa est africain, sa maman française. C'est moi qui ai décidé cela. Ils m'ont laissée très libre. Ce n'est pas dit dans le texte, mais c'est au niveau de l'illustration. Ils ont été tout à fait ouverts, ils ont trouvé cela très sympa. Je pense qu'il y a de l'ouverture au niveau des éditeurs, il y a moyen de discuter avec eux.

Vous avez grandi en France, vous lisiez quand vous étiez petite. Dans quelle mesure la littérature jeunesse française a-t-elle changé au fil du temps, quand on en vient au multiculturalisme ?

Quand j'étais petite, c'était quand même des balbutiements. C'était essentiellement Martine, Fantômette, la Bibliothèque rose. Martine, c'est la petite fille bien sage qui fait de la confiture avec sa mamie. L'ouverture au multiculturalisme, il n'y en avait pas.

Dans ce que vous, vous écrivez, vous avez des personnages pas forcément métisses comme Francette, des personnages blancs. Se démarquent-ils quand même des petites Martine qui font de la confiture ?

Oui, tout à fait, ce n'est plus du tout la même façon d'écrire des histoires. C'est vrai que les problèmes des enfants, maintenant, sont différents. Même en presse, il y a des enfants qui ne sont pas sages, des enfants qui se révoltent, qui comprennent des choses. C'est vrai que Martine était quand même très très sage dans son comportement.

La littérature jeunesse française représente des enfants d'origines diverses mais ils sont généralement dans leur pays. Je pense à

Tibili et Kirikou qui évoluent en Afrique, dans un paysage africain, dans une mentalité africaine, dans des coutumes africaines. Quelle place est faite aux enfants d'origine africaine, maghrébine, asiatique qui vivent en France ?

Pour moi, ils n'ont pas assez de place. Comme vous dites, on les cadre vraiment soit dans leur pays d'origine quand c'est l'Afrique... Dans des romans ado, on voit un petit peu plus peut-être de personnages maintenant maghrébins, africains, mais c'est toujours pour parler de problèmes de cité ou de problèmes de racisme. On ne les voit jamais évoluer dans une vie normale, si je peux dire, avec des problèmes comme les autres. Souvent, quand on parle de racisme, on met un Noir, mais si on parle d'autre chose, d'une fille qui veut faire de la danse ou je ne sais quoi tout simplement, on va mettre pratiquement toujours une Blanche. Je trouve que c'est cela qui a besoin vraiment d'évoluer. C'est toujours pour évoquer certains problèmes par rapport à leur couleur, alors que cela pourrait être différent.

Le premier tome de votre série de romans, « Francette top secrète », *Mystère à l'école*, vient de paraître chez Hatier. Vous me disiez qu'il est généralement difficile pour les auteurs d'imposer leurs choix à l'éditeur, mais vous me disiez aussi que vous n'avez rencontré aucune réticence chez Hatier devant cette héroïne métisse.

Peut-être que les auteurs se font des barrières aussi tout seuls. Déjà je pense qu'il y a un certain nombre d'auteurs qui ne sont pas sensibilisés à ce problème parce que naturellement, comme ils sont blancs, ils prennent des personnages blancs. Moi, j'y suis personnellement sensibilisée. J'ai un mari zaïrois. On est marié depuis une quinzaine d'années. En France, il souffre du racisme assez quotidiennement, dans son travail etc., ce dont il ne souffrait pas du tout à Londres d'ailleurs. Donc c'est vrai que j'y suis sensibilisée, je voudrais que les gens évoluent par rapport à leur façon de voir les gens d'autres couleurs, d'autres religions etc. Et je pense que cela peut commencer par la littérature jeunesse.

Vous avez une fille. Est-ce qu'elle souffre des mêmes problèmes que son père ?

Pas encore tout de suite parce qu'elle est dans un petit collège. On la connaît. Ils se connaissent un petit peu. Elle a deux camarades qui n'aiment pas les Noirs. Donc je pense qu'elle en souffre et je pense que dans le milieu du travail, plus tard, elle en souffrira aussi.

Comment est née Francette ?

Francette est née en deux heures. Le premier a été très vite écrit. Quand je l'ai écrit, je la voyais avec la casquette, avec le look des petites filles, un look de maintenant. Et puis j'ai eu l'éditeur au téléphone et elle m'a dit : « Mais c'est à vous de décider comment elle va être physiquement ». Là, j'ai commencé à cogiter, à me dire : « Puisque tu as les cartes, il faut que tu fasses quelque chose ».

L'histoire était écrite, elle aurait pu être n'importe comment.

Ils m'ont laissé vraiment carte blanche. Ils ont été très très sympa, vraiment très bien. J'ai été très étonnée. Il paraît que c'est assez rare. Mais chez Hatier, ils le font régulièrement. Il y a en fait des petites questions, il y a des illustrations et c'est l'auteur qui rédige tout cela. Donc vous pouvez rédiger aussi le scénario des illustrations et ça, c'est vraiment très chouette. Deux autres Francette vont sortir[2].

Vous avez donc choisi cette héroïne métisse. Pourquoi ce prénom ?

C'est venu tout seul. Je vais vous dire sincèrement que je ne sais pas. Parfois cela sort comme ça. Cela rimait avec secrète, je ne sais pas.

Il y a le mot France quand même dedans. Cela m'a fait penser à *Béni ou le paradis privé* d'Azouz Begag, où Béni, le jeune Beur, est amoureux de France, une petite blonde. France-Francette, France a évolué. *Béni* est un texte de 1989 et quinze-vingt ans plus tard on a une Francette métisse.

Oui. C'est vrai que c'est venu bizarrement tout seul. Il y a des moments où je dois chercher, mais pas là. Je ne sais pas pourquoi.

---

2. La série compte à ce jour (décembre 2011) sept titres.

Vous avez un autre héros, Mouki, héros du magazine *Petites histoires* (Milan presse), pour tout petits.

Oui, j'en ai d'autres. Là, j'ai une histoire en presse qui est sortie, avec une fille d'origine maghrébine. J'essaie toujours de varier un maximum. Elle s'appelle Nora.

Peut-être pourriez-vous parler un peu de Nora ? Nora la rebelle, Francette top secrète, ce sont des filles...

Qui ont du caractère, oui, en général, j'aime bien ce personnage de fille. Le côté féminin, trop fragile qu'on trouve dans la littérature m'énerve aussi, donc j'aime bien les filles qui ont du caractère.

Nora a du caractère, elle a « l'air rebelle », mais ce n'est qu'un air. N'est-ce pas un mécanisme de défense appris dans son univers quotidien de fille de banlieue ?

Vous avez tout à fait raison. Le caractère agressif de Nora est aussi une réponse à ce qu'elle subit dans sa vie quotidienne, au racisme ambiant, au découragement auquel les jeunes qui ne sont pas blancs doivent faire face lorsqu'il s'agit de trouver un emploi par exemple. À force de subir des discriminations, oui, cela rend agressif.

Ce texte qui met en scène Nora, *Vacances forcées*, s'attaque aux préjugés et aux idées préconçues. Pour Charlotte la provinciale, Nora est arrogante ; pour Nora, Charlotte est la Laura Ingalls de « la petite maison dans la cambrousse ». Mais un réel échange a finalement lieu entre elles (Nora apprend à Charlotte à danser le hip hop), une association (elles montent un spectacle hip hop ensemble) et un gage d'amitié est donné (le lapin). C'est donc un appel à l'ouverture d'esprit qui mène à une amitié durable ?

C'est bien une histoire d'échanges, les deux héroïnes franchissent les barrières de leurs préjugés, construits malgré elles, par ce qu'elles entendent à la télé ou ce que leur racontent les adultes. Parce que le pire serait de généraliser (et c'est ce qui est fait quotidiennement en France). Non, tous les gens de la « campagne » ne sont pas racistes et fermés d'esprit. Non, toutes les filles de la banlieue ne sont pas de la

« racaille », elles peuvent être de bonnes élèves, des filles sérieuses qui veulent juste réussir dans la vie. Parce que les préjugés, c'est la grosse maladie des Français. Exemple vécu : mon mari, africain, roule en Mercedes Benz. Il subit régulièrement des remarques dans son travail — « tu as une belle voiture, tu ne l'as pas payée avec ton salaire ! » — ou même se fait arrêter par les policiers qui le contrôlent. Pourquoi ? Parce qu'un homme noir qui roule en berline en France est forcément un vendeur de drogue. C'est du vécu, et ce genre de chose rend agressif à la longue.

Pour revenir à vos personnages non blancs, vous avez Démouto, aussi, un petit Africain.

Démouto, oui, qui n'a pas trouvé preneur[3]. Il est toujours dans les cartons, comme beaucoup de projets. Ce n'est pas évident de tout caser. Je crois que les éditeurs ne sont pas forcément prêts à changer, surtout au niveau album. Je dirais que c'est dur au niveau album de publier ce qu'on veut, de faire passer certains personnages. Peut-être qu'en roman on a plus de libertés au niveau des éditeurs.

La raison viendrait-elle du fait que Démouto est un garçon alors que Francette et Nora sont des filles. Est-ce que le multiculturalisme passe mieux quand il s'agit de filles ?

Non, je ne pense pas que cela change quelque chose. Les éditeurs commencent à demander des héros petits garçons, donc cela bouge peut-être un petit peu. Mais vraiment différents, ce n'est pas facile.

Dans « Fidule, assistant du Père Noël », Fidule se plaint d'aider le Père Noël, et donc de contribuer au bonheur des enfants, mais de ne pas être reconnu pour ce travail. Pourrait-on lire cette histoire comme l'expression de la situation des minorités visibles qui contribuent au fonctionnement du pays mais ne reçoivent pas la reconnaissance qu'elles méritent ?

Oui, mais je crois qu'en fait j'écris beaucoup de choses inconsciem-

---

3. L'histoire de Démouto est finalement sortie en presse, dans la collection *P'tites sorcières* de Fleurus, puis a été reprise en 2010 par les éditions Averbode sous le titre *Un frère tombé du ciel*.

ment et après je me dis que cela pourrait être interprété comme ci ou comme ça. Donc, oui, tout à fait. J'aime bien les petits héros qui se battent, qui réagissent, qui essaient de faire changer les choses, même leur sort.

Vous publiez principalement pour les enfants, de 2-3 ans à 10-11 ans. Écrivez-vous des romans pour adolescents ?

Je commence. J'en ai un qui va sortir l'année prochaine dont l'héroïne s'appelle Savannah. C'est une héroïne métisse, franco-africaine, qui est passionnée par la mode. Elle a quinze ans et ressemble à s'y méprendre à ma fille. Elle veut devenir styliste mais elle ne vit pas dans un monde de paillettes et de strass. Elle vit à Londres dans un appart minable avec sa mère. Mais elle poursuit son rêve, aidée par ses deux meilleurs amis, Liz, une Irlandaise, et Aaron, un garçon dont les parents sont pakistanais. J'y parle de thèmes sensibles, comme les rapports avec les parents ou l'homosexualité, mais sur un ton très humoristique. Si tout va bien, le premier tome de ses aventures, destiné aux ados, devrait paraître en 2008, chez Hachette[4].

Principalement, jusqu'à maintenant, vous avez écrit pour les plus jeunes. Pourquoi les plus jeunes plutôt que les ados ?

Je trouvais que, pour l'instant, je ne savais pas écrire un roman long. C'est vrai que c'est un apprentissage en soi. C'est différent d'écrire un texte court. Un roman long, je ne savais pas le construire. Et là, j'ai trouvé une éditrice chez Hachette qui a été très sympa, qui m'a fait lire beaucoup de livres américains pour me faire travailler la construction et donc j'ai appris. J'en ai écrit une, deux, trois versions et là, j'y arrive, petit à petit. J'aime bien aussi écrire du long. J'aime les deux. J'aime changer.

Maintenant que vous vous mettez au roman ado, quand vous aurez un projet, comment est-ce que vous saurez s'il va vers le roman adolescent ou vers le petit roman ?

---

4. *London Fashion : Journal stylé d'une accro de la mode* est sorti en mars 2008, suivi en octobre de *London Fashion : Journal (encore plus) stylé d'une accro de la mode*.

Il y a une question de longueur évidemment, mais aussi de fond. Dans un roman adolescent, on peut parler de sujets comme la sexualité par exemple, enfin, entre guillemets. Des premiers amours, des premiers sentiments. Il y a des tranches d'âge, il faut faire attention à ce qu'on écrit aussi.

Les auteurs, surtout ceux d'origines diverses, ont-ils, selon vous, pour devoir d'écrire sur des expériences précises (liées à la banlieue, au bilinguisme, au biculturalisme, etc.), et de mettre en scène des enfants ou des jeunes d'origines africaines, maghrébines ou autres ?

Je ne pense pas que ce soit un devoir. Il faut aussi en avoir envie. C'est vrai qu'il n'y a pas assez d'auteurs jeunesse qui sont sensibles à cela. J'en ai parlé sur le forum de Ricochet[5] et j'ai eu beaucoup de messages pour me dire : « Mais oui, tu nous ouvres les yeux, on ne voyait pas ça comme ça ». Je pense que c'est ça aussi. Il faut le sentir comme un devoir, oui, mais est-ce que tout le monde le sent ? Je ne sais pas.

Comment expliqueriez-vous le manque d'auteurs minoritaires ? J'ai essayé de faire le calcul en me basant sur la liste de Ricochet et je suis arrivée à 1% d'auteurs français d'origine non franco-française.

Ah oui, en effet, il y a un grand décalage. Je ne sais pas. C'est un manque peut-être d'audace, ou on se demande si on sait écrire. Il faut avoir un peu d'audace pour envoyer des textes à un éditeur. On se dit : « Non, ce que je fais, c'est pas bien ». Peut-être qu'il y a un manque de confiance en soi. Il ne faut pas forcément avoir fait beaucoup d'études littéraires pour écrire à peu près convenablement. C'est surtout une envie qu'il faut avoir.

Il y a des auteurs « français de souche » qui écrivent sur le sujet qui nous occupe. Je pense par exemple à Thierry Lenain, Guillaume Guéraud, Marc Cantin et sa trilogie des *Félix* et ils mettent en scène des enfants qui ne sont pas blancs (même la société des

---

5. Cf. /www.ricochet-jeunes.org/

pingouins dans *T'Choupi* de Thierry Courtin compte une petite Noire). Que pensez-vous de ces auteurs et de ce qu'ils essaient d'accomplir ?

Je trouve cela très bien parce qu'ils ne sont même pas sensibilisés comme moi je pourrais l'être personnellement. Ils comprennent déjà qu'il y a un problème, donc je trouve ça super. Marc Cantin écrit très très bien. Thierry Lenain aussi est très sensible à tout cela. Ce sont des auteurs « militants », on peut dire, surtout Thierry Lenain.

Ce qui m'a frappée, encore plus que le petit nombre de héros d'origines autres, plus que le manque d'auteurs d'origines autres, c'est le manque d'illustrateurs. Surtout pour un lectorat très jeune, l'image a autant, sinon plus de poids que le texte.

Tout à fait. Je pense que l'illustrateur se base sur le texte qu'il reçoit, que l'éditeur lui envoie. Après, il ne va pas être libre de faire ce qu'il veut non plus. Je pense qu'il y a déjà un problème à la base au niveau des auteurs.

Ce qui m'a en partie amenée à ce sujet, c'est un livre que je lisais à mon fils qui avait 2-3 ans à l'époque, *La Journée des petits*[6], où la petite fille est blonde, mais dans la classe il y a une petite Africaine, un petit Maghrébin, une petite Asiatique, et en voyant cela, en ne voyant rien dans le texte, mais tout dans l'image, je me suis dit qu'il y a trente ans, cette image n'existait pas. Donc j'ai l'impression que cela change aussi par l'illustration. Les minorités visibles sont devenues visibles avant d'être audibles.

Oui, c'est bien de changer l'image. En presse, quand même, ils font de plus en plus attention. Quand ils illustrent des classes, même dans des petits magazines, ils mélangent aussi la classe. C'est bien quand ce n'est pas dit, c'est bien tout simplement de le voir, pour un enfant. Ils n'ont pas besoin d'avoir de problèmes. Ils sont là, c'est tout. On ne les oublie pas. Ils sont là, ils ne sont pas invisibles. Ils n'ont pas de problèmes, ils sont heureux.

---

6. Émilie Beaumont et Nathalie Belineau, *La Journée des petits*, ill. de Sylvie Michelet, Paris, Fleurus, 1998.

Recevez-vous des lettres des enfants qui vous lisent ? Est-ce qu'ils abordent certains aspects du multiculturalisme ?

Oui, il m'arrive d'en recevoir pour les petits romans. Il faut qu'ils soient un petit peu plus grands quand même pour écrire. Ils n'abordent pas encore le sujet. Pour *Les P'tites sorcières*, j'avais écrit un livre qui s'appelle *Mona gothique*, avec une gothique. Ça, ça avait beaucoup plu aux filles. Elles m'ont dit : « Il y a des filles qui sont gothiques dans mon collège, on les regarde différemment ». Je pense que les enfants sont sensibles en fait, très ouverts à cela. Je pense qu'ils aiment bien.

Vous allez faire à la rentrée [2007] un atelier d'écriture dans un collège dans la Manche. C'est une région dont la diversité n'est pas très prononcée. Qu'est-ce que vous allez faire dans ces ateliers ?

Cela va être un atelier en collège, avec des élèves de 5ème qui vont travailler sur le roman policier. Je vais essayer de leur faire varier les personnages, de comprendre qu'il faut varier, qu'on peut penser différemment. C'est intégré dans un cours, avec un professeur de français très motivé qui veut faire voir autre chose à ses élèves, leur donner la chance d'avoir leur petit livre, parce qu'ils vont avoir leur petit livre à la fin. Ça, c'est très motivant.

Est-ce qu'il y a autre chose que vous aimeriez ajouter sur ce sujet.

Non, tout simplement qu'il faut représenter même dans l'illustration différemment un petit Blackie. Un petit Black peut avoir un problème de tétine, un problème de lunettes et cela, on ne le voit pas beaucoup.

Il y a la série « Croque la vie » (Nathan) écrite par Christian Lamblin et illustrée par Régis Faller et Charlotte Roederer, avec quatre personnages, Jules, Louise, Eddy et Samira, cette dernière d'origine africaine, avec des problèmes de la vie quotidienne, les parents qui divorcent etc.

Oui, c'est pareil, les familles monoparentales sont peu représentées aussi, ou alors c'est pour parler de ce problème-là. Ce n'est pas pour entrer dans une problématique de vie quotidienne normale, c'est toujours pour évoquer ce problème, mais ce n'est pas forcément un problème.

Gisèle Pineau

« Débarrassons-nous des préjugés, soyons curieux du monde »

Steph, 13 ans, vit seul avec sa mère divorcée. Invitée à sortir avec Denis, un Guadeloupéen, à une soirée antillaise, elle demande à son fils de garder Gina, la fille de Denis. Steph, inquiet de se retrouver avec un beau-père black, rencontre Gina, 5 ans, pour la première fois.

— Tu as vu comme elle est mignonne, Steph ! Je suis sûre que vous allez bien vous entendre…

Ma mère était en extase, un grotesque sourire de bande dessinée étirait sa bouche d'une oreille à l'autre. Elle semblait envoûtée. Je me suis soudain souvenu d'un vieux film américain où un groupe d'explorateurs perdus dans la jungle rencontrait une tribu de Pygmées… Ils avaient tous été envoûtés… Fallait que ma mère se réveille. Fallait que je casse l'ambiance…

— Pourquoi on doit bien s'entendre ? On est appelés à se revoir souvent dans les jours qui viennent ? J'ai pas dit que je cherchais un job de baby-sitter…

Maman renifla à plusieurs reprises (se donner une contenance), se mordit les lèvres (ne pas perdre son calme) et soutint mon regard (on réglerait ça à son retour), mais elle ne dit pas un mot.

À ses côtés, Denis affichait le visage de l'homme serein – vieux loup des mers du Sud – qui maîtrise la situation, ne se laisse pas impressionner par un petit coup de vent et garde le cap dans la tempête. Il m'avait serré la main à m'écraser les phalanges et je sentais encore la pression métallique de ses doigts. Robocop…

— Steph, personne ne te considère comme une baby-sitter. Tu te sens humilié, je peux le comprendre. C'est vrai que j'aurais pu engager quelqu'un pour garder Gina ce soir. Mais Chantal a pensé que vous pourriez faire connaissance...

Plus aucun doute. C'était lui, le fameux « type bien » prévu par Sarah...

— Pourquoi on me met toujours devant le fait accompli ?

— Il n'y a pas de fait accompli, Steph... Ta mère et moi apprenons à mieux nous connaître, c'est tout... Si ça te pose un problème, nous ne sortirons pas ce soir. Je repars avec Gina et tu discutes avec Chantal. Je voudrais que les choses se passent bien entre nous quatre...

Facile, il me faisait endosser la vieille peau mitée du rabat-joie. Lui, drapé dans la ruse, jouait le personnage du sage, compréhensif et tolérant. Maman incarnait la pauvre victime. Et Gina, l'innocente sacrifiée... Il me tendait un piège. Je devais me montrer plus malin que lui...

— Je vais la garder, votre fille... Vous pouvez y aller... Et amusez-vous bien.

Extrait de Gisèle Pineau, *C'est la règle*, © Thierry Magnier, 2002.

Paris, 18 septembre 2008

Vous êtes célèbre pour vos romans en littérature générale, *L'Exil selon Julia*, *La Grande drive des esprits*, *L'Espérance-macadam*, *Chair piment*, *Fleur de barbarie* et, sorti le mois dernier, *Morne câpresse*. Pourtant, votre premier roman, *Un papillon dans la cité*, s'adressait aussi bien aux jeunes qu'à leurs aînés et figure maintenant sur la liste jeunesse. Pourquoi avoir débuté avec un roman pour les jeunes ?

En fait, je n'ai pas débuté avec un roman pour les jeunes. J'ai débuté avec des romans de littérature générale, des romans qui sont restés dans mes tiroirs, des romans que j'ai envoyés à des éditeurs et qui m'ont été retournés. Mon premier roman n'a jamais été publié. Le deuxième roman que j'ai écrit, c'est *La Grande drive des esprits* qui a été refusé par tous les éditeurs parisiens avant d'être découpé en chapitres et nouvelles que j'ai envoyés à gauche et à droite. *Un papillon dans la cité*, c'est une rencontre avec Maryse Condé. J'avais été la lauréate d'un concours de nouvelles en Guadeloupe et, à cette occasion, Maryse Condé avait accepté de me rencontrer et elle m'avait parlé d'un jeune éditeur qui créait une maison d'édition pour la jeunesse, avec des ouvrages destinés à la jeunesse, des romans. J'ai écrit *Un papillon dans la cité* pratiquement sur commande. Je n'avais pas écrit de littérature jeunesse avant. Je ne voyais même pas vraiment pourquoi il fallait que j'écrive pour la jeunesse et puis, finalement, je me suis dit que c'était peut-être une chance de me faire publier alors que mon roman *La Grande drive des esprits* était en souffrance dans un de mes tiroirs. Le roman a été accepté et c'est pour cette raison qu'*Un papillon dans la cité* est sorti avant. Mais j'ai écrit des romans de littérature générale avant *Un papillon dans la cité*. C'est un concours de circonstances.

Est-ce que vous diriez que la publication d'*Un papillon dans la cité* a facilité la publication de *La Grande drive des esprits* l'année suivante ?

Pas du tout. Cela n'a rien à voir. J'avais eu le premier prix au concours de nouvelles qui avait été organisé en Guadeloupe qui s'appelait « Écritures d'îles ». J'avais eu une petite reconnaissance sur le plan local, régional et des auteurs de la créolité comme Raphaël Confiant et Patrick Chamoiseau m'avaient signalée à des journalistes qui étaient en train de s'intéresser au mouvement de la créolité. Donc quand il y a eu des propositions pour un recueil de nouvelles, ils m'ont sollicitée. J'ai pris un chapitre de mon roman *La Grande drive des esprits* que je leur ai envoyé et il y a eu un recueil qui s'appelait à l'époque *Penser la créolité*, paru au Seuil.

Dans *Un papillon dans la cité*, Félicie rejoint sa mère et son beau-père en France, en banlieue, elle a dix-onze ans. Contrairement à Lindy dans *Caraïbes sur Seine*, elle ne semble éprouver aucune difficulté d'adaptation, ni au climat, ni aux coutumes, ni au multiculturalisme de la cité, ni au racisme de l'école. Donc on a deux réactions différentes.

En fait, *Un papillon dans la cité* est la reprise en quelque sorte d'un roman que j'avais écrit quand j'avais dix ans. Ce roman est l'histoire d'une grand-mère et de sa petite-fille. J'ai eu la chance de grandir auprès de mes parents bien sûr, de mes frères et sœurs, mais surtout de ma grand-mère Julia qui, elle, avait quitté sa Guadeloupe quand j'avais quatre ans. Elle a vécu pendant sept ans avec nous dans la région parisienne. Vous savez que je suis une Guadeloupéenne née à Paris. Julia a été un personnage fondamental dans ma vie, dans mon enfance, dans mon histoire et quand on écrit, on puise beaucoup dans son expérience personnelle. Tout naturellement, j'ai prêté à mon héroïne Félicie ma grand-mère Julia parce que je me disais, si je ne dois publier qu'un livre, au moins j'aurai déjà partagé ma grand-mère avec mes lecteurs, j'aurai déjà montré cette grande dame, cette figure, cette personne incroyable. C'est vraiment un hommage, mais pas dans le sens pompeux. C'est une envie de la partager, de dire cette femme qui ne savait pas lire, qui ne savait pas écrire, comment elle était incroyable, comment elle était lumineuse, combien elle m'a apporté, comment elle m'a aidée à supporter l'enfance aussi, parce que si je n'avais eu que mes parents, cela aurait été sinistre. Julia était là pour me parler du pays, pour me raconter la Guadeloupe et pour parler la langue créole aussi qui était refoulée dans la gorge de mes parents. *Un papillon dans la cité* était une histoire complètement différente de *Caraïbes sur Seine*, mais c'était la première histoire que je devais écrire et raconter, cette rencontre entre la petite-fille, la grand-mère. D'ailleurs je l'ai reprise dans un de mes romans qui s'appelle *Fleur de barbarie*, j'ai repris toute cette thématique. Je pars d'un autre point, mais c'est toujours ces relations particulières très fortes entre personnes de générations différentes. Dans *Un papillon dans la cité*, la famille est éclatée. Félicie vit avec sa grand-mère et ensuite va faire l'expérience du déracinement. Elle va faire l'expérience aussi d'une rencontre avec quelqu'un qui est sa mère, une personne qui devrait être très proche d'elle et qui est en même temps très éloignée. C'est : où est-ce qu'on peut trouver l'amour.

Les grands-mères ont une forte personnalité, une forte influence. Man Ya a appris à Félicie les bonnes manières, elle lui a transmis les histoires de *neg-mawons*, la grand-mère de Mohamed les histoires de Touaregs. Il semblerait que la génération des parents soit celle qui ne remplisse pas son rôle.

Les parents sont dans l'urgence, toujours. C'est une question de temps. Ils n'ont pas le temps tandis que les grands-parents ont déjà vu passer tellement de choses, ont un regard plus détaché et en même temps ils peuvent apporter beaucoup à leurs petits-enfants. Les parents sont plus dans les interdits. Interdire, il faut se dépêcher, donner des ordres. Les grands-parents sont autre part, ils se situent plus dans le rêve, dans le conte, dans l'imaginaire.

Comme vous le disiez tout à l'heure, la mère de Félicie refuse de parler de la Guadeloupe et de parler créole.

Ça, c'est mon expérience personnelle. Bien sûr tout repose un petit peu sur ce que j'ai connu dans mon enfance. Une famille du Maghreb habitait la même cité que nous au Kremlin-Bicêtre. Nous étions la seule famille de Noirs et eux la seule famille d'« Arabes ». Tout autour, il n'y avait que des Blancs. Nous partagions l'expérience du racisme ; eux, c'étaient les Bougnoules, et nous, nous étions les Négros. Cela rapproche quand on est exclu, quand on est rejeté. Cela rapproche énormément, même si on est très très loin sur le plan géographique et culturel. On est proche parce qu'on est différent des autres, on est stigmatisé et cela crée vraiment des liens. Donc j'ai voulu retisser ces liens avec le personnage de Mohamed et dire voilà, on peut se prêter nos grands-mères en fait. Sur cette terre, on peut se prêter nos grands-mères, on a tellement à apprendre de la diversité du monde. C'est aussi ce qu'il y a derrière *Un papillon dans la cité*. C'est ce monde qui est tellement beau et varié. Il y a toutes ces langues, ces cultures, ces cuisines et les êtres humains sont en train de se faire la guerre au lieu d'être amis. *Un papillon dans la cité* est un livre sur l'amitié aussi. En fait il y a plusieurs entrées. C'est un livre sur l'amitié, sur comment vivre ensemble quand on est différent, en dépit des différences, et heureusement qu'il y a des différences, c'est ce qui est beau.

Qu'est-ce qui donne à Félicie sa force ? (Contrairement à son ami Mo, elle ne laissera pas les autres déteindre sur elle – il y a une prof qui lui dit de faire attention à cette « racaille », il ne faut pas qu'elle déteigne sur toi.) Et elle a cette force de résister à tout, alors que Mo, lui, commence à glisser.

Félicie, c'est l'héroïne par excellence. C'est la sauveuse aussi. Elle va sauver son ami, le tirer des griffes du mal. C'est toujours la même histoire. Quand j'étais enfant, quand j'écrivais mes petits romans, souvent j'étais une amie formidable pour des enfants qui ne me regardaient même pas. Je voulais incarner le personnage du héros, de l'héroïne flamboyante. C'est cette dimension-là que j'ai voulu donner à Félicie. Elle a ses propres souffrances, elle a ses propres manques, elle a sa douleur parce que sa mère est partie. Elle vivait auprès de sa grand-mère, mais elle avait quand même envie de connaître sa mère. Elle a des fêlures en elle mais elle peut transcender tout cela et aller aider les autres et elle ne se laisse pas influencer par des discours négatifs sur les autres. Elle va forger son propre jugement. Félicie, c'est l'amitié avant tout. Elle est ouverte, elle est curieuse du monde, elle porte en elle une petite flamme, elle ne veut pas que cette flamme s'éteigne dans le cœur de Mo, elle se dit : « C'est pas possible, tu es tout jeune, tu n'as même pas douze ans et tu crois que ta vie est finie, mais ce n'est pas possible ». Donc vraiment, cette enfant est une lumière. Félicie, c'est la félicité. Mais en fait, Félicie c'est le prénom de ma grand-mère maternelle. Vous voyez comment tout a un sens et tout est mystérieux dans la création. Un professeur dans une université américaine a fait une étude sur les prénoms dans mes livres, et bien sûr, elle a dit « Félicie, c'est la félicité, c'est le bonheur », mais j'ai tout simplement pris le prénom de ma grand-mère. Je me suis dit que si je parle beaucoup de Man Ya, ma grand-mère paternelle, ma grand-mère maternelle va être jalouse. C'est simplement cela. Mais cela avait un sens en fin de compte puisque Félicie incarne cette volonté de croire que c'est possible, que les rêves sont possibles. Je n'ai pas envie d'écrire des choses désespérées pour mes jeunes lecteurs.

La fin, quand même, est peu réaliste, ce voyage en Guadeloupe...

Elle est peu réaliste ? Cela arrive, les classes de mer, comme les classes de montagne.

Mais si loin !

Mais si, il y a des échanges. Ma fille est allée à Miami, de la Guadeloupe, elle est allée en Angleterre. Ils organisent des kermesses, des tombolas. Au fur et à mesure, ils font un petit pactole, ils se font aider par les municipalités, exactement comme je l'ai décrit. C'est très réaliste.

Ma prochaine question porte sur la mémoire, qui joue un rôle prépondérant dans ce roman. Félicie garde celle des *neg-mawons*, Mo a perdu celle des Touaregs. Le succès présent et futur dépend-il de la possession de cette mémoire, de cette connaissance de soi ?

Le succès, non. Je dirais que pour se construire, il faut savoir d'où l'on vient, il faut connaître son histoire, savoir l'histoire de ceux qui nous ont précédés. C'est très important. Et dans la culture guadeloupéenne, c'est resté très longtemps dans une zone d'ombre, un no man's land, où on hésitait entre en parler et ne pas en parler. On vous culpabilisait quand vous en parliez trop. On disait que vous étiez en train de ressasser, que c'était de l'histoire ancienne, que c'était le passé. C'est le discours que j'ai entendu de la part de mes parents. Une fois, je regardais un documentaire à la télévision française et on voyait des gravures avec des Noirs, des boulets, des chaînes. J'avais douze ans, j'ai dit : « Mais qu'est-ce que c'est, ça ? ». Et ma mère a répondu : « C'est rien, c'est le passé, il faut oublier, c'est fini » et c'est ma grand-mère, la femme illettrée, la femme sans éducation qui m'a expliqué et qui m'a rapporté ce que sa mère, sa grand-mère lui avaient raconté sur l'esclavage. C'est important de savoir d'où on est pour se poser simplement en tant qu'être humain sur cette terre, avec une lignée. Je suis un peu contre les identités repliées. Un être humain a besoin d'avoir des racines solides. Il va pousser ses branches ensuite, très loin, à travers le monde, partout. Savoir d'où l'on vient rend solide, rend très fort. On est moins ballotté, on peut se positionner dans le monde, on peut se sentir à l'égal des autres, ne pas être dans un sentiment d'infériorité parce qu'il y a beaucoup de gens aussi qui ont honte d'être descendants d'esclaves, alors que, pourquoi avoir de la honte ? Non. Ces gens, qui ont été niés dans leur humanité, étaient des victimes avant tout et il n'y a pas à avoir honte, pas du tout, pas une seconde. À partir du moment où des êtres humains sont brimés, sont rejetés, sont exclus, c'est toute l'humanité qui est menacée. C'est simplement ce que je veux montrer. Moi, je ne suis pas enfermée dans ma race noire, je ne suis pas porte-drapeau. Je suis un être humain sur cette terre et je regarde toute cette planète en me disant : « Voilà, j'appartiens à cette humanité-là ; qu'est-ce qu'on peut faire pour faire avancer cette humanité ? pour résister contre l'obscurantisme, contre les replis identitaires ? qu'est-ce qu'on peut faire pour que les gens évoluent, soient libérés de tous leurs préjugés ? ». J'écoutais dernièrement un reportage à la télévision ; on parlait d'Obama et on montrait un chef du Ku Klux Klan, aujourd'hui, en 2008, qui disait qu'Obama n'était pas un homme, qu'il ne le considérait pas comme un homme. Alors vous voyez encore la barbarie du monde. Vous voyez le travail qu'il y a à faire, à accomplir sur cette terre. Je n'ai pas de mission mais à travers mes livres j'essaie de partager cette humanité. J'essaie de dire : « C'est tellement simple. Regardez-vous ; nous sommes sur cette terre. C'est beau ». J'aime bien voir des gens de toutes les couleurs.

C'est d'autant plus important en littérature jeunesse, avec un public jeune qui n'a pas encore de préjugés, ou pas trop.

Exactement. On peut leur montrer des scènes, des situations. On peut leur faire rencontrer des personnages tellement attachants. Ils sont noirs mais ils sont tellement attachants, on a envie que ce soit nos amis. Et cela peut questionner d'ailleurs parce que derrière *Un papillon dans la cité*, il y a le racisme bien sûr, il y a la rencontre avec les autres cultures, il y a la difficulté d'être un jeune enfant, on est perdu, comment faire quand on perd ses amis, on perd ses repères, on perd son île ? Comment s'adapter ? Comment réussir ? Il faut se dire qu'on en perd, mais on va en retrouver d'autres. Et ceux qu'on aura laissés, on ne va pas les perdre finalement. D'ailleurs, à la fin, Félicie va retrouver ses anciens amis. Il ne faut pas avoir peur de s'ouvrir au monde. C'est vraiment ce qu'il y a derrière ce livre.

Vous aviez écrit une première version d'*Un papillon dans la cité* à l'âge de dix ans. Hormis la jeune héroïne noire et la famille nord-africaine, qu'est-ce qui figurait déjà dans cette première version ?

Il y avait déjà mon petit copain du Maghreb. Il y avait une bande d'enfants racistes qu'on retrouve plutôt dans *Caraïbes sur Seine*. Sinon, c'était la famille noire, la petite fille formidable, c'était simplement cela.

Je vois *Un papillon dans la cité* et *L'Exil selon Julia*, deux romans à base autobiographique, comme deux romans en vis-à-vis. Félicie quitte la Guadeloupe et sa grand-mère Man Ya ; Man Ya s'installe six ans chez son fils en France puis repart pour la Gua-

deloupe et sa petite-fille lui écrit de France. Vous a-t-il fallu écrire *Un papillon dans la cité*, **avec ses libertés par rapport à la réalité, pour pouvoir écrire** *L'Exil selon Julia*, **ou est-ce que vous l'aviez déjà dans vos tiroirs?**

Non, je ne l'avais pas dans mes tiroirs. Je me souviens d'une conversation que j'avais eue avec mon éditeur de *La Grande drive des esprits*, Pierre Astier. Je faisais mes projets littéraires. J'ai écrit *La Grande drive des esprits* ; c'était une manière pour moi d'être publiée parce que c'était complètement dans le mouvement de la créolité. C'était pour dire : « Voilà, regardez comment je suis guadeloupéenne, regardez comment je sais écrire ces histoires avec des gens des campagnes, avec un vocabulaire créole, les mots, la poésie créoles ». *La Grande drive des esprits* a remporté le grand prix des lectrices de *Elle*. Après *La Grande drive des esprits*, j'ai dit à mon éditeur que j'allais écrire un livre sur l'inceste, ça a été *L'Espérance-macadam* ; ensuite, je vais revenir à plus de douceur, je vais écrire un livre sur ma grand-mère Julia ; ensuite je vais écrire un livre sur les femmes des Antilles, ensuite je vais écrire un livre avec plein d'histoires d'amour. Ma mère était une grande lectrice de Guy des Cars et elle lisait des romans d'amour, je veux écrire un livre pour ma mère, un livre avec plein d'histoires d'amour – ça a été *L'Âme prêtée aux oiseaux*. Donc *Un papillon dans la cité* est venu, comme je vous l'ai dit, par un concours de circonstances. Vous savez, il suffit que l'on me lance un petit appât [rires] et qu'on me dise : « Pourquoi tu n'écris pas un livre pour ceci ou pour cela ? » et tout de suite, mon imagination commence à travailler. Tout de suite j'ai des idées.

Dans ce grand plan littéraire, où s'insèrent les livres jeunesse ? Est-ce qu'ils étaient prévus aussi ?

Non, ce n'était pas prévu, réellement. Mais j'aime beaucoup écrire pour la jeunesse. Là, d'ailleurs, je suis en train d'écrire un livre pour la jeunesse. *Un papillon dans la cité* est basé sur mon enfance, mon expérience. Ensuite, il y a eu des commandes, quand même. La plupart du temps, c'était des commandes. J'avais le contrat et ensuite j'écrivais. Sauf pour le premier. Il y a eu ensuite *Le Cyclone Maryline*, Hurtubise, c'était une commande, au Québec. *Case mensonge*, c'était une commande aussi, chez Bayard, il y avait tant de signes à respecter.

Caraïbes sur Seine, je reviens encore dans la cité, mais cette fois-ci avec une famille et encore et toujours cette histoire d'exil, de déracinement et le racisme était beaucoup plus présent dans ce livre parce que je voulais raconter une histoire qui était arrivée réellement avec un correspondant américain. Cela m'est arrivé, c'était terrible.

J'avais une question à ce propos, mais je ne savais pas que c'était votre expérience.

C'est mon expérience transposée au monde actuel – parce qu'à l'époque je n'avais pas d'ordinateur, on n'avait pas internet. C'est par courrier que c'est arrivé : « You are Black ».

Est-ce que Lindy réagit ainsi parce qu'elle était amoureuse de cet Américain ou parce que c'est l'image qu'on se fait de l'Amérique comme d'un melting pot qui vole en éclats ? Ou les deux ?

Non, c'était par rapport à un individu. Ce n'est pas l'Amérique. Elle se faisait des films, elle frimait aussi. Elle devait être un peu plus humble. Moi aussi j'étais fière, j'étais en train de me glorifier, j'étais en train de fanfaronner devant mes frères et sœurs en leur disant : « Regardez ces colis que je reçois des États-Unis, d'Amérique ». À l'époque, il y avait des petits timbres qu'on envoyait et on pouvait avoir des adresses de correspondants. C'est comme ça que j'ai eu cette adresse-là et lui, il a commencé à m'écrire régulièrement et il pensait que, comme c'était marqué France... Et j'étais une négresse. Cela a été un choc, comme le coup de poignard, comme un uppercut, quelque chose qu'on vous renvoie, qui vous coupe le souffle et qui vous repousse. C'était terrible, terrible de douleur, de honte, parce que j'avais honte devant mes frères et sœurs – « Et pourquoi il ne t'écrit plus ? ». J'avais caché sa lettre où il me disait de ne plus jamais lui écrire, de l'oublier. Est-ce que son tonton, ce n'était pas un gars du Ku Klux Klan, il ouvre cette lettre et il voit la photo d'une Noire ? Alors qu'il m'avait envoyé des gadgets, des trucs lumineux, des bagues.

Oui, il se faisait une image de la France tout à fait stéréotypée.

Je vous assure que c'était une blessure. Le racisme, quelle imbécillité, c'est vraiment l'ignorance. Donc c'était basé sur des choses qui me sont réellement arrivées. Après, j'ai transposé aux années 2000, mais cela arrive encore parce que, comme vous le savez, je vais beaucoup dans les écoles, je vais beaucoup rencontrer les élèves de tous les âges, puisque mes livres sont étudiés dans les classes du primaire au secondaire, et je rencontre tous les jours des jeunes qui me disent : « Mais oui, moi aussi, j'ai été victime du racisme. Quand on est entre amis, ça va. Dès qu'il y a un petit problème, les autres se traitent de crétins, de cons, ou toutes sortes d'insultes, mais l'insulte raciste revient quand on s'adresse à moi, sale négresse ». J'espère que cela va s'améliorer. C'est pour cette raison que j'écris ces livres. Je veux raconter de belles histoires, mais je veux que cela ait un sens.

Au début de *Caraïbes sur Seine*, Lindy feuillette son album photos. Mais les photos, qui sont en général un support de choix pour la mémoire (collective, familiale et personnelle), sont absentes de vos textes. Pourquoi ce manque ?

En jeunesse, oui, c'est vrai qu'il n'y a pas trop de photos. J'ai une passion pour la photo pourtant.

Dans l'introduction à son entretien paru en 2004, Nadège Veldwachter vous appelle une « Française avec des racines antillaises »[1]. Est-ce ainsi que vous vous définiriez ?

Oui, je suis une Française parce que je m'exprime avec cette langue française. Mon histoire, c'est l'histoire de la France. L'histoire de mes ancêtres, c'est l'histoire de la France. Et je porte un nom tout à fait français qui était le nom d'un de mes ancêtres, un maître qui, en 1832, a affranchi les huit enfants qu'il avait eus avec son esclave Angélique. Il a épousé son esclave Angélique en 1838, dix jours avant qu'il ne décède. Mon nom Pineau vient de là. Je suis une Française parce que j'utilise cette langue française, c'est la seule langue que je maîtrise un peu. La langue créole, je la comprends, je la parle avec un accent, mes enfants se moquent de moi, mais je m'en fous maintenant parce que c'est mon histoire. Je suis née à Paris, j'ai grandi avec des gens qui parlaient le français et qui roulaient les R. Hormis ma grand-mère

---

1. Nadège Veldwachter, « An Interview with Gisèle Pineau », *Research in African Literature*, vol. 35, n° 1, printemps 2004, pp.180-186.

Julia, cette langue créole, je ne l'entendais pas. J'aime cette langue créole et elle m'inspire beaucoup pour mes textes, pour toute mon écriture, pour tout mon imaginaire, pour mes pensées, pour mes personnages. À partir du moment où l'histoire se situe avec des personnages antillais, la langue créole va resurgir à un moment donné. Quand les scènes se passent en France métropolitaine avec des Français, je ne vais pas faire entrer la langue créole. Je veux être au plus près de mes personnages, leur coller à la peau et trouver le style qui va bien s'adapter à eux. Donc je suis une Française, ce n'est pas une insulte. Je suis française, je suis parisienne, je vis à Paris, je retourne très souvent en Guadeloupe, je vis avec tout cela et je ne suis plus déchirée et je ne dois pas choisir. Personne ne va me sommer de choisir entre la France et la Guadeloupe celle que je préfère. À chaque fois qu'on m'invite quelque part dans le monde pour mes livres, j'y vais, je fonce parce que je suis curieuse du monde, parce que j'ai un appétit pour le monde, pour découvrir ce qui se passe. C'est un de mes amis écrivains, Dany Laferrière, qui disait ça. On lui pose beaucoup de questions sur la littérature mais lui, il est écrivain et s'intéresse à tout, à ce qui se passe entre telle personne et telle personne de l'auditoire, la vie, à ce qui nous passionne. Voilà, on est curieux du monde. Je suis française, j'aime la langue française. J'ai la chance de pouvoir m'exprimer par l'écrit. C'est un privilège, vous ne pouvez pas savoir. Est-ce que c'est un don, est-ce que c'est un talent qui m'a été donné ? Pour moi, c'est inestimable. C'est un trésor d'avoir l'écriture, d'avoir les mots, de pouvoir peindre la vie avec des mots, de donner chair à des personnages avec des mots et faire en sorte que des gens que je ne vais jamais rencontrer vont rencontrer ces personnages et vont les aimer. Ils vont souffrir, ils vont pleurer, ils vont rigoler, c'est magnifique. À chaque fois qu'un de mes livres est traduit, je suis comme une enfant émerveillée. Pour moi, c'est un cadeau, un cadeau de Noël. Je suis toujours émerveillée, de tout.

Peut-être que pour écrire pour les enfants, il faut avoir ce don d'émerveillement.

Effectivement, parce que beaucoup de mes collègues écrivains me disent que c'est difficile d'écrire pour les enfants. Aujourd'hui, j'ai 52 ans mais je ne suis pas loin de la petite fille que j'étais quand j'avais dix ans. Je suis toujours pareille. Je m'amuse, je ris, je pleure, je suis sensible à tout, je suis curieuse de tout, donc je suis une enfant.

On vous classe souvent avec des auteurs antillais – c'est la contre-partie de ma question précédente – comme Maryse Condé, Simone Schwarz-Bart, Patrick Chamoiseau, car le réflexe français est de catégoriser. Que dites-vous de cette classification ?

Sur le plan géographique, effectivement on peut me classer avec toutes ces personnes, puisque je suis de la Guadeloupe, je suis de la Caraïbe, je suis antillaise. J'ai une histoire commune avec tous ces écrivains. Mais j'ai mon histoire personnelle, familiale. J'ai grandi dans la région parisienne. Je suis née à Paris, j'y ai passé mon enfance et mon adolescence. Je suis arrivée à quatorze ans en Martinique. Toute cette histoire marque ; cette histoire est imprimée dans mon œuvre, toute cette histoire est là, en toile de fond, c'est quelque chose qui me colle, dont je dois me débarrasser pour pouvoir me soigner aussi de mes douleurs d'enfance. Je le fais à travers mes livres, je l'ai fait, mais je ne veux pas que ce soit quelque chose qui ressemble à une écriture nombriliste. J'écris avec mon expérience mais pour entrer en relation avec les autres, pour dire à mes jeunes lecteurs : « Regardez, vous n'êtes pas seuls. Regardez cette petite fille, vous allez vous identifier à elle, vous allez vous reconnaître en elle, elle vous ressemble, elle est perdue, elle a des difficultés avec ses parents, elle a un fort sentiment d'injustice, elle ne se sent pas aimée comme vous, elle a des boutons d'acné comme vous, elle a un petit amoureux comme vous, elle a de grands rêves et elle a cette petite lumière dans son cœur, cette petite lumière ne demande qu'à grandir pour éclairer sa vie, pour éclairer son existence ». C'est vraiment ces messages que j'ai envie d'envoyer. *Un papillon dans la cité* est une histoire qui aurait pu se passer avec une petite-fille russe et sa grand-mère qui habite en Hongrie, peu importe. C'est le monde. Cela peut se passer en Chine avec une mère qui vit maintenant à Tokyo et la grand-mère est restée ; peu importe. C'est la vie. C'est naître quelque part, être obligé de partir, comment appréhender cela, comment survivre, comment survivre dans ce monde très violent. C'est aussi une façon pour moi de dire qu'on a en soi toutes les ressources pour survivre.

Enfant, vous étiez une « négropolitaine ». Vous n'écrivez pas pour les négropolitains, vous écrivez pour tout le monde, n'est-ce pas ?

J'écris pour tout le monde. « Négropolitaine » est un terme que j'ai entendu assez tard, quand j'étais étudiante à Nanterre, quand je suis revenue, et de la part d'Antillais. Ce ne sont pas des Français métropolitains qui m'ont traitée de « négropolitaine ». Je l'ai entendu un petit peu aux Antilles. Mais qu'est-ce que ça veut dire ? Une Négropolitaine, c'est une Noire qui a des manières de Blancs. Mais je ne fais pas exprès de rouler les R. Et là, on m'a dit que j'avais un accent créole, antillais. Je suis passée dans une émission à France Info dernièrement pour présenter mon livre et le journaliste me dit : « Bon, Gisèle, vous n'allez pas dire *Mône câpresse* parce que les gens ne vont pas comprendre. Avec votre accent guadeloupéen, on n'entend pas bien *moRne câpresse* ». [Rires] Les gens ont vite fait de vous classer, de vous enfermer, et moi, je suis pour la liberté. Dans ce livre [*Un papillon dans la cité*], il y a tout ce que je veux dire, toute ma réflexion sur le monde, toute ma vision du monde. Et finalement, tous les livres que j'ai écrits, même le nouveau *Morne câpresse*, reviennent toujours dans le même sillon. Je suis toujours en train d'écrire la même histoire. Il y aura d'autres personnages mais au fond ce sera toujours cela : nous sommes dans ce monde, nous partageons ce monde, débarrassons-nous des préjugés, soyons curieux du monde, nous avons nos blessures d'enfance, mais nous pouvons grandir, ce n'est jamais trop tard, ce n'est jamais désespéré, le monde est beau, le monde est comme un jardin, il faut aller l'explorer, mais sans l'abîmer. Et c'est cela aussi ce livre. Dans une famille, il y a des heurts, il y a des secrets, des silences, beaucoup de non-dits. Cela tue, cela perturbe tout. Dans tous mes livres, je parle de cela. Parlons, communiquons. Nous, les êtres humains, nous sommes dotés de la parole et nous pouvons communiquer autrement que par les coups, la violence, les bombes. Aujourd'hui on se demande à quoi cela sert d'avoir la parole. Avec la parole, on peut être intelligent, on peut se comprendre, on peut s'entendre.

On peut mentir.

Oui, bien sûr, mais moi j'ai envie de voir le bon côté. Il y a des mensonges, on en retrouve partout. Dans *Case mensonge*, on retrouve partout des silences, des non-dits, mais à un moment donné, cela peut se déverrouiller. Tandis que si vous communiquez par les bombes, les missiles, les attentats... c'est notre monde aujourd'hui.

C'est un peu le message de *Case mensonge* parce que le mensonge est déverrouillé à la fin, Djinala apprend comment elle est née.

Dans tous mes livres. Dans *Fleur de barbarie* aussi, dans *L'Espérance-macadam* il faut parler parce que c'était le silence, sa mère était au courant et elle a fini par dénoncer son père. Il faut parler.

Parlons un peu de *Case mensonge*, un roman situé en Guadeloupe. Les personnages y occupent aussi un espace géographique et social marginal, en l'occurrence le quartier miséreux de Roucou. Le monde de *Case mensonge* se divise en exclus, ceux qui resteront à Quartier Roucou, et en élus, ceux qui iront habiter les nouveaux immeubles. On ne sort donc pas du binarisme, qu'il soit racial ou social ?

Oui, au cœur de la misère ou des situations de survie, les êtres humains sont obligés de se défendre et tous les moyens sont bons. Au nom du bien, pour le bonheur final, pour accéder à ce rêve, à cet Eldorado, cette cité nouvelle, ça c'est une promesse de bonheur. Ces beaux bâtiments, c'est une autre vie, un paradis pour toutes ces familles qui vivent dans des conditions déplorables. Au nom de ce rêve, ils vont se trahir, ils vont risquer de perdre leurs amis. Je suis passionnée par les méandres de l'être humain, tout ce qu'il y a dans la tête – je suis infirmière en psychiatrie, je suis très attachée à cette dimension psychologique. Les personnages de mes romans ne sont pas des personnages très lisses, il faut qu'ils aient une épaisseur. Dans *Case mensonge*, il y a les mères qui vont s'opposer, il y en a une qui va se taire, l'autre qui va commencer à balancer, faire mal pour piquer. Et il y a les petites filles qui sont amies, qui, à un moment donné, doivent s'éloigner l'une de l'autre. Toutes ces relations humaines me passionnent. Finalement, est-ce qu'elles avaient besoin de sacrifier cette vieille amitié, cette vieille solidarité entre femmes à cause de cette injustice ?

Même dans ce roman, situé donc intégralement en Guadeloupe, figure l'exil puisque la mère de Djinala s'est installée à Quartier Roucou pour dissimuler la maternité de sa fille aînée, le mensonge qui donne au roman son titre.

Ce sont des histoires qui arrivent tout le temps, et pas seulement aux

Antilles. L'exil m'obsède un peu, vous avez raison. Il faut partir pour arriver neuf quelque part aussi, il y a cette dimension dans l'exil. On est un peu amnistié dans l'exil. On va se reconstruire ou se perdre. Par exemple, le père de Lindy dans *Caraïbes sur Seine*, lui, n'arrive pas à se faire à cet exil et finalement c'est la mère qui va retrousser ses manches et dire : « Non, je reste là ».

Je vais revenir à une question qui a été un peu abordée par Christiane Makward à qui vous avez confié qu'il y a en Guadeloupe, du fait de l'esclavage, un contentieux entre les hommes et les femmes[2]. Dans vos romans, les hommes sont faibles (papa Jo), incompétents ou absents (le ou les père(s) de Djinala dans *Case mensonge*, Oscar dans *Caraïbes sur Seine*, qui d'ailleurs voit le système de mutation des fonctionnaires comme une forme d'esclavage). Pourquoi ce manque masculin ? Les femmes sont beaucoup plus fortes que les hommes.

En fait, mon père n'était pas là quand j'étais petite. Il était militaire de carrière et il était tout le temps parti. Il passait un an, deux ans ailleurs. Quand il était là, il était le père fouettard. Il nous fouettait réellement, il nous tapait avec une ceinture. On le craignait. Il ne fallait pas parler à table. C'est une image de père que j'ai aussi... et c'est une image que partagent avec moi beaucoup de gens. Les femmes étaient présentes. J'avais ma mère et ma grand-mère, j'avais beaucoup de tantes. Les femmes se parlaient, elles se racontaient leurs histoires, leurs misères, leurs chagrins, leurs bonheurs. C'est peut-être aussi parce que je suis un peu fainéante. Je sais décrire, je sais parler des femmes, et les hommes, c'est peut-être un continent un peu inexploré pour moi. Mais je vais peut-être changer les choses. Papa Jo est gentil quand même.

Il est quand même faible par rapport à sa femme ; c'est elle... qui porte la culotte.

Non, elle ne porte pas la culotte, elle porte une douleur.

C'est elle qui décide dans le couple.

---

2. Christiane Makward, « Entretien avec Gisèle Pineau », *The French Review*, vol. 76, n° 6, mai 2003, pp. 1202-1215.

Oui, apparemment.

Il est même plus maternant qu'elle.

Oui, Papa Jo est très gentil. Il cache un peu Félicie, il la protège de sa maman. Sinon, dans *Caraïbes sur Seine*, le père part ; il n'y a carrément pas de père dans *Le Cyclone Maryline* ; dans *Case mensonge*, il n'y a pas de père ; oui, c'est quelque chose. C'est un problème.

Dans *C'est la règle*, Steph a du mal à accepter Denis, l'amant de sa mère, un « Black ». Mais son refus n'est-il pas plus lié à son refus de la séparation de ses parents, à son refus d'avoir un beau-père, quelle que soit la couleur de celui-ci ?

Bien sûr. *C'est la règle* est un roman beaucoup plus subtil que la simple histoire de racisme. Steph a tout ce chagrin et on le voit au début quand ses parents sont ensemble en train de lui annoncer qu'ils vont divorcer. C'est terrible pour lui, il se replie, il se referme sur lui-même, il est traumatisé. Et puis un jour, sa maman se présente avec ce monsieur, sorte de Robocop noir. En plus, un Noir. Steph n'est pas raciste, mais quand même.

Cela le gêne.

Voilà. Ce n'est pas du racisme, mais devant ses amis… sa mère avec un Noir. Il doit s'habituer à cette idée-là. Il faut du temps. D'autant plus qu'on lui colle dans les pattes la petite, sa future petite sœur qui l'adore. Elle est heureuse, elle lui tient la main, elle est adorable, mais il la repousse, il la rejette. Dans ce livre, c'est toujours comment vivre ensemble, comment vivre avec les autres et voir que finalement on peut s'attacher.

Il la sauve. Voilà encore un sauveur.

Steph est un sauveur, c'est un héros [rires].

Il a besoin d'aller en Guadeloupe. Il fait le voyage…

Il se rapprochait déjà d'elle quand même. Mais il s'en défendait, il ne voulait pas reconnaître qu'il était attaché à elle, qu'il aimait cette petite.

Vous avez ces déplacements qui sont comme des bains révélateurs (le voyage change aussi Mo dans *Un papillon dans la cité*). On a l'impression que c'est un déplacement (physique) nécessaire pour apporter un dépassement d'une certaine situation.

Ah oui, tout à fait. Il y a ce voyage et il découvre. Il a fait un voyage avec sa mère en Grèce. C'était bien, la mythologie, mais aller dans la famille, aller sur le lieu, ça, c'est peut-être aussi mon expérience. On va découvrir l'autre, on va entrer dans l'intimité de l'autre et c'est peut-être ce qui permet de devenir moins ignorant. Steph se découvre une famille, avec l'ami de sa mère. Il se découvre un cocon. Il avait besoin de cela. Il était un peu perdu.

Lui aussi a un ami maghrébin, Salim. Cela fait trois personnes d'origine maghrébine.

Cela revient, vous voyez. Ce sont des réminiscences. Et c'est important pour moi de mettre en scène des gens qui viennent de différentes cultures, comme dans *Caraïbes sur Seine*, des gens qui viennent de tous les horizons.

On pourrait qualifier vos romans de littérature générale comme politiques et féministes. Considéreriez-vous votre écriture pour la jeunesse aussi comme cela ?

Politique et féministe ? En fait je ne me considère pas comme féministe...

Les femmes, dans vos livres, sont des femmes de tête, qui mènent leur famille...

Ce sont des femmes qui sont perdues aussi. Par exemple, si vous lisez *Morne câpresse*, c'est une tribu de femmes perdues. Elles essaient de se tirer d'affaire, elles suivent une femme prêtresse, c'est un peu le monde qui est perdu. Tout à l'heure on a évoqué l'esclavage, il y a un contentieux entre les hommes et les femmes depuis cette époque-là parce que les femmes ont été le chemin par lequel est passé tout le métissage aux Antilles, en Amérique, par le corps des femmes, parce qu'elles étaient convoitées par les maîtres blancs. Elles avaient encore tous leurs appâts de femme. Elles ont été engrossées, elles ont donné naissance aux mulâtres, aux chabins, à tous les métisses. Imaginez un homme réduit à l'état d'esclave, qui a une compagne esclave et qui voit que sa femme donne naissance à des enfants... C'est terrible, pour un homme. Alors, il faut imaginer cela comme une trahison. Ce sont des hommes qui étaient niés dans leur humanité, qui ne pouvaient même pas dire comme n'importe quel homme sur la planète *ma femme, mes* enfants. Les femmes ont fait profil bas pendant très très longtemps, comme si elles avaient quelque chose à se reprocher. De génération en génération, on va faire profil bas, comme si on devait payer une faute, la faute de nos ancêtres femmes. Et les hommes sont meurtris, ils ont été cassés par cela. Peut-être que c'est pour cette raison aussi qu'ils ont maltraité les femmes. Aux Antilles, pendant long-temps, la seule personne que les hommes vénéraient était leur mère. Et les autres femmes étaient des créatures peu considérées. Cela change aujourd'hui bien sûr, mais il y a réellement ce rapport où l'homme n'a pas confiance, où il ne fait pas confiance à la femme. Alors que c'est la femme qui élève, qui donne l'éducation aux hommes. La femme elle-même transmet ce message. Cela change avec les nouvelles géné-rations parce que l'Histoire est connue aussi maintenant de plus en plus. On ne se met plus des œillères, on regarde ce qui nous est arrivé en face. On vient de là, de cet esclavage et on peut garder la tête haute, on n'a pas à avoir honte. C'est pour cette raison qu'il est important de connaître son histoire.

Vous avez dit que vous travaillez actuellement à un livre pour les jeunes. C'est une commande ?

Pas du tout. Il n'y a pas de commande, c'est un livre que j'avais envie d'écrire. Mais je ne peux pas vous en dire trop. Habituellement j'écris tous les matins. Là, je ne peux pas me concentrer, je n'ai pas le temps parce que je suis en pleine promotion pour *Morne câpresse*, je n'arrête pas d'aller de télé en radio, je vais signer dans les librairies, je vais dans les salons. Et je travaille à l'hôpital l'après-midi.

Votre dernier livre jeunesse est sorti en 2004. Quand est-ce que celui-ci sortira ?

En 2009[3].

Il y a longtemps que ce livre mûrit ?

Il n'y a pas longtemps qu'il mûrit, mais il fallait que je trouve l'idée, je ne voulais pas me répéter.

Alors, comment naît un livre jeunesse par rapport...

Par mes rencontres, par mes voyages, par une situation, par une idée, par une phrase. Là, je l'ai. Je sais que je vais raconter quelque chose. Je suis mon pire critique. Je ne veux pas écrire n'importe quoi, même quand il y a des commandes. Je veux que cela ait un sens, que cela ait un fond, une forme. Je veux que l'écriture soit là. Je veux que mes lecteurs soient embarqués dans l'histoire. Je veux y croire. Si je n'y crois pas, c'est que les lecteurs n'y croiront pas. Je veux y croire moi d'abord. Je veux d'abord me raconter cette histoire et je veux qu'elle m'emballe, je veux qu'elle m'emporte.

Ce sera le même public, le même âge ?

Toujours. J'aime cette tranche d'âge parce que c'est l'âge des mutations. C'est l'âge où on va quitter le primaire pour aller dans le secondaire. C'est l'âge où on a des boutons (j'adore ces histoires d'acné), la transformation du corps, les petits seins qui commencent à pointer, les petits poils. J'adore cette période où il y a les petites histoires d'amour qui commencent à devenir sérieuses et les relations avec les parents, le sentiment de ne pas être aimé, les crises d'adolescence. J'aime cette période de construction, où on grandit d'un coup, certains grandissent d'un coup et sont embarrassés de leur corps. C'est passionnant.

Votre profession d'infirmière psychiatrique influence-t-elle votre écriture ?

---

3. *L'Odyssée d'Alizée* est sorti en mai 2010 chez Thierry Magnier.

Je ne peux pas dire que cela ne l'influence pas. Cela fait plus de trente ans que je suis infirmière en psychiatrie maintenant et je crois que cela a enrichi mon parcours, mon œuvre. Cela donne de l'épaisseur à tout cela.

Vous avez besoin de l'écriture pour avoir du recul par rapport à cette profession ?

Ce n'est pas un métier lassant, ni répétitif, ni rébarbatif. Il y a des périodes difficiles, avec des patients qui peuvent être très violents, mais c'est un métier où on est au contact de l'humain et finalement je ne me suis pas trompée de voie. C'est un métier qui m'a énormément appris, sur moi-même, sur les êtres humains. C'est également un métier qui me permet de rester au plus près de la vie et du monde réel. Si je n'avais que l'écriture, je serais dans un monde virtuel, imaginaire, en train de flotter, entre deux eaux. Mais là, je suis vraiment dans la réalité et cela me permet de garder la tête froide et les pieds sur terre. Je vois la misère tous les jours. On ramasse des gens dans la rue qui sont fous, qui sont perdus, qui ont toute la misère du monde. Il y a des riches, il y a des pauvres, il y a des jeunes, il y a des vieux, toute l'humanité. Les hôpitaux psychiatriques sont sectorisés, donc nous, dans notre service, nous recevons les patients du 12ème arrondissement. Il y a des gens qui habitent dans de superbes appartements, ils sont tout seuls en train d'entendre des voix dans leur appartement. Il y a le clochard qui est en bas et qui délire. Et ils arrivent tous, quand cela ne va pas sur le plan mental, dans mon service. On est là pour les aider. C'est un métier où on apprend l'humilité aussi parce que c'est fragile la santé mentale. On se dit parfois qu'on a de la chance d'être du bon côté, avec la blouse blanche, et qu'on finit le service, qu'on sort de cet hôpital. Mais parfois j'ai la tête qui explose parce que, vous savez, ce sont des patients qui sont dans beaucoup d'angoisse, qui vous envoient cette angoisse, qui sont dans des terreurs, qui entendent ces voix qui les harcèlent. Il y a beaucoup de souffrance donc il faut pouvoir garder la bonne distance thérapeutique et pouvoir se détacher de cela et rester professionnelle et efficace dans le soin. C'est un métier vraiment passionnant. Je ne me suis pas lassée de ce métier et il me reste trois ans avant l'âge de la retraite. Après, je ferai autre chose. J'ai d'autres projets. Je vais retourner en Guadeloupe.

Souhaitez-vous ajouter autre chose sur le multiculturalisme, sur l'écriture jeunesse ?

Je voulais dire que cette écriture pour la jeunesse, cette littérature jeunesse, ce lectorat jeunesse, pour moi, ce n'est pas un lectorat mineur. Je voulais surtout dire cela. Je mets autant de soin à écrire mes livres destinés à la jeunesse que mes autres romans et j'espère que ces livres-là sont aussi un tremplin pour accéder à mes autres livres de littérature générale. Quand j'étais enfant, je n'avais pas de littérature jeunesse, je lisais tout de suite les romans des classiques de la littérature française. J'ai eu beaucoup de témoignages de mes jeunes lecteurs qui m'ont dit : « Madame, je n'aimais pas lire avant, et j'ai commencé à lire vos livres, et après j'ai eu envie de lire des livres ». J'ai adoré lire quand j'étais jeune. Pour moi, c'était voyager, me transporter dans un autre monde, c'était entrer dans un univers, et c'était vraiment une passion. J'ai toujours cette passion de la littérature, de la lecture. Alors j'espère que, grâce à mes livres, les jeunes lecteurs vont découvrir d'autres mondes, d'autres univers romanesques.

Karim Ressouni-Demigneux

« On a des idées préconçues sur ce que doit être un petit Arabe »

Depuis son déménagement, Ismaïl, presque onze ans, ment tout le temps, en particulier sur l'origine de son nom.

Car voilà, je m'appelle Ismaïl. Moi je dis *Ismaïl*, mais en arabe, ça se prononce *Smaïl*. On oublie le premier *i* et on appuie bien fort sur le second. C'est un prénom arabe. Normal, mon père est arabe. Arabe-marocain. Lui, il m'appelle Smaïïïïïïïl. Et plus il est en colère, plus il appuie sur le *ï*. On dirait que le *ï*, il s'est coincé au fond de sa gorge.

J'ai un deuxième prénom, Edmond. C'était le prénom de mon grand-père de France, le père de ma mère, qui est mort l'année dernière. Le 20 novembre, jour de la Saint-Edmond, c'est notre fête à tous les deux parce qu'il n'y a pas de Saint-Ismaïl. Pas encore, disait mon grand-père en me faisant un clin d'œil. Un jour, mon oncle m'a dit : « Tu ferais mieux de te faire appeler Edmond, tu auras moins de problèmes dans la vie. » Lui, ça fait longtemps qu'il a changé de prénom. Avant il s'appelait Roberto et maintenant il s'appelle Robert. Sur ses papiers français, il a un prénom français. Il préfère ça qu'italien. Mais moi, ce n'est pas pareil, comme je suis né ici, j'ai toujours été français, même en m'appelant Ismaïl. Et je n'ai pas envie d'avoir un prénom de grand-père.

Mon père aussi il est français, mais pas depuis sa naissance. Il est français depuis son mariage avec ma mère bourguignonne. Ça fait qu'il est surtout arabe. Arabe-marocain. Et ça fait que moi aussi je suis arabe. Enfin, à moitié. Arabe-marocain-français-bourguignon.

Jusque-là, tout va bien. Le seul problème, le gros problème, c'est que depuis la rentrée je mens.

Quand je dis mon prénom, j'ajoute : « Ismaïl, c'est juif. Je suis juif. Enfin pas tout à fait. À moitié. Mon père est juif et ma mère, elle est française. Française de Bourgogne. »

Avant, dans la ville où nous habitions, lorsque je sortais seul avec ma mère, les gens nous souriaient. Ils nous faisaient de grands sourires. Il faut dire que ma mère, qu'est-ce-qu'elle [*sic*] est belle, et je ne dis pas ça seulement parce que c'est ma mère. Je suis objectif.

Ils nous souriaient. Ils nous parlaient. Quand ils parlaient de moi, ils disaient : « Oh ! qu'il est mignon, qu'il est beau, comment il s'appelle, hein, comment tu t'appelles ? » Tout ça avec leur plus grand sourire.

Alors je répondais : « Ismaïl ». C'était une parole magique. À peine je disais « Ismaïl » que leur plus grand sourire s'effaçait. Ils ne souriaient plus. Parfois ils avaient l'air gênés. Parfois ils n'étaient pas gênés du tout : ils ne souriaient plus, un point c'est tout.

Extrait de Karim Ressouni-Demigneux, *Je suis un gros menteur*,
© Éditions Rue du monde (France), 2005.

Paris, 23 septembre 2008

Vous avez publié votre premier roman, *Ce matin, mon grand-père est mort*, en 2003. Le héros, un petit garçon anonyme, revient en 2005, dans *Je suis un gros menteur*, sous le nom d'Ismaïl. Vous lui avez donné vos origines, un père marocain et une mère bourguignonne. Pourquoi ne pas les avoir évoquées lors de sa première apparition ?

En fait, je n'ai pas vraiment fait attention à cela. C'est plutôt après avoir écrit *Je suis un gros menteur* que je me suis aperçu qu'effectivement il n'y avait strictement rien sur les origines du petit garçon. Je crois que pour moi, cela n'avait aucune importance dans cette histoire-là. L'essentiel était de raconter cette histoire d'amour entre ce grand-père et ce petit garçon. Je crois que c'est pour cette raison. Je le crois d'autant plus que j'ai évoqué le projet de *Je suis un gros menteur* en signant pour *Ce matin, mon grand-père est mort*. J'ai tout de suite dit qu'il y aurait une suite et qu'on connaîtrait les origines du petit garçon. J'ai pensé à l'illustrateur et dit à mon éditeur qu'il ne fallait pas que le petit garçon soit un petit blond aux yeux bleus, qu'en fait il aurait des origines marquées par la suite.

Mais le dessin n'est pas très marqué. L'enfant n'est pas blond aux yeux bleus mais il est assez indifférencié.

Oui, mais c'est peut-être aussi parce qu'on a des idées préconçues sur ce que doit être un petit Arabe. Moi, j'ai vraiment une tête d'Arabe, au sens marocain, je suis le portrait craché de mon père, qui est un pur Marocain. Les origines bourguignonnes ne sont pas apparues dans mon physique. Pourtant, à moins que je ne donne mon prénom, rares sont ceux qui me visualisent comme un Marocain. Dans le dessin, pour moi, l'enfant *peut* faire très petit Arabe.

La parution de votre deuxième livre, avec les précisions apportées sur les origines de l'enfant, a-t-elle suscité des réactions, soit dans le monde littéraire jeunesse, soit des réactions de lecteurs, qui ont peut-être été surpris ?

Les réactions que je connais sont des réactions de classes que j'ai rencontrées et ces classes rencontrées pour *Je suis un gros menteur* sont venues directement sur *Je suis un gros menteur* et ont lu en second *Ce matin, mon grand-père est mort*. Ils n'ont pas eu ce parcours un peu étrange. En revanche, je sais que j'ai ménagé un mini suspense au début du livre. J'ai joué là-dessus. J'attends avant de dire que la problématique est une problématique sur le racisme. Je voulais qu'il ait deux caractéristiques avant de s'appeler Ismaïl et d'être tout de suite perçu comme un petit garçon arabe. Cela doit venir de mon expérience personnelle qui est justement d'avoir eu très peu l'occasion de m'affirmer en tant que moi avant de m'affirmer en tant que Karim.

Quelle a été la réaction de votre éditeur, Alain Serres, quand vous lui avez soumis *Ce matin, mon grand-père est mort* et que vous lui avez annoncé que dans le deuxième livre, l'enfant s'appellerait

Ismaïl ?

Il était ravi. Je voulais parler des questions d'identité, d'identité culturelle, de confusion et je voulais me servir de ce mensonge. Il m'a encouragé. Je crois qu'il n'a pas de souci par rapport à cela.

Pourquoi avoir choisi Rue du monde, une maison d'édition assez jeune[1] ?

J'ai choisi Rue du monde un peu par hasard. En fait, j'avais envoyé mon manuscrit à quatre maisons d'édition qui m'avaient toutes dit non. Un ami m'a parlé de Rue du monde et je le leur ai envoyé. Ils m'ont rappelé un ou deux ans après en disant qu'ils avaient maintenant une collection roman, qu'ils avaient mon livre sous le coude depuis tout ce temps-là et qu'ils voulaient le publier. Je travaillais à une thèse à ce moment-là, j'étais un peu parti ailleurs. Du coup, je me suis remis à l'écriture de textes. Il y a eu un grand écart d'écriture entre *Ce matin, mon grand-père est mort* et *Je suis un gros menteur*. Je m'étais dit que la fiction, ce serait pour plus tard, que je me mobiliserais là-dessus plus tard.

Xavier Garnier remarque que la question que la critique mondiale doit poser aux œuvres littéraires, c'est « où vas-tu ? » et non « d'où viens-tu ? » et que l'enracinement de l'œuvre dans un territoire culturel maintient dans le « d'où viens-tu ? » et nous garde en amont de la question du « où vas-tu ? »[2]. Il me semble que *Ce matin, mon grand-père est mort*, en évitant de préciser l'origine de l'enfant, permettrait la question « où vas-tu ? » et *Je suis un gros menteur*, au contraire, risque de nous ramener au « d'où viens-tu ? ». Qu'en pensez-vous ?

J'ai ce problème de m'appeler Karim. En fait, j'ai une histoire un peu singulière. Mes parents ont divorcé avant que je naisse. Ma mère était professeur au Maroc et elle est revenue vivre en France. Je n'ai pas du tout été élevé dans un milieu marocain, j'ai été élevé dans un milieu

---

1. Elle a été créée en 1996.
2. Xavier Garnier, « Conditions d'une 'critique mondiale' », dans Christophe Pradeau et Tiphaine Samoyault (éds), *Où est la littérature mondiale ?*, Saint-Denis, Presses Universitaires de Vincennes, 2005, pp. 99-113.

purement français. Mais ma mère m'a quand même donné un prénom marocain et elle m'a imposé de porter mes deux noms quand j'étais enfant. Donc j'ai toujours eu cette chose un peu bizarre d'avoir une culture qui m'était plaquée sur le visage. J'ai effectivement toujours été assigné à une origine que je devais un peu fantasmer, qui n'était pas mon vécu, que j'ai apprise petit à petit (je suis allé voir mon père à l'adolescence). J'ai beaucoup cette appétence pour le monde arabe par la littérature, par la musique, par les voyages, mais pas du tout par un vécu sensible. Mais je m'aperçois que le fait de m'appeler Karim, d'avoir été toujours assigné à cette origine a fait que j'ai aussi une sensibilité particulière à des problématiques de Beur. Malgré tout, j'ai une question d'identification à ce groupe social. Je savais très bien que mettre mon nom sur la couverture d'un livre me renverrait de toute manière sans arrêt à mes origines. Lorsque j'ai rencontré beaucoup de classes pour *Ce matin, mon grand-père est mort,* il y avait tout un pan de discussion qui parlait du roman et, malgré tout, tout un pan de discussion qui était sur moi, sur mes origines. Je me suis aperçu à ce moment-là que cette discussion qui s'amorçait à chaque fois sur mes origines était souvent le fait des petits Mohamed et des petites Fadela dans les classes que je rencontrais. Le premier texte est un texte que j'ai écrit après la mort de mon grand-père, il a été spontané, je n'ai pas trop réfléchi. En revanche, pour le second, comme je savais qu'on me disait toujours « D'où viens-tu ? », pour reprendre votre terminologie, j'ai joué là-dessus. Il y a beaucoup de petits éléments autobiographiques, mais ils ne sont là que pour perdre un peu le lecteur. Je veux absolument que le lecteur, qui a des a priori sur moi, les plaque sur Ismaïl ; cela me permet de transporter. C'est pour cela qu'il a aussi un père marocain, une mère bourguignonne, qu'il a le même mélange que moi, alors que c'est très romancé, on est très loin de l'autobiographie. On est beaucoup plus près de l'autobiographie dans *Ce matin, mon grand-père est mort.* J'ai donc joué sur ça, « D'où viens-tu », pour pouvoir me permettre, une fois que je prends les a priori des lecteurs, d'amener un peu de confusion, pour pouvoir un peu troubler les enfants qui ont des certitudes un peu trop ancrées sur ce qu'est leur identité. Le personnage évolue ; il a une trajectoire. Même si, au départ, on lui assigne une identité, dans son parcours, dans ce petit livre, quelque chose va se passer.

Myriam Geiser, dans un article intitulé « La littérature 'beure' comme écriture de la post-migration » évoque le concept allemand de *Weltliteratur*, conçu par Goethe « désignant l'universalisme de l'art poétique de toute origine »[3]. La littérature jeunesse de la post-migration relève-t-elle, selon vous, d'une « littérature-monde » ? Quand on en arrive à parler d'identité et des minorités visibles, est-ce que les frontières entre une littérature nationale...

Il faudrait savoir ce qu'est une littérature nationale. Ce qui me fonde en tant qu'individu, c'est un brassage de littératures. Je lis soit de la littérature française, énormément, soit de la littérature arabe de langue française, soit des littératures traduites. Pour moi, la littérature est un monde en soi. Il est vrai que pour *Je suis un gros menteur*, je me suis amusé à avoir un référent, *Les Mille et une nuits*. J'ai essayé de faire une histoire imbriquée, d'avoir une structure générale qui soit celle des contes arabes où on raconte une histoire dans une autre histoire, une anecdote, etc. C'était mon arrière-plan, une structure de contes, y compris de contes oraux, dans ma famille on raconte aussi les histoires comme cela, avec énormément d'incises. Je m'exprime en français. Je n'ai pas d'idée de littérature nationale, donc pas d'idée de littérature mondiale non plus.

Le gros mensonge d'Ismaïl est de dire à ses copains de classe qu'il est juif (alors que dans son ancienne école, il n'avait pas caché qu'il était musulman). Pourquoi ce mensonge ? Juste pour, comme il le dit, « empêcher les sourires de s'éteindre » ou est-ce la marque d'un reniement plus profond, voire d'une honte ?

Il n'avait pas dit qu'il était musulman. Il est justement dans cette confusion identitaire entre culture et religion. Qu'est-ce qui fait qu'il est Ismaïl ? Qu'est-ce qu'il a de son père ? Est-ce que c'est une religion ? Une culture ? Il ne sait pas trop. Dans sa précédente école, à mon sens, il ne devait pas affirmer qu'il est musulman. Ayant des parents athées, Ismaïl n'avait pas de culture religieuse. Le mensonge lui permet d'empêcher qu'on plaque sur lui une identité, de faire en sorte qu'il soit vu pour lui-même et non pas pour ce qu'on croit qu'il peut être. Il

---

3. Myriam Geiser, « La 'littérature beur' comme écriture de la post-migration et forme de 'littérature-monde' », art. cit., pp. 121-139.

y a aussi évidemment une partie de honte. Quand cette identité est présentée de manière très négative dans la société, soit on est dans un groupe social qui va l'affirmer de manière orgueilleuse et prétendre qu'elle est supérieure, soit on n'est pas dans un groupe qui va se protéger par une suraffirmation, et Ismaïl, étant d'une famille mixte – le père n'en rajoute pas dans la suraffirmation de son identité – sait qu'arabe égale mauvais pour une partie de la personne et donc qu'il y a une partie de honte que les autres lui impriment naturellement. Ce que je voulais montrer, c'était le mélange de quelque chose de très personnel chez lui et de quelque chose que les autres l'ont obligé à faire. Le mensonge n'est pas ce mensonge-là chez lui, il n'y a pas que lui. Ceci dit, c'est un mensonge que moi j'ai fait, sans les mêmes conséquences, c'est pour cela que je l'analyse de cette manière.

Ismaïl a une attitude très positive vis-à-vis de son identité, marocain et français. Il use de l'humour et par exemple dit « compter double » dans le recensement ethnique de son ancienne classe. Est-ce que cet humour, cette façon de dédramatiser un peu les choses, sont ce qui l'aide ?

J'ai le même problème sur le texte que j'écris, qui est la suite de *Je suis un gros menteur*. Je n'arrive toujours pas à avoir la bonne version. Je voulais absolument que le texte, qui évoque des problèmes de racisme, de religion, soit léger. Je voulais absolument qu'il y ait quelque chose qui passe et qu'on puisse lire en souriant, et que la complexité de tous ces éléments, le côté un peu lourd, négatif qu'ils peuvent avoir, soit évoqué par des sourires, des petites anecdotes drôles etc. Cela participe en fait de cette volonté de faire passer un certain nombre de messages, d'évoquer des petites problématiques qui interviennent sur ces sujets et qui permettent ensuite, éventuellement, de faire leur chemin dans la tête des enfants. L'humour a une fonction qui est d'essayer de faire en sorte que le lecteur – là, c'est vraiment une question d'effet littéraire – ne soit pas soumis à une thèse, qu'il ait la possibilité d'adhérer ou de ne pas adhérer, et en même temps de le mettre un peu du côté d'Ismaïl qui se débat, qui ne comprend pas trop, et qui n'est pas tout positif non plus – il a énormément de défauts – de permettre aux enfants de se questionner, de se dire « Tiens, je n'y avais pas pensé. Tiens, ça c'est vrai. Tiens, ça c'est drôle. Ça, ça m'énerve. Ah non, je ne suis pas d'accord ». Là-dessus je suis ravi parce que, dans les discussions, ce parcours d'Ismaïl sur les enfants de seconde génération immigrée fonctionne à merveille.

Nous ne savons pas où vit Ismaïl. Sa classe est multiethnique, mais pas nécessairement située en banlieue. Pourquoi ce flou ? Pour éviter les stigmates liés à la banlieue ?

Les lecteurs de *Je suis un gros menteur* le situent en banlieue. Les représentations théâtrales de *Je suis un gros menteur* le situent dans un immeuble de banlieue. Les personnages se mettent à parler un peu comme en banlieue. Pour les lecteurs, c'est évident. Mais, ce sont encore leurs préjugés, leurs idées préconçues sur l'endroit où doit habiter un petit Arabe, là où il doit y avoir une classe multiethnique. Pour *L'Ogre*, c'est la même chose. J'ai écrit : « C'est une cité, c'est un immeuble », on ne sait même pas où, et c'est classé comme la vie dans les cités, les banlieues. Je pense que, parce que j'ai comme prénom Karim, si je dis « immeuble », tous types de lecteurs ont toujours situé cela en banlieue, vont toujours me visualiser comme quelqu'un venant de la banlieue et situer mes livres en banlieue. Le sachant, j'en joue. Je sais que cela produit cet effet-là et cela me permet d'avoir quelque chose sur lequel je peux bâtir.

Aviez-vous remarqué que l'illustration de l'arbre généalogique d'Ismaïl montre un petit drapeau tricolore sous son ethnicité : Arabe+Marocain+Français+Bourguignon ?

Non, pas du tout. En revanche, avec *Je suis un gros menteur* j'ai rencontré énormément de classes. Je commence les interventions en posant toujours la même question. À chaque fois, je regarde la classe et je leur dis : « Avant de poser vos questions, je vais demander à ceux qui sont arabes de lever la main » ; je lève la main et un certain nombre d'enfants lèvent la main. Je pose une deuxième question : « Maintenant, je demande à ceux qui sont français de lever la main », et je lève la main aussi, mais les autres sont plus indécis. J'agis ainsi pour amorcer la discussion sur ce qu'est une nationalité, une identité et commencer à parler de la nationalité. Je suis content que Daniel Maja l'ait perçu – c'est un illustrateur intelligent – et qu'il ait fait ça. Cela fait partie des problématiques évoquées par le livre. Il y a une distinction très forte à faire. Vous êtes française, vous connaissez cette idée de la nation, de la République, un creuset où on est tous ensemble, on a une citoyenneté.

Le livre réconcilie Juifs et Musulmans : au Maroc, la pauvreté des deux groupes s'opposait à la richesse des Français. Les deux peuples sont « cousins » en tant que descendants d'Isaac et Ismaël et tous deux circoncisent leurs fils. Yaël, la « 100% Juive », aime Ismaïl et ne trahit pas son mensonge. Vous faites aussi dire à Kamel, alors qu'Amid s'en prenait à Ismaïl-le-Juif, qu'ici on n'est pas en Palestine. C'est donc avant tout un texte sur la tolérance, sur le vivre ensemble, sur le respect de l'autre ?

Oui, il y a de cela dans le texte, mais en même temps, ce n'est pas un texte sûr. J'ai juste raconté une histoire qui évoque un certain nombre de choses. Le chemin que je voulais me donner lorsque j'écrivais ce texte, c'était un peu un jeu des 7 erreurs – « Qu'est-ce qui est pareil ? Qu'est-ce qui est différent ? ». Je voulais montrer que dans les identités culturelles ou religieuses, on a des différences. Ces différences ne sont pas forcément graves, on a souvent des points communs et ces points communs nous permettent de vivre ensemble. C'était le fil conducteur que j'avais. C'est vrai que ce texte a été écrit dans un moment de l'histoire, en France, où il y avait énormément de problèmes dans les collèges entre Arabes et Juifs ; il y avait un moment de tension à propos de la Palestine. Donc, ce mensonge que moi, j'ai fait dans un autre contexte historique, je m'en suis servi pour raconter une histoire dans ce contexte historique donné, où des gamins, un peu perdus dans leur identité culturelle et religieuse, s'insultaient, « Sale Juif – Sale Arabe » à propos du conflit israélo-palestinien. Après, il y a aussi de mon histoire personnelle. De la même façon que j'ai énormément de sympathie envers les Arabes en général – même si je n'ai pas partagé le même vécu qu'eux, parce que je m'appelle Karim, j'ai absorbé une partie de cette identité et que politiquement, philosophiquement et culturellement, je me sens très proche de tout le monde arabe – pareil pour le monde juif. C'est assez étrange, c'est une question de minorité, d'être dans une minorité. Avec mes amis juifs, on a ces discussions : Pourquoi est-ce qu'on se sent arabe ? Pourquoi est-ce qu'ils se sentent juifs ? Alors qu'on est athée, alors qu'il y a des choses qui nous énervent chacun chez les Arabes et chez les Juifs, et en même temps, si on les attaque, on contrattaque vigoureusement. Ce sont des problématiques qui nous traversent et qui se retrouvent un peu dans le livre.

Où avez-vous grandi en France ?

En Avignon. La rue Philonarde citée dans le livre est une rue d'Avignon, la rue des Arabes.

Que lisiez-vous enfant et adolescent ?

Je lisais beaucoup. Je suis de la génération des Bibliothèque rose, Bibliothèque verte. Beaucoup de contes et légendes.

Les chiffres montrent que 20% des jeunes des banlieues n'ont pas, à l'entrée en 6ème, le niveau de lecture requis[4]. Vous les rencontrez ; mis à part vos livres, que lisent-ils ? Est-ce qu'ils font des références à d'autres auteurs quand ils vous parlent ?

Non, ils font beaucoup référence à leur vie, à ce qu'ils ont vécu. Je ne peux pas vraiment dire ce qu'ils lisent. Il y a une grande dichotomie entre les sexes ; les filles ont l'air de lire beaucoup plus que les garçons, mais je suppose que c'est une règle un peu générale. Je peux juste vous dire que sur *Je suis un gros menteur*, ce qui m'a énormément touché lorsque j'ai rencontré les classes, même celles où il y avait très peu de jeunes Arabes, c'est cette espèce d'immense bonheur qu'avaient ces petits Arabes ou Français d'avoir en face d'eux quelqu'un qui s'appelait Karim et qui pouvait leur dire qu'il ne croyait pas en Dieu, qui pouvait leur dire qu'ils avaient le droit d'avoir honte, et qui, en plus, était quelqu'un qui avait écrit un livre, qui venait dans la classe, qui était invité. Cela leur semblait de l'ordre de l'extraordinaire. Cela m'a énormément surpris parce qu'il y a des acteurs beurs etc. Malgré tout, il y a cette espèce de « ouah » très très touchant, à chaque fois. Ces petits Arabes sont en admiration, en appel, en demande de discussion (parfois pour se confronter : « Tu dis du mal de Dieu »), en demande de parler avec quelqu'un qui leur semble pouvoir être quelqu'un de sympathique, dans le sens de qui partage quelque chose, qui a une empathie avec eux.

---

4. Christian Jelen, *La Guerre des rues. La violence et les « jeunes »*, Paris, Plon, 1999.

Ils voient Zidane ou Debbouze mais ils ne peuvent pas leur parler.

Sans doute, il y a de ça. Mais là, et cela répond peut-être à la question précédente sur ce qu'ils lisent, c'est de l'ordre du livre, c'est de l'ordre d'une activité qu'on va étudier en classe, c'est quelque chose que l'instituteur ou le professeur va présenter, qui rentre dans les programmes scolaires, quelque chose qui s'étudie, des problématiques qu'ils ont et qui s'étudient et cela ajoute un élément supplémentaire.

Dans *Ce matin, mon grand-père est mort*, il n'est pas fait mention du biculturalisme d'Ismaïl mais la dualité du texte ressort avec les illustrations et surtout les légendes qui ne sont pas des extraits du texte, comme c'est généralement le cas, mais qui contribuent au roman, qui sont en dehors de la chronologie du texte principal. Cette structure refléterait-elle la situation sociale des immigrés en France qui font résonner une voix parallèle au discours national ? Montre-t-elle que le discours français n'est pas un et unique, et uniformisant ?

Non, pas du tout. [Rires] Peut-être que cela produit cet effet-là mais, à l'origine, c'est un texte que j'ai envoyé à des maisons d'édition pour enfants en me demandant si c'est quelque chose que les enfants pourront lire et mon éditeur m'a dit qu'on allait avoir un problème d'illustration. Si on illustrait en prenant des passages du livre, cela rendrait le texte plus lourd, cela rajouterait dans la tristesse de voir des adultes et un enfant dans un crématorium, et donc il m'a suggéré de raconter des souvenirs du petit garçon avec son grand-père. C'est à partir de cette série de légendes que Daniel Maja a travaillé. C'est donc un problème éditorial, l'éditeur ne voulant pas que le texte soit plombé. En revanche, c'est moi qui ai décidé d'écrire les légendes au présent, créant ainsi une double temporalité, sans penser du tout à un lien avec une situation de voix parallèles, pour l'immigration.

Il n'y a pas en littérature jeunesse le pendant de la littérature beure ou arabo-française, afro-française, etc. Est-ce à dire pour autant que ce serait un modèle d'intégration[5] ?

---

5. Michèle Bacholle-Bošković, « Auteurs de jeunesse franco-maghrébins : un modèle d'intégration ? », art. cit.

Je ne suis pas spécialiste de littérature jeunesse, je peux vous dire ce que j'en perçois, arrivant dans ce milieu par surprise. Très souvent, en littérature jeunesse, les livres sont écrits en fonction de thèmes (sur les parents divorcés etc.). Les auteurs s'en défendent en disant qu'on n'écrit pas forcément sur un thème, mais il y a, d'un autre côté, une demande de la part des instituteurs, des parents, des bibliothécaires, d'avoir des thèmes. Comment faire rentrer les livres dans des cases pour proposer aux enfants des réponses à des questions ? Avec *Je suis un gros menteur*, je voulais éviter d'écrire un livre qui rentre dans la case Littérature beure, Littérature jeunesse beure. Je voulais parler d'un certain nombre de choses, d'un personnage qui a un certain nombre d'idées et la problématique, pour moi, ne devait pas être là. Le but n'était pas de satisfaire un discours sur le racisme ou satisfaire certains enfants. Je suis très satisfait de voir qu'ils sont satisfaits aujourd'hui, mais je voulais juste raconter une histoire cohérente qui navigue dans ces problèmes complexes, eux-mêmes le moteur de petites histoires dans les histoires, participant de la structure même du récit. Ceci dit, je m'aperçois que le texte a un certain nombre d'effets. C'est indépendant de ce que je voulais faire. La problématique d'une littérature beure n'est pas quelque chose qui me vient à l'esprit. Je ne suis pas une voix de Beur. En revanche, je n'aurais jamais transigé sur mon prénom bien que cela me mette automatiquement dans une certaine case.

Vous dites que votre mère vous a imposé ce double patronyme, mais vous auriez pu vous débarrasser de l'un ou de l'autre nom, ou changer tout.

J'ai été journaliste sous le nom de Demigneux, Karim Demigneux, et puis j'ai remis Ressouni-Demigneux. Je revendique les deux dans mon nom, mais c'est Karim qui marque le plus les esprits. Quand Ismaïl dit voir les regards changer, c'est une expérience perpétuelle, et cela fonctionne encore aujourd'hui. Quand je dis Karim, on me regarde différemment, un rien se passe dans les visages des autres. Je suis sûr que je le remarque d'autant plus, mais c'est quelque chose qui ne cesse de m'étonner.

Votre dernier livre, un album paru en 2007, s'intitule *L'Ogre*. L'ogre, cet artiste inconnu, retranché dans son appartement, qui

ne sort que la nuit et terrifie (malgré lui) les enfants, n'est-ce pas un peu l'étranger dans la société qui inspire peur et inquiétude, qui est ostracisé ?

Oui, ici aussi nous sommes dans la problématique du regard des autres, savoir ce que l'autre projette sur vous. L'ogre a décidé de jouer de ce qui était projeté sur lui, de la même façon que moi, je peux jouer avec certains enfants que je rencontre, j'use et j'abuse de mon côté Karim quand ils ont des réactions que je trouve très sectaires dans leur arabité ou dans leur côté religieux un peu fermé. Puisqu'ils me voient comme Karim, quelqu'un qui a une parole d'Arabe autorisée, je leur donne un discours qui va un peu les contrarier. Je joue sur cette pro-jection. La manière dont on me voit est quelque chose qui m'a énor-mément marqué. *L'Ogre*, c'est savoir comment on est dans le regard de l'autre.

L'ogre était en fait un homme normal, dont l'obésité suscitait les moqueries des enfants. Il est entré dans le jeu des enfants (et des parents) qui aiment à se faire peur. Là encore, ne pourrait-on pas voir un parallélisme avec la société dont l'imagination nourrit l'appréhension vis-à-vis de l'étranger et la transforme en peur, et finalement, en réactions racistes ?

Oui, mais pour être tout à fait franc, je dois dire que j'ai un double vécu. En plus, je suis homosexuel. Donc sur la question du regard des autres et des préjugés, je me sens doublement minoritaire. C'est nourri des deux. Pour moi, cela fait partie de cette double conjoncture. *L'Ogre* est un livre sur les préjugés.

L'homosexualité reste un sujet un peu tabou en littérature jeu-nesse.

Il y a quelques livres. Vous ne l'avez peut-être pas remarqué mais il y a une allusion dans *Je suis un gros menteur*. Et le texte qui suit parle, non pas d'homosexualité, mais des premiers émois sexuels. C'est pour cela que je voudrais qu'il soit léger et je n'arrive pas à le rendre très léger. Dans *Je suis un gros menteur*, Ismaïl se déguise en princesse[6].

---

6. À l'école, Ismaïl joue à l'élastique avec les filles et refait la « Guerre des étoiles »,

Certains enfants l'ont remarqué.

Les illustrations de Thierry Dedieu reflètent l'incertitude vis-à-vis de l'identité de l'ogre, qui est représenté tour à tour en poisson, chouette, tortue, hibou, pieuvre, en forme humaine énorme à triple tête d'iguane. Que pensez-vous de ces illustrations ?

J'ai trouvé cela superbe. C'est une très belle interprétation du texte. C'est un peu comme une lecture critique du texte. Je savais que le texte était difficile à illustrer puisqu'on ne voit pas l'ogre, on n'est pas censé le voir. C'est un artiste, donc il est censé avoir une production qui va se distinguer. Cette idée de mettre des fantasmes terrifiants dans la tête de l'ogre était compliquée. Cela permet tout de suite aux enfants qui le remarquent et qui ne comprennent pas, qui n'arrivent pas à mettre les mots sur ce qu'ils perçoivent, de voir qu'au fond l'ogre est un fantasme. Il y a un individu. Il y a l'ogre. Les enfants dans la cité, dans l'immeuble, superposent les deux, mais au fond, cette personnalité-ogre est juste un fantasme qui est du côté des enfants. L'illustration les aide à le percevoir.

Pourriez-vous commenter la dernière phrase de l'album : « Sans l'ogre, nous ne sommes plus des enfants » ? C'est une phrase très forte pour clore ce livre.

C'est amusant que vous la citiez car Thierry Dedieu a accepté d'illustrer le livre parce qu'il trouve cette phrase très forte. Dans le processus d'écriture, j'ai toujours du mal à trouver une phrase de conclusion et celle-ci est venue comme ça, pas du tout de manière réfléchie. Il s'agit de cette capacité à imaginer, à produire de l'art, à fantasmer, ce qui est très propre à l'enfance et propre aux artistes. Sans cette possibilité d'avoir quelqu'un qui vous aide à imaginer, on perd quelque chose de l'ordre de l'enfance. Sans l'ogre, sans la possibilité de fantasmer un ogre, on n'est plus des enfants.

Je pense que cette phrase est frappante parce qu'elle est différente du reste du texte, elle a plus de punch.

« c'est moi la princesse Leia ».

Mon processus d'écriture est plutôt « artisanal », je ne réfléchis pas à la portée de chaque mot. Quand j'ai écrit *L'Ogre*, je suis parti sur la première phrase que j'avais en tête et après j'ai déroulé le tout. Au fil du récit, il est devenu un artiste, alors j'ai retravaillé le début pour qu'on puisse aller dans cette direction. Le tout s'est fait de manière plus légère que ce que le texte donne à penser. Le texte est étudié dans certaines classes de manière très critique en allant voir derrière chaque mot ce qu'il y a à voir, mais pour moi, les mots sont souvent agencés de manière arbitraire. C'est le cas de cette dernière phrase.

Vous êtes par formation historien de l'art. L'écriture n'est donc pas une activité à temps plein pour vous ?

Il se trouve que là, je renonce à l'histoire de l'art. J'ai travaillé l'an dernier bénévolement. J'ai été ATER [Attaché Temporaire d'Enseignement de Recherche], j'ai eu tous les contrats provisoires que le système français offre. L'an dernier, dans mon laboratoire, j'enseignais gratuitement, je m'occupais d'une revue. Je n'ai pas réussi à avoir de poste définitif, il n'y en a pas, ils ont diminué le nombre de postes. Donc j'arrête, je renonce à l'histoire de l'art. Cette année va être une grosse année d'écriture. Je suis en train de travailler sur une histoire de l'art pour enfants qui va sortir en septembre 2009[7], je renonce à l'histoire de l'art au point de vue académique. Normalement, j'espère terminer le texte qui suit *Je suis un gros menteur*, d'en refaire la bonne version pour novembre [2008] parce qu'il devrait sortir au printemps [2009]. Ismaïl aura entre onze et douze ans. Il écrit à la fin de la 6ème pour raconter ce qui s'est passé pendant cette année-là. Une autre année complexe s'est écoulée, il fait un retour sur des tas de problèmes qu'il a eus dans son école, problèmes d'insultes, liés à la sexualité, lui-même devenant pubère. Il est entre une autre identité que les autres lui assignent... et il s'aperçoit qu'en fait elle est la sienne.

Vous avez un titre ?

Le titre provisoire, c'est *Mademoiselle Anglais*, un personnage annexe du livre, une enseignante qui est la meilleure amie de la mère d'Ismaïl

---

7. Ce projet n'a, pour l'instant, pas abouti (communication personnelle, octobre 2011).

et qui est lesbienne[8]. C'est un personnage qui fait miroir à ce qu'Ismaïl est en train de comprendre sur lui-même.

Vous avez d'autres projets pour l'année qui vient ?

J'écris aussi un livre pour adultes. Il faut que je le fasse, après je serai débarrassé. C'est un livre qui, si j'arrive à le mener à bout, sera bien. J'écris l'histoire d'amour de mes parents à partir de choses fantasmées puisque ma mère ne m'a jamais raconté cette histoire-là, à partir d'éléments que j'ai de mon père. Je suis d'une famille très romanesque au Maroc. J'ai un arrière-grand-père qui a été très célèbre, qui a fait l'objet d'un film avec Sean Connery. J'ai un oncle qui a assassiné sa belle-mère alors qu'il était marié avec une Allemande qui a un fils qui s'appelle Karim – donc il y a un deuxième Karim Ressouni qui vit en Allemagne, que je ne connais pas, qui n'a jamais plus revu son père depuis que son père a fait de la prison pour le meurtre de sa belle-mère. J'agence tout cela sur lequel je fictionne autour de la confession de ma mère, une confession qu'elle m'a écrite sur l'histoire qu'elle a vécue avec mon père, une histoire très triste.

Que vous avez découverte à quel âge ?

Que j'ai découverte l'an dernier. J'avais commencé à écrire le texte auparavant et le texte se chamboule avec ce que ma mère m'a écrit. C'est une histoire de femme abusée par un homme, abusée psychologiquement. J'espère que ma mère acceptera que son texte soit intégré au mien. C'est un texte qui fonctionne par suites de petites histoires autour de ma famille, une suite de personnages qui interviennent et qui vivent chacun une petite nouvelle. Cela s'appelle *Vacances au Maroc*. Puis j'écris un grand texte que j'appelle mon Dickens[9]. Je suis dessus depuis un bout de temps, mais il me faut du temps. Cette année, je vais en avoir et je vais me lancer sur cette grande histoire sur l'immigration justement. Le petit personnage pour l'instant s'appelle Amid et vit au Maroc dans un petit village de paysans. Il vit dans la plus belle maison du village, sans parents, et il reçoit chaque mois de l'argent de son grand-père qui est en France. Un jour, l'argent n'arrive

---

8. Il est finalement paru sous le titre *Je ne pense qu'à ça* (Paris, Rue du monde, 2009).
9. À ce jour, *Vacances au Maroc* mûrit, le « Dickens » n'a pas abouti (communication personnelle, octobre 2011).

plus, il n'a plus de nouvelles de son grand-père. Il décide de quitter son village pour retrouver son grand-père en France. Tout le récit est un récit à la Dickens, avec énormément d'aventures, mais autour de cette problématique : comment arriver en France. Il essaie de passer par l'Espagne, il n'y arrive pas. Il repart par l'Algérie, la Tunisie, et après il remonte. C'est un livre pour enfants. C'est beaucoup plus gros que les romans précédents. Normalement, il devrait y avoir trois volumes, le premier se terminant après la tentative d'aller en Espagne. Il rencontre d'autres enfants, des petits Africains avec qui il fait tout ce voyage. C'est l'histoire d'un enfant qui essaie de rejoindre la France. L'histoire me plaît, mais c'est assez ample et il faut que j'aie le temps de plonger complètement dedans pour arriver à le mener à bien. Voilà mes projets.

Leïla Sebbar

« Je ne suis pas un auteur jeunesse »

Amel réclame à sa mère, qui a participé enfant à la manifestation du 17 octobre 1961, de lui parler de la guerre d'Algérie, mais celle-ci s'y refuse avant « le jour dit ». Amel se met en quête de Louis dont les parents se sont engagés, ont aidé des Algériens à Paris et qui a fait un film sur cette guerre (avec une interview de la mère d'Amel). Avec Omer, ils se retrouvent dans le quartier de la prison de la Santé.

Il entraîne Louis et Amel à l'angle de la prison. Il lit à haute voix, sur la plaque de marbre blanc, fixée au coin de l'enceinte carcérale :

> « EN CETTE PRISON
> LE 11 NOVEMBRE 1940
> FURENT INCARCÉRÉS
> DES LYCÉENS ET DES ÉTUDIANTS
> QUI À L'APPEL DU GÉNÉRAL DE GAULLE
> SE DRESSÈRENT LES PREMIERS
> CONTRE L'OCCUPANT »

Il se tourne vers Louis : « Tu sais ce que je vais faire ? Tout de suite, là, chez toi, puisque tu habites en face de l'entrée d'honneur ? Tu as des feuilles de papier blanc et un feutre ? Sinon on peut bomber sur le mur, c'est peut-être mieux, ça partira pas, incrusté dans la pierre... Tu as une bombe rouge ? Je le ferai cette nuit. » « Qu'est-ce que tu veux faire ? » « Tu pourras le mettre dans ton film si tu t'intéresses à cette histoire... » « Tu vas pas commencer à me donner des leçons... chacun son histoire, son regard... » « Oui, mais la vérité historique ? Je veux pas discuter là-dessus maintenant. Je veux juste rappeler ce qui s'est passé dans ces murs. C'était une autre guerre...

Même si vous parliez des "Événements"... » « Qui ? "Vous" ? » Louis hurle. « Qu'est-ce que tu veux dire par là ? "Vous... vous..." Explique-toi... » Amel prend Louis par le bras : « Calme-toi, Louis. Omer voulait pas dire... » « Il l'a dit, il a dit "vous, vous les Français..." Tous les Français pour lui... Les parents, on les a traités de traîtres, et c'est tout ce qu'il a à dire... C'est sa vérité historique... »

Louis regarde Omer et Amel : « Salut ! ».

Omer dit à Amel : « Tu verras pas son film aujourd'hui... »

Louis filme le mur de la prison, à l'angle de la rue de La Santé et du boulevard Arago, la plaque commémorative fixée sur la pierre et à droite, les lettres rouges bombées :

« 1954 – 1962
DANS CETTE PRISON
FURENT GUILLOTINÉS
DES RÉSISTANTS ALGÉRIENS
QUI SE DRESSÈRENT
CONTRE L'OCCUPANT FRANÇAIS »

La voiture de police qui passe ne remarque rien.

Extrait de Leïla Sebbar, *La Seine était rouge*, © Thierry Magnier, 1999.

Paris, 17 juillet 2007

Je ne suis pas un auteur jeunesse, je ne me considère pas comme un auteur jeunesse. Si j'étais un auteur de littérature jeunesse, j'aurais publié bien peu.

Vous avez publié trois textes en littérature jeunesse.

En littérature jeunesse proprement dite, il y a *Ismaël dans la jungle des villes*, *J'étais enfant en Algérie*...

Et *Lorient-Québec*.

Même pas.

Il a été publié dans une collection jeunesse[1].

Ah oui. Mais les titres que j'ai écrits en pensant à un public jeunesse sont seulement *Ismaël dans la jungle des villes* et *J'étais enfant en Algérie*.

Vous avez publié votre premier livre en 1981, c'était *Fatima ou les Algériennes au square*. *Lorient-Québec* sort en 1991 et les deux titres jeunesse en 1997. Comment en êtes-vous venue à écrire pour les jeunes ?

Ces deux titres étaient des commandes. On m'avait demandé si cela m'intéressait et j'avais dit : « oui, pourquoi pas ? » – je n'ai pas de présomption particulière contre la littérature jeunesse. Donc, j'ai pris le pari. Je résume : *Ismaël* est sorti d'abord dans *Je bouquine*, la directrice de la collection a demandé à des écrivains de la littérature générale d'écrire un texte. *J'étais enfant en Algérie* appartient à une série. C'est un pari. Cela a été accepté par les éditeurs. Je ne sais pas si c'est une réussite ou pas, mais en tout cas, cela a été accepté par les éditeurs. Pour *Ismaël*, j'avais donné une première version avec une fin différente. Il a fallu écrire une autre fin. J'ai accepté à condition que ce soit la mienne. J'en ai proposé une autre parce que cela m'a amusée, c'est amusant de proposer des fins différentes.

Avec cette fin, on ne sait pas ce qu'Ismaël va faire, suivre son frère et plonger, ou pas.

C'est ça, c'est une fin incertaine, qui peut être bonne ou mauvaise. Alors qu'à la première fin, Ismaël mourait d'une overdose dans les toilettes d'un café.

---

1. Chez Hurtubise.

Il n'avait pas été sauvé par Warda la chanteuse.

Il n'avait pas été sauvé. Donc *Je bouquine* m'a dit non. La deuxième fin que j'ai proposée a été acceptée. Si elle n'avait pas été acceptée, j'aurais arrêté là. On écrit pour un public jeune, d'un âge déterminé, souvent parce qu'écrire pour des enfants de 10 ans, ce n'est pas écrire pour des enfants de 15 ans. Cela veut dire que quand même on a dans l'esprit une cible qui fait qu'on va écrire une histoire qui peut les intéresser. Ce n'est pas qu'on n'écrit pas ce qu'on veut, ce n'est pas cela. Mais on a des critères, inscrits, pas forcément des préjugés, mais des critères, donc des limites dans le style, des limites dans le sujet, des limites dans le lexique, dans la syntaxe, dans l'organisation générale du texte.

Vous avez aussi beaucoup de textes qui sont hybrides, qui peuvent être lus par des adultes, qui sont publiés dans des collections jeunesse ou par des éditeurs connus pour la jeunesse.

C'est ça. C'est un peu là aussi incertain, cette catégorie, on ne sait pas la nommer. Moi, je les appelle des vieux ados ou des jeunes adultes.

Jeunes adultes fait peut-être mieux que vieux ados.

C'est moins négatif [rires]. Ces textes sont en général des nouvelles. À part *La Seine était rouge*, ce sont des nouvelles et je ne les ai pas écrites en me disant que je vise un public jeune. Je les ai écrites pour qu'elles soient lues, à partir d'environ 17-18 ans.

Pourquoi les avoir publiées chez ces éditeurs ?

Parce que j'avais des nouvelles et les nouvelles sont difficiles à publier. C'est par période. Claude Gutman, du Seuil, avait envie de publier quelque chose de moi. Il ne m'a pas donné de contrainte de public, etc. C'était ce que je voulais. *La Jeune fille au balcon* et ensuite *Soldats*, des recueils de nouvelles, ont été publiés dans la collection de Claude Gutman et ils ont été repris en Point-Virgule et en Point-Seuil. Les autres recueils de nouvelles ont été publiés chez Thierry Magnier qui est un éditeur jeunesse, mais dans une collection aussi particulière. Il avait envie de faire une expérience d'une collection pour les 17-18 ans et qui s'adresserait aussi aux adultes. C'était un peu indécis. Moi, j'aime écrire des nouvelles, j'en écris tout le temps, depuis toujours. Chez Thierry Magnier, j'ai commencé avec *La Seine était rouge*. Il me demandait un texte et justement j'avais envie d'écrire depuis long-temps sur cette journée[2]. Je vivais moi-même à Aix-en-Provence, je n'étais pas encore à Paris. J'avais écrit un court texte qui s'appelait déjà *La Seine était rouge*. Quand Thierry Magnier m'a demandé, j'ai décidé de reprendre cela. Entretemps, j'avais vu un certain nombre de choses, j'avais vu quelques films. J'ai écrit *La Seine était rouge* et ensuite j'ai publié chez Thierry Magnier, toujours dans cette collec-tion, des nouvelles.

Dans *La Seine était rouge*, vous parlez de la manifestation des femmes du 19 octobre 1961. La manifestation des femmes a été passée encore plus sous silence, peu de livres l'abordent.

Oui, parce qu'il n'y a pas eu beaucoup de femmes. C'était dans la rue Sainte-Anne, qui est dans mon quartier d'ailleurs, près à la fois de l'hôpital psychiatrique Sainte-Anne et de la prison de la Santé. Donc cela a été très petit.

Une mobilisation de femmes, cela devrait avoir un certain im-pact ?

Cela devrait avoir un impact. On a eu du mal à parler de cette journée-là. On en a parlé sur le moment, puis on a oublié, puis d'une certaine manière ce sont les héritiers qui se souviennent de cette génération.

Une question que je me posais au sujet du choix des éditeurs : est-ce que ce n'est pas démarquer un texte que de le publier dans une collection jeunesse alors qu'il peut être lu par un large public ?

Non, puisque je vous dis que je n'ai pas écrit ces nouvelles en ciblant un public jeunesse. Alors, maintenant, effectivement... En principe (je ne sais pas ce qui est fait), la diffusion doit être double. En principe, les commerciaux, qui rentrent dans les librairies, qui diffusent, etc., signalent que c'est jeunesse et adultes. Ensuite, c'est au libraire ou au

---

2. La manifestation organisée le 17 octobre 1961 par la fédération de France du FLN.

bibliothécaire de poser en rayon adulte ou en rayon jeunesse. Il faudrait un contrôle, une inspection [rires], des déplacements. C'est vrai qu'il y a un problème de place, où est-ce qu'on va être placé ?

Vous vous définissez comme « un écrivain de l'exil, des exils, en position d'exil » et faites donc apparaître dans vos textes des minorités visibles. Je pose cette question par rapport à l'édition et la presse jeunesse en particulier mais pas nécessairement : est-ce qu'elles offrent de nos jours une image multiculturelle, multiethnique de la société française ?

Je ne sais pas. Je n'ai pas fait d'études sur la littérature jeunesse mais il me semble que oui. D'après les textes que j'ai pu lire, d'après ce que je vois, ce que je feuillette, bien sûr.

Comment est-ce que vous vous situez par rapport à d'autres auteurs algériens ou d'origine algérienne, ou par rapport à quelqu'un comme Azouz Begag qui a écrit pour la jeunesse ? Certains ont essayé de vous classer dans la littérature beure.

On a eu tendance, il y a une dizaine d'années, mais maintenant on ne fait plus cette erreur.

Alec Hargreaves, l'auteur d'un livre de référence sur la littérature beure, ne vous a pas mise dans sa compilation et Michel Laronde a écrit que vous n'étiez pas une Beure « de souche ».

Non, je n'appartiens pas à une catégorie beure. Les Beurs sont nés en France, de parents d'origine maghrébine. Dans mes textes, il y a souvent de ces jeunes-là qui sont des enfants de l'exil, des enfants de l'exil des parents.

C'est donc l'exil, l'héritage de l'exil qui vous intéressent.

Oui. C'est pour cette raison qu'ils sont là. Ils ne sont pas les seuls à être là. Il y a des Africains, des Antillais. Dans *Shérazade*[3] il y a déjà des Africains, il y a des Antillais.

---

3. Leïla Sebbar, *Shérazade, 17 ans, brune, frisée, les yeux verts*, Paris, Stock, 1982.

Ils sont là. Ce ne sont pas les personnages principaux.

C'est vrai.

Vous avez Linn (« Travail à domicile », *Le Baiser*), le Viêtnamien (*Lorient-Québec*), la vieille Arménienne (« La Chambre », *Le Baiser*), ils ont en commun l'exil.

Oui, cela peut. Tous ceux qui sont en France, ou en Europe, surtout en France, ont en commun l'histoire coloniale, donc je les privilégie comme personnages de l'exil. Ce sont des personnages qui sont liés, par les parents, les grands-parents etc., à l'histoire de l'empire colonial français. Je veux dire que ce ne sont pas tous les exilés [qui m'intéressent], parce qu'il y a beaucoup d'exilés. En France, beaucoup de pays sont représentés, mais ils ne m'intéressent pas tous.

Dans « La Fille et la photographie » (*Sept filles*), la mère force sa fille à écouter l'histoire du jour maudit, de la malédiction, sous peine de devenir folle. La mémoire est aussi présente dans *La Seine était rouge*, mais là, la mère et la grand-mère refusent de parler de ce jour-là. Dans l'un il y a l'histoire que l'on veut dire absolument et qui est refusée par la fille et dans l'autre l'histoire que l'on ne veut pas dire et que la fille recherche.

Oui. Dans la nouvelle « Travail à domicile » aussi la fille, Linn, proteste. Elle en a assez d'entendre sa grand-mère, elle le dit, de la même manière que cette jeune fille de la photographie en a assez d'entendre le ressassement. Soit on est dans le ressassement, soit on est dans le silence. Le silence est en général beaucoup plus largement répandu dans ces milieux de l'exil. Il n'y a ni de récits légendaires, ni de discours politiques, sauf exception. Dans *La Seine était rouge*, la famille ne transmet pas un discours politique alors qu'il y a des militants politiques dans la famille d'Amel. Mais ils ne le font pas. Il n'y a pas non plus de roman familial. Amel parcourt à la fois géographiquement, dans l'espace, et puis mentalement, avec des auxiliaires. Louis est un auxiliaire, Omar est un auxiliaire. Elle a aussi besoin de ces personnages.

Cela passe par un intermédiaire.

Oui, par un autre œil, et c'est l'œil de Louis. Il y a une personne derrière la caméra.

Vous parliez de Linn. Elle part, elle essaie d'aller au Viêt Nam, elle s'arrête au Cambodge où elle sauve deux petites filles. Pourquoi est-ce que le retour est avorté ?

Le retour au Viêt Nam ? C'est comme le retour de Shérazade en Algérie. C'est l'impossible retour. Comme le mien. Pour moi aussi c'est l'impossible retour. Cela ne veut pas dire que je ne vais pas en Algérie. J'y vais. J'y suis allée pour mes livres. J'y suis revenue tant que mes parents étaient en Algérie, parce qu'ils sont restés en Algérie jusque dans les années 70. Donc régulièrement j'allais les voir, pendant les vacances, mais j'allais voir mes parents, je n'allais pas en Algérie. Je suis retournée en Algérie, encore une fois avec le prétexte de mes livres, jamais autrement, jamais comme je le souhaite. Je voudrais être en Algérie comme je suis en France, c'est-à-dire libre. Libre, sans contraintes, rêvées ou réelles. Je veux faire ce que je veux, aller où je veux, comme je veux, seule, et pas toujours accompagnée par dix mentors. J'irai quand ce sera possible, mais ce ne sera jamais possible.

On retrouve dans la nouvelle « Le Baiser » et dans « L'Esclave blanche de Nantes » des personnages proches de Julien Desrosiers, ce jeune homme qui prend des photos de Shérazade.

C'est un personnage qui m'intéresse. Je crois que cette présence un peu obsessionnelle de la photographie est là, dans tout ce que j'écris. Donc ce n'est pas tout à fait étonnant que Julien prenne des photos, que l'image soit là, comme elle l'est pour moi. Je pense que je suis aussi là-dedans, du côté de Julien et du côté de Shérazade. La photographie dit quelque chose ; ce n'est jamais neutre. Je crois que c'est cela qui fait qu'il y a tant d'histoires, d'images, de photographies.

Elles peuvent être truquées.

Elles peuvent être truquées bien sûr. On peut en déduire ce qu'on ne voit pas. Il y a des photos comme cela qui sont des photos-symboles.

C'est l'Islam. C'est la mort.

Lola, à la fin de « L'Esclave blanche de Nantes », accepte le rôle d'odalisque que Léo attendait d'elle.

Oui, cela arrive. C'est aussi une allusion indirecte à mon goût des cartes postales coloniales à partir de 1895, des cartes postales faites à partir de photographies, de voyages en Orient des écrivains, des peintres, des photographes, c'était une mode. Il y a eu une production industrielle de cartes postales avec des femmes, des femmes d'Afrique du nord, des portraits de femmes inscrites dans l'imagerie ethnographique de l'époque : la nomade, la Bédouine, la Kabyle, la Mauresque. Je devais penser, dans l'histoire de Léo et de Lola, à ce rapport-là, du photographe à la femme, au corps de la femme, à ce rapport à la fois de domination et d'amour forcené que je vois, moi, dans ces cartes postales. Et ce n'est pas toujours une domination destructrice. L'intérêt de Julien Desrosiers pour la photographie, la peinture orientaliste et le fait qu'il ait toujours envie de photographier Shérazade, ce n'est pas pour la soumettre, c'est parce qu'elle lui échappe. Donc il a besoin de représentations de Shérazade parce qu'elle n'est pas là, elle n'est jamais là.

Vous avez aussi l'image peinte. Dans « La Fille de la maison close » (*Sept filles*), n'avons-nous pas une évocation de Delacroix avec la maîtresse qui soulève ou tire un rideau et le photographe qui expose la photo de Mériéma en ville ? Ce tableau de Delacroix enferme les femmes.

Il peint des femmes enfermées.

La version de Picasso...

Picasso arrive bien plus tard. Il a bénéficié de tous les mouvements de lutte, à la fois ouvrière, féminine, féministe, etc. Avec Delacroix, on était loin de cela, même s'il avait une grande amitié pour George Sand. Donc, on ne va pas faire le reproche de logique à Delacroix de ne pas libérer ces femmes et de peindre ces femmes dans leur appartement. On ne va pas remettre cela en question de manière systématique. Je ne suis pas du tout d'accord avec ces perspectives critiques qui me paraissent complètement faussées parce qu'elles ne sont pas replacées dans leur contexte historique. Il faut toujours se placer dans le contexte historique.

Faire la peinture de femmes qu'on ne devait pas voir, c'est un peu les violenter tout de même.

Bien sûr... Cette analyse a été faite mille fois et l'analyse des femmes d'Afrique du nord sur cartes postales coloniales a été faite par un écrivain algérien qui s'appelle Malek Alloula dans *Le Harem colonial*[4]. Là, il parle surtout des femmes dénudées. Beaucoup de femmes n'étaient pas dénudées. Il y avait beaucoup de cartes postales avec des femmes habillées, habillées aussi dans un souci ethnographique pour montrer les costumes, les bijoux, etc. C'est un effort louable, faire savoir, faire voir, faire connaître. On a dit : « C'est terrible, l'Occident qui regarde l'Orient, les femmes de l'Orient alors qu'elles ne doivent pas être regardées, on les expose ». On est d'accord, c'est vrai. Cela dit, il ne faut pas toujours rester à ce regard figé du méchant Occidental qui regarde la bonne Orientale sous la coupe de ses bons maîtres d'ailleurs, et de ses bons tyrans orientaux. Essayons de dévier le regard sur cette production et sur les rapports amoureux qui ont pu exister. Il y a aussi probablement des rapports de désir, une complexité.

Dans *L'Habit vert*, la photographie, qui était très présente dans *Sept filles*, est remplacée par des références littéraires (à Hemingway, Loti...). Les filles se font lectrices. Comme lectrices, ne sont-elles pas aussi subordonnées ? On a l'impression que la littérature les libère mais elles doivent quand même lire le texte écrit. De plus, l'une est au service d'une Française (« La Villa »), l'autre d'un commandant (« Le Maquis »).

Mais on peut lire ce qui est imposé. À l'école, j'ai toujours lu ce qui m'était imposé. À l'école, au collège, au lycée. J'ai toujours aimé cela. Non pas que cela me soit imposé, mais ce qu'on m'imposait n'était pas nul donc j'avais envie de lire tout cela et je ne me disais pas : « Ah, on me l'impose, ça ne doit pas être bien » ou alors : « Je suis

---

4. Malek Alloula, *Le Harem colonial : Images d'un sous-érotisme*, Paris, Slatkine, 1981.

subordonnée ». J'avais des livres chez moi. Chez mes parents, il y avait des livres. Je n'attendais pas les livres de la bibliothèque ou du lycée où j'étais pensionnaire. Mais je savais que si des livres étaient là, c'étaient des livres qui avaient un intérêt. On n'était pas dans un couvent avec des livres censurés. Donc c'est aussi un mode de découverte pour ces filles qui n'ont jamais lu, ou jamais rien lu, jamais eu l'occasion de lire. Le fait qu'elles lisent ce qu'on leur propose de lire, comme lectrices, d'une certaine manière, pour elles c'est une découverte, ce n'est pas une aliénation. Le choix de l'autre n'est pas forcément aliénant.

La dédicace de *Sept filles* est adressée à Sohane, brûlée vive à Vitry-sur-Seine. Est-ce que vous rencontrez des jeunes filles comme Sohane ?

C'est toujours dans un contexte collectif. Il y a le contexte collectif puis, à la fin de la rencontre, comme toujours, elles viennent parler, pas sur ce que vous avez écrit – le livre est un prétexte. Elles parlent d'elles. Elles parlent rarement du livre.

Vous avez repris la nouvelle « Le Baiser » dans *Sept filles* sous le titre « La Fille au hijeb ». Une comparaison des deux textes montre somme toute peu de divergences (elles sont surtout de ponctuation ou de style), mais une est de taille, la première phrase de la nouvelle : « Elle ne les cache pas » (*Le Baiser*) est devenue : « Elle cache ses cheveux » (*Sept filles*). Pourriez-vous commenter ce revirement ?

Oui, j'ai relu et j'ai remarqué cela. Et j'ai oublié pourquoi à la réédition... On comprend ce que cela veut dire, cela n'empêche pas la lisibilité, la compréhension, mais je suis incapable de vous dire pourquoi j'ai changé.

C'est la première phrase, elle est importante.

Oui, bien sûr. Je ne sais pas. « Elle ne les cache pas », on ne sait pas si ce sont les cheveux ou si ce sont les foulards. Cela peut être les cheveux *ou* les foulards. Dans la version de *Sept filles*, « Elle cache ses cheveux », il n'y a pas d'ambiguïté possible.

Dans « Le Silence de la langue de mon père, l'arabe »[5], vous avez écrit que votre père ne vous parlait pas sa langue et ne vous racontait pas les légendes de son peuple.

Je pense que j'écris parce que je n'ai pas parlé la langue de mon père. J'en suis convaincue aujourd'hui, mais je ne le savais pas. Je ne le savais pas il y a quelques années.

---

5. Leïla Sebbar, « Le Silence de la langue de mon père, l'arabe », *Études littéraires*, vol. 33, n° 3, automne 2001, pp. 119-123.

Tran Quoc Trung

Trouver sa place

Le narrateur, treize ans, selon ses professeurs un « modèle d'intégra-tion », se débat dans des sentiments contraires. Il vient de se disputer avec ses parents et de leur déclarer ne plus vouloir parler viêtnamien.

Ils me parlent encore, mais moi je ne veux plus parler avec ces mots. Je ne veux plus. Je me dis que, comme ça, ce sera plus facile d'oublier. On se défend comme on peut.

J'ai couru dans ma chambre. Je me suis assis à côté de grand-mère.

Grand-mère me prend la main. Elle me raconte l'histoire d'un enfant qui part, et qui grandit. Quand on grandit, me dit-elle, il y a des choses qu'on oublie. Mais elle, maintenant, elle se retourne, et elle voit le chemin qu'elle n'a pas parcouru, et le temps qui a quand même passé, sans elle. Le temps passe. Il ne nous attend pas. Grand-mère me parle de l'enfant qui grandit en même temps que les années qui avancent. Il a grandi, sans se retourner. Il a uni sa vie, il en a donné d'autres. Les enfants de ses enfants ont continué à avancer, mais le temps a effacé la dorure de leur peau. Elle est blanche à présent, blanche comme l'écume des jours passés qui n'existent plus que dans le creux de mes rides. Et tout finira par disparaître, quand plus personne ne sera là pour porter sur son visage les traces de notre naissance. Tout finira par s'oublier. Les enfants de mes enfants auront des enfants. Peut-être feront-ils le voyage jusqu'à toi, mais tout leur sera étranger, et tu ne me reconnaîtras pas derrière leurs yeux trop grands.

Alors je dis à grand-mère de me raconter notre histoire, pour que mes souvenirs demeurent, et pour m'en faire d'autres. Je lui dis que moi aussi je parlerai aux enfants de mes enfants. Je leur ferai sentir ton odeur, l'eau des rizières sous mes pieds, entendre le bruit de la rue le jour où la lune décide que l'année a passé, voir la lumière des lampions quand vient la fête de l'automne, voir notre maison, dessiner les montagnes et les plaines, et le soleil, jaune et rouge. Je leur parlerai de mon père, dont le nom signifie « Fidèle au pays », du nom de ma mère qui parle d'une fleur et de l'aurore. Et de mon nom.

Grand-mère me parle. Elle me dit qu'elle veut revenir, mais qu'elle ne le pourra pas. Elle me fait promettre de revenir, un jour, quand l'histoire sera plus calme. Elle me fait promettre de continuer à dire les mots, et de garder les images dans ma tête. Elle me fait promettre de continuer à te sentir dans ma peau encore dorée et à garder ton parfum dans mes mots. Elle me dit que je ne dois pas être comme d'autres qui préfèrent oublier, que je ne dois pas devenir comme eux, jaune du dehors, mais blanc du dedans. Je lui souris et je lui promets que jamais je ne ressemblerai à une banane. Je n'aime pas ça de toute manière, les bananes.

Je lui dis que moi aussi j'apprendrai aux enfants de mes enfants à se souvenir.

Extrait de Tran Quoc Trung, *La Barque*, collection Médium, © Éditions L'École des loisirs, 2001.

mai-août 2008

Avec trois livres jeunesse à votre actif, le premier sorti en 2001, vous êtes un nouveau venu dans le monde de la littérature jeunesse. Qu'est-ce qui vous a amené à écrire pour ce public ?

Je suis venu à la littérature jeunesse (et l'écriture tout court) « par hasard », ou plutôt au gré de mes rencontres : rencontres avec d'autres livres, d'autres lecteurs de romans pour adolescents. À vrai dire, je n'avais jamais songé publier un roman un jour. Il se trouve que, l'année précédant l'écriture de *La Barque*, j'ai découvert les romans de L'École des Loisirs et ce fut une vraie rencontre. Certains romans ont été de véritables chocs de lecture. Et pendant un an, je n'ai lu pratiquement que cela. Les choses se sont donc faites naturellement. J'ai d'abord ressenti l'urgence d'écrire, à un moment où il me fallait « sortir » un tas de choses jusque-là restées inexprimées. Influencé par mes lectures du moment (je crois que pour écrire, il faut d'abord lire et se nourrir des autres), j'ai écrit *La Barque* en me mettant dans la peau d'un jeune adolescent de treize ans. Ensuite, le « style » est venu tout seul. Je n'ai pas écrit avec, à l'esprit, un public particulier. Ce n'est qu'après, au gré de mes rencontres avec les jeunes lecteurs, que j'ai compris pourquoi je voulais continuer à écrire pour eux et ce que cela signifiait pour moi d'écrire pour les jeunes. En gros, disons que j'aime me souvenir de l'adolescent que j'ai été, des questions que je me posais et des mots qui me manquaient « pour le dire ». Écrire pour les jeunes, c'est partager avec eux des interrogations (que l'adulte que je suis se pose encore), des « ressentis », leur donner les « mots » qu'ils n'ont pas encore (et surtout pas donner des leçons de morale !). Un ami m'a dit un jour que les personnages de romans pour adolescents avaient un âge qui n'existe pas, et c'est tout à fait cela : ils ont dix, douze ou treize ans mais « parlent » avec des mots d'adultes.

Quels romans ont provoqué ces « chocs de lecture » ?

Le premier roman que j'ai lu est *Tout contre Léo* de Christophe Honoré[1], roman absolument magnifique qui m'a ensuite donné envie de lire *Mon cœur bouleversé*[2], du même auteur. *Oh Boy* de Marie-Aude Murail[3], *Le Passage* et *Il y a un garçon dans les toilettes des filles* de Louis Sachar[4] sont aussi mes livres de chevet. Je les relis régulièrement. J'aime aussi beaucoup les romans de Marie Desplechin, Valérie Dayre et Arnaud Cathrine.

On a accusé votre deuxième roman, *Pigeons : mode d'emploi* (sur lequel je reviendrai plus tard), d'être factice, de sonner faux car Adrien, versé dans l'étymologie, la mythologie et Freud, a des réflexions trop mûres pour son âge et des réflexions dérangeantes (comme l'élimination de sa grand-mère « trop chiante »). Qu'en dites-vous ?

---

1. Paris, L'École des loisirs, 1996.
2. Paris, L'École des loisirs, 1999.
3. Paris, L'École des loisirs, 2000.
4. Tous deux parus chez L'École des loisirs, le premier en 2000, le second en 2001.

Oui, j'ai eu vent de ces critiques. Un garçon de neuf ans qui aime la mythologie, s'amuse avec Freud (sans pour autant le comprendre) et ouvre de temps en temps un dictionnaire, cela ne me paraît pas inimaginable. Et puis j'ai voulu faire d'Adrien un enfant atypique, différent, surprenant, jamais à l'abri de l'exclusion, ce genre de garçon dont on pourrait dire : il est bizarre celui-là, il n'est pas comme les autres, on ne le comprend pas. Finalement, je crois que la « différence » est quelque chose qui revient peut-être souvent dans mes textes. La différence, et l'exclusion ou l'isolement dont peuvent souffrir parfois les enfants et les adolescents, quelles que soient la raison ou la forme que cela peut prendre. Mais quoi qu'il en soit, la « crédibilité » est, pour moi, une fausse question, ou plutôt je la revendique si elle consiste à imaginer des personnages qui paraissent trop mûrs pour leur âge. Cela rejoint finalement ce que je disais : les héros des romans pour adolescents ne sont pas de « vrais » adolescents, ils parlent un langage qui correspond, parfois, à leur âge et, très souvent, à celui de l'adulte qui leur prête vie (en l'occurrence, moi). Je ne crois pas que ce soit l'esprit de mes personnages qui soit trop mûr (je connais des enfants de neuf ou dix ans d'une incroyable maturité), c'est leur langage qui est plus mûr que ne l'est celui d'un enfant de cet âge. Et ce que j'essaie de faire, c'est précisément de leur donner ce langage, ces mots. C'est en tout cas comme cela que je conçois les choses. On m'a aussi fait le même genre de remarques au sujet de mon dernier roman, *Dis bonjour à ton père*, dont le personnage principal est un jeune garçon de quinze ans. J'ai poussé plus loin le travail sur le langage, la parole, la mise en mot d'une pensée intérieure. Travailler plusieurs « âges » est quelque chose de très intéressant.

Quant aux réflexions dérangeantes, cela m'a un peu surpris. Sur ce point, je crois que c'est une question d'humour. Je me suis beaucoup amusé à écrire *Pigeons*. C'est un roman qui a beaucoup dérouté les lecteurs de *La Barque,* tant la différence entre les deux romans est énorme. Je me suis essayé à une écriture plus vive, plus enlevée, à travailler l'humour justement, en étant peut-être un peu provoquant. L'écriture reste un plaisir et ce plaisir vient aussi de la liberté que l'on peut avoir de changer totalement d'écriture et de style d'un livre à l'autre. Et puis il faut dire qu'Adrien ne fomente pas non plus l'assassinat de sa grand-mère. On a focalisé sur une phrase du roman, qui, heureusement, ne se résume pas à cela. Cela m'amène aussi à dire que la littérature jeunesse doit, à mon sens, fuir la tiédeur, fuir tout ce qui pourrait édulcorer le propos, ne pas avoir peur de « choquer », d'être cru quand il le faut. Il ne s'agit pas d'être excessif pour le seul plaisir de l'être, mais ne pas en avoir peur si cela se justifie.

Vous êtes né en 1974, en France, de parents viêtnamiens. Quand votre famille a-t-elle quitté le Viêt Nam ?

Mes parents, ainsi que mes oncles et tantes, sont venus en France pour faire leurs études supérieures à la fin des années 60, sans penser qu'ils ne retourneraient plus jamais vivre au Viêt Nam. Avec les événements de 1975, ils ont dû rester en France. Ma grand-mère paternelle les a rejoints en bateau cette année-là, dans la précipitation. Ma grand-mère maternelle, elle, n'a pu arriver en France qu'en 1986.

Linda Lê dit avoir l'impression de porter le Viêt Nam en elle comme un enfant mort[5]. Que représentait le Viêt Nam pour vous ?

Mon rapport au Viêt Nam est fait d'un mélange complexe, et pas toujours facile à gérer, entre mon histoire familiale, mon histoire personnelle et une histoire « collective », les trois étant intimement liées. Et je crois que j'ai essayé, à un moment donné de ma vie, de les « délier » : c'était une nécessité, pour retrouver un rapport intime et personnel avec mes origines, qui ne soit pas lesté par la mémoire collective et familiale même si, bien évidemment, cette mémoire a été (et est toujours) indispensable à ma propre construction.

Je comprends très bien l'expression de Linda Lê et ce qu'elle dit de la souffrance que représente le rapport aux origines, une souffrance chevillée au corps. Pour ma part, je dirais que le Viêt Nam a été comme un vieil aïeul, à la fois lointain et extrêmement proche, un aïeul avec lequel j'ai grandi, qui m'a nourri. J'ai toujours eu un rapport très proche avec la culture viêtnamienne. Je parle encore un peu viêtnamien (mais malheureusement pas encore suffisamment bien, j'ai beaucoup perdu, et très tôt). J'ai été élevé dans la culture et la tradition viêtnamiennes et l'histoire de ma famille est telle que j'ai un lien très fort avec ce pays que je n'avais jamais connu avant d'y aller pour la première fois il y a deux ans.

---

5. Catherine Argand, « Linda Lê », *Lire*, avril 1999, pp. 28-33.

Pendant longtemps, et encore un peu maintenant, le Viêt Nam a aussi représenté une certaine souffrance : l'histoire de ma famille, comme celle de beaucoup d'autres, a été marquée, à un moment donné, par la violence, une violence que j'ai ressentie très jeune, et une douleur que je ressentais notamment beaucoup ne serait-ce qu'en regardant ma grand-mère paternelle et en l'écoutant parler : douleur de l'arrachement, d'un retour rêvé mais impossible, douleur des pertes humaines. Je suis d'une génération qui n'a pas connu directement cette souffrance, mais qui l'a reçue, si je puis dire, en héritage et ce n'est pas évident de savoir quoi en faire. Je l'ai convertie en livre, ce qui est déjà un premier pas.

J'ai l'habitude de dire que je me sens autant français que viêtnamien. Je n'ai jamais aimé dire que j'étais « français d'origine viêtnamienne », comme si mon rapport au Viêt Nam se limitait à une ascendance et à une apparence. Revendiquer mon identité française est important, bien sûr, et je souris toujours quand quelqu'un me dit d'un air impressionné que je « parle très bien français » ! Mais d'un autre côté, je crains toujours ce qui pourrait m'arracher à ce qui fait aussi une part essentielle de mon identité. Pour le dire autrement, je crois que la question de l'intégration ne m'a jamais posé de problème (consciemment du moins). En revanche, au bout d'un certain temps, j'ai été un peu obsédé par le risque de l'assimilation et, donc, de la dilution de mon identité viêtnamienne. Et pendant longtemps, j'ai paniqué à l'idée que les enfants de mes enfants, et leurs enfants, soient tout « blancs » et perdent aussi bien la mémoire que la trace visible de leurs origines. Je suis un peu plus en paix avec cela maintenant, mais pas complètement non plus.

Vous êtes allé pour la première fois au Viêt Nam l'été 2006, porteur d'une image fantasmatique du pays d'origine, quelles ont été vos impressions ? Que reste-t-il de cette image ?

Il y a trois événements qui ont marqué un tournant dans mon rapport à mes origines : la publication de *La Barque*, la mort de ma grand-mère et mon voyage au Viêt Nam, où je suis en effet allé en 2006. J'ai toujours eu une certaine appréhension à l'idée de ce voyage. Tout d'abord parce que ce n'était pas simple d'aller dans un pays dont le régime politique était responsable de la souffrance familiale que j'ai évoquée tout à l'heure. D'ailleurs, certains membres de ma famille ont eu une réaction assez dure, voire violente, quand je leur ai appris que je partais là-bas. Ils n'ont pas compris pourquoi ce voyage était pour moi une absolue nécessité. Je crois qu'ils l'ont vécu comme une trahison de ma part. Du coup, faire la part entre mon histoire familiale et ma propre histoire ne m'a pas été simple.

La deuxième raison qui explique mon appréhension est que, pendant très longtemps, je ne voulais pas aller au Viêt Nâm en « touriste » et m'y sentir comme un étranger, même si je me disais que ce sentiment de se sentir à la fois chez soi et comme un étranger était inévitable. La question de la langue était pour moi essentielle : j'aurais voulu réapprendre le viêtnamien avant de partir, afin de pouvoir parler ma langue maternelle une fois là-bas et non être obligé de parler anglais, chose que j'aurais vécu comme quelque chose de « honteux » (le terme est fort, mais c'est vraiment ce que je ressentais).

Avant d'aller au Viêt Nam, j'étais donc moins prisonnier d'une image fantasmatique du pays que de craintes tenaces qui m'habitaient depuis longtemps. Et ce qui est extraordinaire, c'est qu'elles se sont (presque) complètement dissipées dès lors que j'ai posé le pied sur le sol viêtnamien. Ce qui était magique, c'était ce sentiment de reconnaissance immédiat quand je me suis retrouvé dans les rues de Saigon, un incroyable sentiment de familiarité, comme si rien de tout cela ne m'était étranger. Marcher dans la rue, sans que personne ne vous remarque, se sentir vraiment parmi les siens, même si, bien sûr, je n'ai pas toujours échappé à cette impression de décalage, surtout quand je me suis retrouvé avec des membres de ma famille qui vivent là-bas et avec qui la communication n'était pas aisée, en raison du barrage de la langue. Cela dit, j'ai pu parler un peu et la langue est revenue, même si j'aurais voulu faire mieux. Toute la première partie du voyage fut un réel pèlerinage familial : nous sommes allés sur la terre des anciens, avons séjourné dans les maisons familiales, au cœur du delta du Mékong. Et j'ai vu la tombe de mon grand-père, perdue au milieu d'une rizière, sur une île du delta que l'on a réussi à retrouver au terme d'une véritable enquête. Bref, j'ai reconstitué un maillon de mon histoire. Et ce qui m'est resté de tout cela, c'est la partie de moi-même que j'ai récupérée là-bas.

Le Viêt Nam, l'identité viêtnamienne sont bien présents dans votre premier livre, *La Barque*. Était-ce inévitable ?

La première chose que ma mère m'a dite quand elle a lu *La Barque*, c'est : « Tu portais ça en toi depuis longtemps ». Je crois que je n'en étais pas conscient moi-même, mais elle avait mille fois raison. Je ne me suis jamais dit : « Tu vas écrire sur le Viêt Nam ». C'est venu très naturellement. Du moment où j'ai pris la plume, le sujet s'est imposé de lui-même. Alors oui, je crois que c'était inévitable… et vital.

Parlons donc de *La Barque*. Vous refusez d'apposer à ce texte l'étiquette « autobiographie » puisque, comme vous le soulignez dans la postface, c'est l'histoire d'un enfant parti d'un pays où vous n'étiez alors jamais allé. Et pourtant, « tout est vrai », dites-vous, l'odeur des fruits, et même « la douleur et le manque ».

Le narrateur de *La Barque* n'a pas de nom. L'une des raisons qui l'explique est que je n'aurais pu, je crois, lui en donner un autre que le mien tant j'ai mis de moi dans ce livre et tant ce personnage me ressemble. Mais en donnant mon nom à cet enfant, j'aurais eu l'impression de m'approprier une histoire qui n'est pas la mienne, celle de ces Viêtnamiens exilés ayant fui dans des conditions dramatiques. Je n'ai pas vécu cet exil. Je suis né en France, j'avais à peine un an au moment de la chute de Saigon et n'étais même jamais allé au Viêt Nam au moment où j'ai écrit le livre. Ce roman n'a donc rien d'autobiographique au sens strict du terme, à l'exception de l'épisode concernant le cousin du père : j'ai vécu ces moments-là, quand j'avais neuf ans (à la différence près qu'il s'agissait non pas du cousin de mon père mais de son frère, autrement dit mon oncle). Quoi qu'il en soit, et comme le dirait je crois toute personne ayant un jour écrit un roman, l'on met toujours beaucoup de soi dans un livre et c'est tout particulièrement le cas dans *La Barque*, d'autant qu'il s'agissait de mon premier roman. Écrire ce texte a été une expérimentation inédite pour moi, celle de la transposition et du voilement : transposer son histoire dans une autre, s'enrober soi-même dans le voile de la fiction. Je n'ai rien vécu de ce que mon personnage a vécu (ou presque) mais, d'une certaine façon, j'ai tout ressenti : la proximité avec mes origines, la peur de les oublier, la recréation d'une image fantasmatique de mon pays… « la douleur et le manque ». Je dis souvent que, quand je suis allé au Viêt Nam, j'ai ressenti la nostalgie de ce que je n'avais pas connu. C'est une autre façon de dire le manque. Les choses ne sont bien sûr pas similaires pour quelqu'un qui a connu puis quitté son pays d'origine et quelqu'un qui ne l'a pas connu et doit se réinventer un lien avec lui, ce sont deux formes d'exil différentes, mais c'est une perte et un arrachement dans les deux cas, une perte avec laquelle il faut négocier.

Pourquoi avez-vous ressenti le besoin d'ajouter cette postface (où est évoquée la prise du Sud Viêt Nam par le Nord communiste, les boat people, où vous précisez la teneur autobiographique du texte et où vous explicitez l'identité de l'homme seulement adressé à la deuxième personne dans le texte) ?

En fait, c'est mon éditrice, Geneviève Brisac, qui m'a suggéré l'idée de la postface. Cela lui semblait nécessaire pour un public d'adolescents qui ne connaissait pas forcément l'histoire du Viêt Nam. Et il est vrai qu'il était important de replacer l'histoire dans son contexte historique pour en comprendre la portée. La deuxième partie de la postface, celle où je parle de mon oncle, a été assez difficile à écrire : parler de soi derrière le masque d'un personnage de fiction ne m'a pas été difficile, mais me réapproprier le « je », l'assumer, et parler de ma propre histoire a été plus compliqué. J'ai dû combattre ma pudeur naturelle. Mais il était important pour moi de citer le nom de mon oncle afin de lui rendre hommage.

Le narrateur et personnage principal, anonyme mais dont le nom commence aussi par un T, a quatorze ans et vit en France. Ce sont les années 1970 et il est en butte au racisme – on le traite de nain, nabot, nain jaune, face de citron, bol de riz. Ce racisme a-t-il évolué au fil des ans ?

J'avoue que je ne saurais le dire et je ne voudrais pas parler de choses que je ne connais pas bien. Enfant et adolescent (dans les années 80-90 – je suis né en 1974), je n'ai que très rarement souffert du racisme, ou tout du moins je n'avais pas conscience que certains des surnoms que l'on me donnait avaient des connotations racistes, pas plus que ceux qui les proféraient d'ailleurs. J'ai déjà subi des propos ou des actes très franchement malveillants. Il peut m'arriver de me faire traiter dans la rue de « chinetoque » (très souvent par des enfants d'ailleurs... cela m'a toujours ahuri) ou que des gens qui me voient pour la première fois me demandent la recette du canard laqué. Je ne prête guère d'attention à tout cela.

L'enfant de *La Barque* s'arme d'humour contre ses détracteurs — en l'occurrence un dénommé Antoine — il joue avec les stéréotypes, se les approprie, il dit adopter un air « fourbe et sournois ». Sa mère, elle, prône l'indifférence. Quel comportement est le plus efficace ?

Je pense que cela dépend du caractère de chacun, de la personne que l'on a en face de soi et de la situation dans laquelle on est. En ce qui me concerne, je m'empare souvent de tous ces stéréotypes et ces « clichés » pour les amplifier, en rire et les tourner en dérision. C'est souvent très efficace.

Cet enfant est pour les professeurs un « modèle d'intégration » mais lui se sent tiraillé, « un pied ici, et l'autre encore là-bas ». L'enfant immigré doit-il donner le change pour surmonter l'épreuve de l'exil ?

J'ai des scrupules à répondre à cette question, n'ayant pas vécu ce que peut vivre un enfant immigré. Donner le change, c'est, en quelque sorte, « faire semblant », ce qui n'est pas toujours très bon. Le risque, je pense, est de vivre sous une pression permanente.

La mémoire est évoquée à plusieurs reprises. L'enfant dit être amnésique, tout en ne parvenant pas à oublier. Il veut à la fois oublier et se souvenir. Pourriez-vous commenter ces sentiments contradictoires ?

Les souvenirs passés sont une blessure permanente et parfois les souvenirs heureux en sont une particulièrement vive et douloureuse : ils rappellent un bonheur à jamais perdu (même si d'autres bonheurs sont à venir, mais cela, on ne le sait pas généralement). C'est pour cela que mon personnage cherche à oublier, hanté par la peur de vivre en permanence dans le manque de ce qui a été. En même temps, l'oubli peut être vécu comme une trahison, une trahison de ses origines, une trahison de ce que l'on est fondamentalement. Le plus difficile, c'est d'accepter l'idée que l'on vivra toujours avec ce manque, cette blessure, mais de comprendre et d'accepter aussi que vivre malgré tout n'est pas une trahison. En somme, il s'agit de faire son deuil.

L'enfant voudrait changer de nom. Il refuse aussi à un moment de parler le viêtnamien. Est-ce un mécanisme de défense ou de préservation de soi ?

Les deux en même temps. Couper le lien est une façon, pour ce personnage, de survivre : il n'y arrive pas, évidemment, c'est quelque chose d'impossible et qui n'est pas souhaitable d'ailleurs. La langue est sans doute le lien le plus fort qui le rattache à son pays et à ce qu'il est.

L'enfant déclare : « Les vies [...] ne prennent sens que si elles sont regardées » et remarque aussitôt que rien de ce qu'il fait n'est sous les regards. Ce texte vous y a mis, n'est-ce pas ?

Oh oui, complètement.

L'enfant semble désespéré de ne pas avoir pu ou su comment laisser une trace de lui avant de quitter le Viêt Nam. Pourquoi ce besoin de laisser une trace ? Pour la retrouver s'il y retourne ? Pour s'ancrer dans le pays d'origine ?

Pour y laisser sa présence, s'y ancrer, oui, on peut dire cela. Y laisser une part de lui-même.

Parlons de la grand-mère. Elle joue un rôle prépondérant car elle transmet à son petit-fils les rites (du jour des morts par exemple, finement décrits au début du roman) et elle lui fait promettre de préserver la langue viêtnamienne et les images du Viêt Nam. Elle garde et transmet les traditions et elle l'aide à négocier sa double identité et celle de ses futurs enfants, à garder du jaune au dedans même si l'écorce du moi blanchit.

Ce personnage est très inspiré de ma grand-mère paternelle dont j'étais très proche. À sa mort, mon père, qui est avare de confidences, m'a dit qu'elle était le dernier lien qui le rattachait au Viêt Nam et que maintenant, « c'était fini ». J'ai ressenti un peu la même chose. C'est dire l'importance qu'elle avait pour nous et l'importance que j'ai voulu donner au personnage de la grand-mère dans *La Barque*. Ce personnage dit quelque chose du lien entre générations, de la transmission, de la passation d'une mémoire et d'une histoire familiales qui ne doivent pas nous écraser mais qui font partie de chacun d'entre nous.

Le roman s'achève sur deux affirmations : le refus d'oublier et la détermination d'aller de l'avant. Est-ce votre message aux enfants immigrés ou issus de l'immigration ? à tout enfant qui a vécu un traumatisme, de quelque nature qu'il soit ?

Aux jeunes adolescents que je rencontre parfois, au gré de mes visites dans les classes, je dis souvent que je n'ai pas de message à donner dans mes livres (encore moins des leçons) mais que mon but est de partager avec eux des questions, celles que je me posais quand j'avais leur âge (sans avoir alors les mots pour le dire) ou celles que je me pose encore maintenant (c'est cela que j'ai en tête quand j'écris pour la jeunesse). La question que vous posez est très délicate et je ne me sens investi d'aucune autorité particulière pour délivrer un message à ce sujet. Je ne peux parler qu'en mon nom. En ce qui me concerne, oui, il faut aller de l'avant, mais cela ne me semble possible que si l'on a la mémoire de ce qui s'est passé, qu'on l'a posé devant soi, qu'on a mis des mots dessus. Je connais des gens autour de moi chez qui le refus d'oublier se transforme en obsession, si bien qu'ils vivent dans le passé. Je trouve cela terrible. Il ne s'agit pas d'oublier le passé, ou de le trahir. Il s'agit d'en faire une composante du présent et de l'avenir sans pour autant que présent et avenir se consument en lui.

Les amis de l'enfant, Honorine et Justin, ont un maigre rôle, mais le dernier mot (ou presque) est laissé à la jeune fille. Face au vide, faut-il sauter ?

C'est une sorte de déclaration qu'Honorine fait au personnage, qui se sent « vidé », qui se croit « vide », creux, transparent. Alors la jeune fille lui dit simplement que cela ne lui fait pas peur, que le vide ne lui fait pas peur, qu'il ne lui fait pas peur. Je trouvais que c'était une belle déclaration d'amour.

Des parties du roman sont en italiques, adressées à ce « tu » masculin, l'oncle assassiné, dont l'identité n'est révélée que dans la postface. C'est dans un de ces textes que figure la barque qui donne au roman son titre. Est-ce une barque funéraire ? Est-ce une barque à la dérive, barque de l'immigré pris entre deux langues et deux cultures ?

Pour moi, cette barque représente le lieu de la rêverie, de la rêverie sur l'eau, un non-lieu peut-être, détaché de tout.

Détaché de tout, de tout jugement, de toute emprise sociale, historique, etc. ?

Oui, complètement. Le personnage se retrouve simplement seul avec lui-même et avec ses émotions. Ces instants sont purs de toute attache « terrestre » et sociale.

Ce « tu » à l'identité floue, n'est-ce pas aussi le Viêt Nam ?

En fait, ce « tu » ne désigne pas le personnage de l'oncle, mais bien le Viêt Nam. Beaucoup de gens y voient en effet l'oncle, ce qui est tout à fait normal : j'ai fait en sorte de maintenir une ambiguïté permanente si bien que l'on peut en effet penser que l'enfant s'adresse à une personne.

Dans les passages en italiques, le « tu » prend une dimension presque mythique, spirituelle, non ?

Je n'avais jamais vu les choses ainsi, mais je trouve cela très juste. Finalement, peu importe l'identité de ce « tu » et d'ailleurs, le mot de « Viêt Nam » n'apparaît pas une seule fois dans le livre et je ne donne aucune précision qui permette de savoir d'où vient l'enfant (hormis le passage où il dit ne plus vouloir parler le viêtnamien). C'était tout à fait volontaire pour moi. Je ne voulais pas seulement écrire l'histoire d'un enfant viêtnamien qui a quitté son pays natal, mais aussi, tout simplement, écrire sur le manque et la séparation.

Ce temps dans la barque n'est-il pas aussi un moment de fusion, de découverte, d'échange ?

Oui, tout à fait : un moment de découverte de soi, de fusion avec le pays.

Pourquoi cette importance de l'odeur (odeur des fruits, odeur de l'homme) plus que les autres sens (mis à part, peut-être le bruit des rames sur l'eau) ?

Parce que la cuisine de ma grand-mère est sans doute l'endroit où j'ai le plus ressenti le parfum de mes origines.

Le ton de votre deuxième livre, *Pigeons : mode d'emploi* est beaucoup plus léger, beaucoup plus enlevé. Est-ce à dire que l'écriture de *La Barque* vous a délesté du poids de l'exil et de l'histoire (l'histoire familiale et celle du pays) ?

Je crois que ce poids (de la perte plus que de l'exil dans mon cas) sera toujours là mais que je l'ai allégé. Ce qui est sûr, c'est que l'écriture de *La Barque* m'a permis d'extérioriser beaucoup de choses, des choses dont je n'avais d'ailleurs pas forcément conscience. Beaucoup de mes amis m'ont dit, après avoir lu le livre, qu'ils ne savaient pas à quel point je me sentais proche de mes origines. La culture viêtnamienne est profondément ancrée en moi, mais extérieurement, je pense donner l'impression d'être totalement façonné par la culture française, ne serait-ce que par mon parcours, les études que j'ai suivies (des études de lettres) et la profession que j'exerce (enseignant-chercheur en littérature française). Avec ce roman, c'est comme si mon identité viêtnamienne, qui existait jusque-là dans la sphère intime et familiale, commençait à s'afficher dans la sphère « sociale ». En écrivant ce livre, c'est aussi comme si j'avais commencé à accepter un lourd héritage familial mais en me l'appropriant à ma façon.

Le narrateur de *Pigeons : mode d'emploi* a un prénom bien français, Adrien, mais il en est insatisfait. Il désirerait l'écrire avec un H car il rêve de grandeur romaine. Le nom reste donc toujours problématique ?

Oui, tout à fait. Pendant un temps, j'ai souvent parlé avec ma compagne du prénom que l'on donnerait à nos éventuels enfants, c'était un vrai objet de débat entre nous car au début, j'avais du mal à envisager qu'ils aient un prénom « français » et non viêtnamien. Cela manifestait ma peur de l'oubli, de l'oubli des origines, comme si la perte du nom sanctionnait, entérinait une perte plus grande, que je voyais comme inexorable. Maintenant, je suis moins buté. Mais je me demande souvent si je serai capable de transmettre à mes enfants (si j'en ai un jour) la mémoire familiale, la mémoire des origines, sans qu'ils reçoivent cela comme un poids. Je voyais la transmission du nom comme un des moyens le plus sûr de garantir cette mémoire, alors qu'il y en a évidemment bien d'autres. Le nom cristallise donc beaucoup de choses et est une composante essentielle de l'identité. D'autant plus pour les personnes d'origine étrangère ou ceux qui ont une double culture. La volonté de changer de nom (que manifestent autant le personnage de *La Barque* qu'Adrien dans *Pigeons*) est un acte lourd de signification. Dans *La Barque*, le jeune narrateur raconte comment les professeurs, au moment de l'appel, évitent toujours de dire son nom, incapables qu'ils sont de le prononcer, incapables de faire cet effort. J'ai vécu ces moments-là, je les vis encore sous d'autres formes, et c'est profondément désagréable. Certaines personnes que je côtoie tous les jours depuis des années, là où je travaille par exemple, ne savent toujours pas comment je m'appelle. Ce serait évidemment plus simple si je m'appelais Robert ou Marcel ! Mon narrateur, à un moment donné, dit vouloir changer de nom. Il y a quelques années, lorsque j'enseignais en lycée, un de mes élèves qui était d'origine viêtnamienne a changé de prénom en cours d'année et s'est fait appeler « Éric ». Changer de nom peut faciliter l'« intégration », ou plutôt, est un premier pas vers cette assimilation dont j'ai déjà parlé et que, personnellement, je vois comme une menace. Je peux comprendre cette démarche, mais il ne me serait jamais venu l'idée de le faire. Cela m'aurait donné le sentiment de me trahir moi-même et de donner l'impression d'avoir honte de mon nom, ce qui est loin d'être le cas. Mon prénom signifie « fidèle au pays ». J'espère en être digne tous les jours.

Dans *Pigeons*, la grand-mère reste un personnage très fort et la relation avec son petit-fils une relation essentielle. Mais elle ne représente plus le souvenir et la transmission. D'autre part, le petit-fils se permet des mots sur sa grand-mère contraires à la piété filiale.

Cela va avec le ton léger et comique du roman. J'ai voulu écrire quelque chose de totalement différent et je dois dire que je me suis beaucoup amusé ! Tout est un peu dans l'excès, j'ai grossi les traits. Mais dans le fond, Adrien adore sa grand-mère, même si elle l'étouffe.

Dans *Dis bonjour à ton père*, vous faites dire à l'oncle du héros de quinze ans, Julien, que l'on grandit dans la douleur « de renoncer à ce qu'on a été et d'accepter de devenir celui qu'on va être ». C'est la difficulté pour cet adolescent qui cherche sa place dans le monde et au sein de sa famille puisque sa mère n'est plus là et sa relation avec son père est problématique. Mais cette déclaration pourrait tout aussi bien s'adresser à beaucoup d'adolescents, non ?

Oui, je le pense aussi. Dans ce roman, j'ai vraiment voulu parler de cet entre-deux difficile qu'est le temps de l'adolescence, où l'on se sent parfois entre deux eaux, entre deux âges, de la difficulté à grandir et de passer à l'âge adulte. Le rapport aux parents cristallise tout particulièrement ce passage nécessaire, le rapport aux parents qui détermine aussi, à certains égards, le rapport à soi. Ce temps de l'adolescence est magnifiquement décrit par Carson McCullers dans *Frankie Adams*, dont s'est inspiré, je crois, Claude Miller pour son film *L'Effrontée*. Le film et le livre m'ont beaucoup marqué.

Julien semble englué dans un présent lourd, accablé par les silences de son père, leur distance, par l'absence de sa mère, accablement qui s'exprime dans diverses réflexions au conditionnel, « il faudrait remédier à... que je pense à... ». Le futur du dernier paragraphe a un ton beaucoup plus décidé, Julien prend sa vie en main.

La fin du roman est placée sous le signe de l'apaisement, de la réconciliation en quelque sorte : avec le père, avec lui-même. Dans ce livre, j'ai voulu raconter ce temps du passage dont je viens de parler en montrant comment, l'espace d'un été, Julien parvient à « grandir », poussé par les circonstances puisqu'il s'apprête à quitter la ville où il a toujours grandi pour plonger dans l'inconnu. En l'occurrence, les départs, souvent synonymes de rupture, peuvent être propices à bousculer les choses, peuvent être l'occasion de regarder son passé et donc de se regarder soi-même. C'est un peu ce qui rapproche Julien du personnage de *La Barque*.

Je reviens à Linda Lê. Dans sa postface à *Tu écriras sur le bonheur*, intitulée « La Littérature déplacée », Linda Lê avance que l'exilé qui élit sa demeure en littérature oscille entre « le manque (la langue perdue) et l'excès (la prise de parole véhémente) »[6]. Il me semble que vos deux premiers livres illustrent un peu cela. *La Barque* porte sur le manque, la perte non tant de la langue que du pays, de l'oncle, et *Pigeons* donne dans l'outrance avec cet enfant dépassé par ses phobies, la description de la grand-mère, celle de la mort du pigeon heurté par une rame de métro...

Oui, je trouve que cela convient très bien. *La Barque* est en effet du côté de la perte tandis que *Pigeons* est du côté de l'excès, et que dans les deux cas, la parole, le langage jouent un rôle fondamental, tout comme dans *Dis bonjour à ton père* d'ailleurs. Le problème de Julien, c'est son incapacité, pense-t-il, à dire ce qu'il pense, ce qu'il ressent, à trouver les mots justes, à trouver « les mots pour le dire ». Le langage tente de dire une faille et, ainsi, de la combler ou de la réparer, avec plus ou moins de succès. C'est la vocation même d'une certaine littérature : combler la faille, réduire l'écart entre soi et le monde, entre soi et soi.

Dans ce même texte, Linda Lê donne à la littérature « déplacée » le double sens de « paroles d'exil » et « littérature qui ne trouve pas sa place » (un peu comme Julien), qui « perturbe l'ordre naturel des choses », qui « cherche à rompre avec l'autorité. L'autorité du pays quitté. L'autorité de la langue empruntée. L'autorité de la tradition littéraire dans laquelle aucune place ne lui est réservée ». Une telle déclaration s'appliquerait-elle à vos textes ?

---

6. Linda Lê, *Tu écriras sur le Bonheur*, Paris, PUF, 1999.

S'appliquerait-elle, d'après vous, à la littérature jeunesse produite par des auteurs immigrés ou issus de l'immigration ?

Les mots de Linda Lê me parlent beaucoup. « Trouver sa place », c'est exactement le problème qui se pose à mes personnages et, à travers eux, qui se pose à moi-même : trouver une place entre le Viêt Nam et la France, entre mon histoire familiale et ma propre histoire, entre la génération de mes parents, qui a encore un pied « là-bas », et la génération qui me succédera, qui n'aura rien connu du Viêt Nam. En revanche, je ne pense pas chercher à rompre avec l'autorité du pays quitté. Au contraire, avec *La Barque*, j'ai cherché à retrouver cette autorité qui, d'une certaine façon, a fait de ma parole une parole « autorisée ». Il ne s'agit pas de rompre, ni d'ailleurs de vivre enchaîné au poids que pourrait représenter un héritage encombrant. Il s'agit de s'approprier cet héritage, ce passé, d'en faire quelque chose de « beau », de beau et de triste à la fois. La tristesse peut avoir quelque chose d'apaisant.

Vous êtes d'autre part professeur et chercheur à l'université de Montpellier. Vos écrits pour la jeunesse s'alimentent-ils, d'une manière quelconque, de votre travail universitaire ? (Votre thèse portait sur les fictions illustrées dans la première moitié du 16ème siècle, sur le système texte/image dans *Le Discours de Poliphile* par exemple.)

Non, pas vraiment. Mais disons que cela a quelque chose d'assez intéressant, étrange et inédit d'enseigner la littérature (et de la théoriser) et, en même temps, de la pratiquer, même au niveau modeste qui est le mien.

Sur quoi porteront vos futurs écrits pour la jeunesse ?

Voilà longtemps que je songe écrire quelque chose autour de la fratrie, afin de continuer à explorer la question des liens familiaux, des attaches, du rapport entre l'individu et sa « terre d'origine » (au sens propre comme au sens figuré, j'entends par là aussi bien le pays d'origine, que le noyau familial). Peut-être écrirai-je un texte autour de mon voyage au Viêt Nam, de ce « retour »… J'ai quelques idées, mais aucun mot n'est encore sorti… Je crois qu'il va me falloir encore du temps.

Quel avenir voyez-vous au multiculturalisme en littérature jeunesse française ?

Je ne saurais le dire. Je peux simplement espérer qu'il continue de se développer et de donner naissance à de beaux textes. Quoi qu'il en soit, je crois que la littérature jeunesse peut en être le lieu privilégié d'expression car elle s'adresse précisément à la jeunesse, à une génération marquée par la mixité et le multiculturalisme.

Marcelino Truong

Éviter l'écueil de la représentation caricaturale

La Carambole d'or, conte viêtnamien adapté par Yveline Feray et
illustré par Marcelino Truong
© Éditions Philippe Picquier, 2008.

Paris, 25 juin 2007

Vous êtes un nom dans l'illustration jeunesse. Comment en êtes-vous arrivé là ?

C'est un long parcours, comme pour tout le monde dans ce métier. Le mien a démarré en 1983. J'ai commencé sur le tas, comme on dit. Et j'ai appris sur le tas. Je n'avais aucune formation dans ce domaine. J'ai d'abord fait des études « service public » (économie et droit) à Sciences Po et ensuite littérature anglaise. J'ai terminé par l'agrég d'anglais et je n'ai enseigné qu'une seule année. À l'issue de cette année-là, j'ai pris un congé sans solde pour me lancer dans l'illustration, en kamikaze, et je ne suis jamais retourné à l'enseignement. Après, j'ai fait le parcours qu'on fait tous d'abord, sur des petits sujets courts, souvent en presse, pour la jeunesse. J'ai commencé en BD et puis j'ai fini après progressivement des tâches plus lourdes. De livre en livre, cela fait maintenant plus de vingt ans que je fais ce métier. Donc des débuts très difficiles parce qu'en plus, il fallait que je me mette dans la peau du personnage. Je n'ai pas eu quatre-cinq années en école de dessin où on a le temps de développer son art à l'abri du besoin de gagner de l'argent et où on doit se faire un réseau d'amis que l'on suit après. Voilà comment j'y suis arrivé. Quand j'étais au lycée, j'étais bon en dessin, mais je n'ai jamais une seule seconde songé à en faire un métier parce que je ne savais même pas que ce métier-là existait. Pour la plupart des gens, l'art c'est la peinture et la peinture c'est Van Gogh, Gauguin. En fac, je ne dessinais pas vraiment. À Sciences Po, je dessinais de temps en temps en attendant l'arrivée d'un prof de droit qui était maître des requêtes au Conseil d'état. Il arrivait toujours, systématiquement, une heure en retard. Pendant cette heure-là, nous attendions tous et je faisais des dessins de mes voisins. Quelques dessins aussi à l'aquarelle et au crayon, des gens de Saint-Germain que je voyais à l'époque, mai-juin 1977, juste avant les épreuves du diplôme, où j'étais très déprimé en me disant que je ne l'aurais jamais. Je ne me sentais pas tout à fait au niveau. Ni tout à fait à ma place, en fait, même si j'aimais bien certains sujets. Le dessin est là, en filigrane, mais vraiment comme d'autres font du violon le dimanche.

J'ai commencé par la BD parce qu'au début des années 80, la BD avait le vent en poupe. Tout le monde regardait cela, tout le monde voulait en faire. C'était la possibilité d'allier des visages, des connaissances, disons, ou une capacité à aller chercher les documents là où il faut aller pour constituer la documentation d'une BD, et puis le dessin. C'était la possibilité de raconter une histoire avec des dessins. Donc le côté intellectuel et le côté manuel. J'ai commencé par là avec d'abord une BD chez Magic Strip à Bruxelles, un petit bouquin qui s'appelle *In Bluer Skies*, le titre français *Sous des cieux plus beaux*, et en 1991 un album en couleur paru chez Albin Michel qui s'appelle *Le Dragon de bambou* où je raconte le deuxième voyage de Malraux, avec Clara Malraux, en Indochine en 1925. Il y a eu ces deux albums et il y a eu aussi des petites choses, quatre pages par-ci, dans une revue qui a été éphémère, qui n'a connu que sept numéros et qui s'appelait *Métal aventure*. C'était un avatar de *Métal hurlant*. Par la suite, comme plusieurs dessinateurs issus de la bande dessinée, j'ai dérivé vers l'illustration pour la jeunesse parce que, vers le milieu des années 80, la BD a connu une crise. On a cessé de publier autant, surtout que les tarifs proposés en bande dessinée étaient tellement minables qu'il fallait avoir la foi chevillée au corps pour vouloir faire de la BD dans ces conditions. Et ce n'était pas du tout mon cas : la BD était pour moi un mode d'expression. Donc, on est plusieurs à avoir dérivé vers la jeunesse, parce que c'est là qu'il y avait le plus de boulot, à mon avis, tout simplement.

Donc vous avez fait des démarches auprès des éditeurs jeunesse ?

On est venu me chercher en fait assez vite pour faire un *Je bouquine*. La directrice artistique de l'époque, Isabelle Fuhrman, avait repéré le potentiel de la BD. C'était une mode, c'était une tendance de l'époque. Elle avait proposé à plusieurs illustrateurs issus de la BD de faire les illustrations d'un *Je bouquine*. Le premier *Je bouquine* que j'ai fait, un travail assez long pour moi, c'était *Haïti chérie* de Maryse Condé, donc une histoire qui se passe en Haïti. Sans doute qu'elle a fait appel à moi parce que, pour traiter d'un sujet où il n'y a que des Noirs, elle souhaitait quelqu'un qui, j'imagine, fasse des Noirs qui ne soient pas caricaturaux, qui ne soient pas l'étiquette du Banania. On y reviendra sûrement dans les questions mais c'est quelque chose qui me tient à cœur, d'essayer de donner toujours à mes personnages qui ne sont pas blancs une dignité. La caricature du Chinetoque, je n'aime pas cela.

Donc vos personnages ne tombent pas dans des stéréotypes, dans une représentation stéréotypique.

Je n'échappe pas aux stéréotypes, j'ai même du mal à varier un peu mes visages. Il y a un travail à faire là-dessus, montrer des gammes plus élaborées de visages. J'ai toujours tendance à faire un peu la même tête. C'est un exercice auquel j'aime bien me livrer par exemple quand je vais en Asie ou au Maroc ou ailleurs, dans les pays d'Orient, j'aime bien faire des portraits des gens à la mine de plomb. Ils posent pour moi pendant un quart d'heure, c'est l'occasion de dévisager quelqu'un sans vergogne et puis cela établit un rapport. C'est aussi pour moi une façon d'étudier ce qui fait un visage égyptien ou un visage marocain : comment se fait-il qu'on reconnaisse bien un Viêtnamien d'un autre Viêtnamien alors que tout le monde d'emblée a les cheveux noirs, les yeux bridés, le nez plus ou moins petit ou épaté. Pourtant on arrive quand même à les reconnaître. L'idée est de capter les subtilités. J'en suis à mes débuts seulement et j'ai encore du boulot à faire. Mais je n'aime pas les caricatures du Chinois avec des grandes dents en avant et un nez en prise de courant parce que, sans monter sur mes grands chevaux, c'est quand même une forme de racisme. Et c'est quelque chose qui est très vite capté par les enfants notamment. Les enfants sont très vifs pour ce genre de raccourci commode, ils aiment ça. Il ne s'agit pas de parler comme un écorché vif, mais c'est juste quelque chose qui a besoin d'être fait avec soin. On fait appel à moi de la même manière à *Libération* dès qu'il y a des histoires impliquant des Noirs, des Maghrébins, des Asiatiques. Les parodies du flic ou du gendarme ou du militaire, pour moi, c'est aussi bête que les parodies des Nègres. Les parodies qui viennent de l'extrême-gauche de la même manière que les parodies des Chinois et des Bougnoules et des Bamboulas qui viennent de l'extrême-droite sont aussi porteuses de stupidité pour moi. Je vois un peu mon rôle comme cela.

Vous êtes né aux Philippines d'un père viêtnamien et d'une mère française. Vous avez vécu au Viêt Nam, aux États-Unis et en Grande-Bretagne. Comment exprimez-vous votre multiculturalisme ? Ces expériences trouvent-elles leur voie dans vos illustrations ?

Cela sort à un moment ou à un autre. J'ai l'impression que je n'ai pas eu tellement l'occasion d'exprimer le côté anglais dans le parcours familial. Je suis né aux Philippines. Pour moi cela a été un séjour très bref. Mon père était diplomate pour le gouvernement sud-viêtnamien. Après les Philippines, après Manille, il a été nommé en 1958 à Washington où nous avons passé trois ans. J'ai quelques souvenirs. Mes premiers souvenirs sont des États-Unis. Il a été rappelé à Saigon où on a passé trois ans. Je m'en souviens assez bien. J'avais six ans quand je suis parti. Et après, l'Angleterre, cela a duré vingt ans pour mes parents et une bonne dizaine d'années pour moi avec, après, des allers-retours fréquents entre Paris et Londres pendant mes études de fac. Ce côté anglais-là, je n'ai pas l'impression qu'il ressorte tellement dans mon travail. Vous savez, on a tendance à me coller un peu une étiquette, « Truong prendra l'Asie ». Et j'ai tout fait pour. J'ai crié par monts et par vaux que je voulais des sujets sur l'Asie. Ce qui fait qu'on pensera moins facilement à moi pour des sujets anglo-saxons, bien que là, en juillet, je dois plancher sur une histoire de Marlène Jobert qui se passe en Irlande[1]. En illustration, il faut un style reconnaissable, et un univers aussi. Il y a le style et il y a l'univers. Pour se distinguer des autres illustrateurs, il est parfois commode d'avoir à la fois un style reconnaissable et un univers récurrent. Donc, j'ai plongé dans l'Asie.

Mon père est viêtnamien, ma mère française, j'ai reçu une éducation assez viêtnamienne malgré tout. Même s'ils sont très intégrés, comme on dit, les Viêtnamiens restent quand même indécrottablement viêtnamiens. Dernièrement, je découvre le Maghreb, à travers le Maroc. Le Moyen-Orient m'attire beaucoup, j'ai envie d'aller dans des pays où, à cause de régimes stupides, la civilisation a été un peu stoppée ou retardée. Pour un artiste, c'est bien. Cela fait mon affaire. Tout le monde devient exactement pareil partout dans le monde, donc je suis en train de reluquer des pays comme la Syrie, des pays comme cela, à l'est de la Mer noire. Ou alors même au Maroc, quand on va au Maroc, dans la rue, c'est surprenant à quel point ils ont réussi à maintenir leur façon de vivre.

---

1. Marlène Jobert, *Paddy-Joe et le monstre marin*, ill. de Marcelino Truong, Paris, Atlas, 2007.

Ce ne sont pas des voyages d'agrément, ce sont des voyages où il y a toujours un élément de recherche ?

Ce sont quand même des voyages d'agrément, mais quand ce sont des pays comme cela, il y a un élément de recherche. Quand je vais en Suède par exemple, c'est vrai que j'ai moins envie de dessiner. Mais cela peut changer.

On parle dans la France contemporaine des minorités visibles. Il me semble qu'en littérature jeunesse, les minorités sont devenues plus visibles justement dans les dernières décennies. Si elles ne sont pas dans le texte, on les retrouve dans l'illustration. Qu'en pensez-vous ?

Il y a même des éditeurs qui ont fait des collections avec ce thème. Je pense plus particulièrement aux éditions Syros qui, dans les années 80, avaient lancé la collection « Multicultures ». Voici *Les Chanteurs dans l'ombre* de Jabra Ibrahim Jabra, un de mes livres préférés[2]. Cela se passe en Palestine. Un texte assez abscons mais très beau, racontant un épisode de l'enfance de l'auteur dans la Palestine du mandat britannique. À l'époque, Juifs, Palestiniens, Arabes — qu'ils soient musulmans ou chrétiens d'ailleurs — cohabitent dans la paix britannique, la *pax britannica*. Et cela marche à peu près. C'était vraiment l'idée de cette collection « Multicultures ». C'était aussi un peu le côté progressiste de Syros. Les Éditions de la Découverte aussi.

Et dans votre rapport avec les différents éditeurs, est-ce que les choses ont changé ?

Il y a toujours un intérêt pour les cultures autres...

Pour les cultures autres à l'intérieur de la France ?

Non, j'y venais. Souvent dans un cadre exotique. D'ailleurs, moi-même, je suis responsable... Je n'ai à priori pas envie de faire un bouquin sur les Viêts de France ou les Chinois de France. Il faudrait vrai-

---

2. Marcelino Truong m'a reçue dans son atelier et m'a montré plusieurs livres appuyant son propos.

ment que le texte me passionne. Ils sont trop comme les Français. Les décors m'intéressent bien moins. Je ne voudrais pas non plus qu'on ait l'impression qu'à chaque fois que j'illustre un personnage, je fais comme les acteurs un rôle de composition, je dois me mettre dans une sorte de transe. Non, c'est quand même plus terre-à-terre que cela. Je vais me débrouiller. Quand c'est juste une couverture de livre, on se débrouille toujours. Quand je vais faire un album entier avec un personnage que vous allez devoir suivre, c'est plus compliqué. Là, il faut faire un travail plus poussé, de *characterization*. J'ai fait beaucoup de couvertures, par exemple sur l'esclavage. J'aurais du mal à faire un livre entier par exemple avec des Africains parce que je ne suis jamais allé en Afrique. On m'a proposé, et j'aimerais aller en Afrique avant de me lancer dans un travail sur l'Afrique.

Vous avez quand même illustré *Haïti chérie* où les personnages sont haïtiens et ce n'était pas seulement la couverture.

C'est vrai mais là, du coup, j'avais pris le taureau par les cornes. J'avais trouvé un modèle pour le personnage de la jeune Haïtienne de 12 ans. J'étais allé à l'ambassade ou au consulat d'Haïti à Paris et, par chance, la standardiste avait une fille de 12 ans. Tous les dessins de l'ensemble du livre n'étaient pas au point, on ne la reconnaissait pas d'une page à l'autre, et c'est à ce stade que je me suis dit : « Il faut que je trouve un modèle ». Cette dame haïtienne, très hospitalière, m'a invité dans la banlieue, dans sa cour un dimanche, à venir manger du riz et pois et j'ai pu faire des photos avec sa fille, justement parce que j'avais toutes les attitudes du livre. Après, j'ai incrusté ces photos dans le livre, en décalquant un petit peu. C'est un peu raide, mais enfin, pour moi, elle a un vrai visage. Ce n'est pas une caricature. C'est le seul livre pour lequel j'ai poussé aussi loin le souci de véracité.

Vous avez représenté des personnages d'origines diverses : un jeune Viêtnamien pour l'illustration de couverture de *La Mémoire en miettes*[3], une jeune Beure pour la couverture de *Samira des Quatre-Routes*[4]. Vous avez aussi donc réalisé les illustrations

---

3. Thierry Alquier, *La Mémoire en miettes*, ill. de Marcelino Truong, Paris, Père Castor Flammarion, 2001.
4. Jeanne Benameur, *Samira des Quatre-Routes*, ill. de Marcelino Truong, Paris, Père Castor Flammarion, 1999.

d'*Haïti chérie* avec des personnages haïtiens, des *Contes tradition-nels de Russie*[5], de *Et le chien devint l'ennemi du chat*[6], un conte chinois, de *Nader le musicien du rêve*[7], un conte iranien, bref, d'histoires de pays divers, avec des personnages d'origines di-verses. Votre palette est donc très variée.

Oui... [ton dubitatif]

Vous m'avez dit regarder chez d'autres illustrateurs, par exemple Hergé et sa recherche d'une forme simple. C'est chez d'autres illustrateurs que vous trouvez l'inspiration, plutôt que par exemple dans des photographies, des films.

Le film, cela peut servir... Je regarde beaucoup de films japonais ou chinois. Il y a un petit boulot à faire, que je n'ai pas encore fait. Quand je vais dans un pays étranger, je devrais demander aux gens qu'ils veuillent bien que je les prenne de face, de trois-quart, de profil, de trois-quart dos, même en contre-plongée ou plongée, pour avoir un stock d'images. L'autre jour, un caricaturiste me donnait quelques tuyaux. Je crois que j'aurais besoin d'avoir un œil de caricaturiste, non pas pour caricaturer, mais pour dégager des traits.

Cela rejoint une des questions que j'avais ; je trouve vos faciès assez similaires. Je pense à Samira (*Samira des Quatre-Routes*), Anna (*Quand Anna riait*[8]) ou Rebecca (*Lettres à Dolly*[9]), les trois sont différentes, mais elles ont le même contour de visage angu-leux, les sourcils marqués, pas de blanc dans les yeux. Elles se ressemblent assez.

Le blanc, cela dépend des périodes. Il y a eu des périodes où il y avait juste un point pour les yeux, maintenant je trace au pinceau un trait blanc sur lequel je pose un point noir. C'est vrai que j'ai tendance à

---

5. Bertrand Solet, *Contes traditionnels de Russie*, ill. de Marcelino Truong, Toulouse, Milan, 2002.
6. Diane Barbara, *Et le chien devint l'ennemi du chat*, ill. de Marcelino Truong, Arles, Actes sud junior, 2000.
7. Anne Montange, *Nader le musicien du rêve*, ill. de Marcelino Truong, Arles, Actes sud junior, 2001.
8. Yaël Hassan, *Quand Anna riait*, ill. de Marcelino Truong, Paris, Casterman, 1999.
9. Yaël Hassan, *Lettres à Dolly*, ill. de Marcelino Truong, Paris, Casterman, 2002.

faire là encore des *all purpose*, des visages tous usages.

Mais est-ce que ce n'est pas pour montrer justement leur ressemblance par-delà les différences ?

Oui, j'allais le dire. De toute façon, les Palestiniens, les Égyptiens, les Marocains sont apparentés de la même manière que les Chinois sont apparentés aux Viêtnamiens. Ça communique tout ça. Il y a aussi des points communs à l'intérieur d'un peuple. Par exemple, j'avais remarqué en Égypte que les hommes avaient très souvent cette ride de chaque côté du nez très marquée, la ride du sourire, avec des joues assez fortes. Et puis il y a plusieurs types physiques dans chaque pays. J'ai commencé à remarquer cela au Viêt Nam. On pouvait prendre quatre ou cinq catégories de base de femmes, quatre ou cinq catégories de base d'hommes et les ranger à peu près commodément dans ces cases-là. Il me semble. Le problème, c'est que je ne reste jamais assez longtemps. Il faudrait du temps. Mais c'est quelque chose que j'aimerais bien faire.

Il me semble que vous faites également souvent la même couleur de peau. Dans *Pour l'amour de la Marie-Étoile*[10], Nicholas et le capitaine ont le teint mat, non ?

Cela aussi, c'est une petite recette, un petit truc. Il est vrai que j'aime bien faire cette couleur-là de peau, genre bronzé. Je peux faire une peau plus claire, un peu plus rose, mais je n'aime pas, on dirait du cochon. C'est seulement si vraiment il faut que je fasse un teint pâle, par exemple Blanche-Neige. Brune avec la peau très blanche qui évite le soleil[11]. Je suis de la génération où il fallait absolument se faire cuire au soleil. Il faudrait travailler la vraie couleur. Ce sont souvent des simplifications. On met la même couleur partout. Je n'exclus pas l'idée d'introduire un peu de subtilité.

Sur le total des illustrations qui vous sont demandées, quel pourcentage diriez-vous concerne des personnages « autres », qu'ils soient dans un cadre exotique ou en France ?

---

10. Sylvie Queyron, *Pour l'amour de la Marie-Étoile*, ill. de Marcelino Truong, Paris, Tourbillon, 2003.
11. Jacob Grimm, *Blanche-Neige*, ill. de Marcelino Truong, Paris, Tourbillon, 2003.

Je ne sais pas, cela doit faire au moins 75%. Je me souviens, à mes débuts, fin des années 80, je m'insurgeais contre ce qu'ils voulaient. Par exemple des cocotiers, des ciels bleus. Je trouvais qu'on ne montrait pas assez souvent l'âpreté de la vie des enfants dans les pays sous-développés. On va dire que je trouve que c'est très bien de montrer l'âpreté de la vie des enfants dans les pays sous-développés, mais je sais que c'est bien aussi de montrer la belle vie des enfants dans les pays sous-développés, parce qu'il y a aussi une douceur de vivre, une qualité de vie qui est en train de foutre le camp, si ce n'est déjà fait. Il ne faut pas non plus misérabiliser les pays pauvres. À l'époque, j'aimais bien les histoires un peu dures. J'ai illustré un autre *Je bouquine*, *Sur la piste de l'or*, un texte de Bertrand Solet racontant le travail des enfants dans les mines d'or à ciel ouvert du Pérou. Je me rappelle m'être un petit peu insurgé quand on m'avait demandé de veiller à ce qu'il y ait des ciels bleus et des couleurs vives (demande permanente des commerciaux). Il ne fallait pas quelque chose de trop déprimant. J'aime bien les trucs qui se vendent mais, en même temps, je me souviens très bien leur dire : « Écoutez, c'est pas le Club Med, là. On est en train de parler de l'histoire de ces mômes qui travaillent dans la mine, donc on se calme un petit peu ». Aujourd'hui, je serais plus souple. Je dirais même que les pays du soleil — destinations touristiques, bien souvent — sont souvent des lieux où l'exploitation est omniprésente.

Vous avez illustré *Portée par le vent*[12]. L'après-texte de ce livre sur l'exil, où le père explique la nécessité de l'exil et leur histoire à sa fille, montre votre propre parcours du Viêt Nam en Grande-Bretagne. Dans la longue liste de livres que vous avez illustrés, celui-ci occupe-t-il une place spéciale ?

J'avais rencontré l'éditeur, Arthur Levine, à Bologne, en 1995. J'avais illustré un texte de Franck Pavloff où il dénonçait la prostitution des enfants en Thaïlande, filles et garçons[13], et ce livre avait été primé à Bologne dans la catégorie *non-fiction*, documentaire. J'ai parlé un peu

---

12. Soyung Pak, *Portée par le vent*, ill. de Marcelino Truong, Paris, Gautier-Languereau, 2003.
13. Franck Pavloff, *Enfants prostitués en Asie*, ill. de Marcelino Truong, Paris, Syros, 1994.

avec Arthur Levine et je lui ai promis d'essayer d'écrire une histoire qui me tenait à cœur. Je voulais raconter la vie d'un ou plusieurs conscrits nord-viêtnamiens qui sont envoyés faire la guerre au Sud Viêt Nam pendant la guerre du Viêt Nam américaine. Je pense qu'à l'époque, m'agaçait aussi une vision un peu stéréotypée du cerveau à la chinoise – qui a existé, c'est sûr, mais ce n'est pas aussi simple que cela. Le texte est là, il est près de moi, sans y parvenir, par manque de confiance et puis cela s'est passé. Pour en revenir à votre question, *Portée par le vent*, qui s'appelle en anglais *A Place to Grow*, a été proposé. C'est une Coréenne [Soyung Pak] qui raconte en fait son parcours de Corée du sud vers les États-Unis. Mais c'est vrai que je me suis senti touché puisque nous-même, nous étions partis du Viêt Nam vers l'Angleterre dans mon enfance. C'était un peu le même périple. J'ai commencé les dessins. J'ai représenté un village en Anjou où je retape une baraque depuis des années. C'est vrai que le livre, qui était très bien écrit, est un livre important. Les livres que j'ai pu écrire après sont plus importants. Non pas qu'ils soient meilleurs, c'est simplement que là, j'ai enfin trouvé la confiance dans l'idée.

Vous avez commencé à parler un peu des livres dont vous êtes l'auteur. Vous avez choisi de situer Fleur d'eau dans son environnement, au Viêt Nam.

Effectivement. Les histoires de Fleur d'eau se déroulent dans un port qui s'appelle Hoi An, très fréquenté par les touristes de tous les pays parce que c'est un des plus jolis coins de la région. Il a été remis en état. On a enlevé les enseignes lumineuses. Cela donne une idée de ce que pouvait être le Viêt Nam lorsque les Français l'ont découvert. Il y a une rue avec des constructions de la période coloniale française qui sont très jolies d'ailleurs. Cela peut donner une idée assez vraie du choc qu'ont pu avoir les Français qui ont découvert le pays. Ils sont arrivés en gros bataillon à partir de 1858. J'ai situé l'histoire avant parce que je voulais justement un village avec seulement des Viêtnamiens, qu'on soit plongé dans un univers viêtnamien. Dans un autre épisode, j'ai déjà imaginé une histoire où il y a une incursion de marins français, simplement parce qu'on est en 1850 et en 1858 Napoléon III avait envoyé un corps expéditionnaire franco-espagnol là-bas. Sa femme, qui était espagnole, catholique fervente, lui avait dit : « Les missionnaires catholiques au Viêt Nam sont persécutés. Monte en selle. Va leur montrer comment respecter notre religion ». Ce sont deux troupes qui ont conquis la Cochinchine, qui ont conquis Saigon. Une des rues les plus anciennes à Saigon, c'est la Rue des Espagnols qui a été rebaptisée rue Catinat, puis rue Tu Do en 1954 avant de devenir la rue Dong Khoi après 1975 : c'est une rue perpendiculaire aux quais et qui allait tout droit vers la cathédrale. Les Espagnols étaient sans doute très pieux [rires]. Ils allaient directement du bateau à la cathédrale. Mais enfin, en chemin, c'était pratique parce qu'il y avait quand même pas mal de bars, tout du long, des bordels. Je pense qu'il y a pas mal de gens de métissage qui devaient bifurquer avant. C'était juste le pacha et l'aumônier qui arrivaient à la cathédrale.

Vous avez préféré cette période-là plutôt que la période contemporaine ?

Oui, c'est vrai que j'ai un côté un peu passéiste parfois. Souvent je trouve que ce qui a été fait avant est plus joli. Ce n'est pas toujours le cas, mais c'est souvent le cas.

Le Viêt Nam s'est américanisé.

Ou taïwanisé, ou singapourisé. Ils sont en train de cochonner cela comme il faut, mais à grande échelle, avec un goût abominable. En fait, on ne sait plus ce qu'on voit en Chine, comme en Asie, comme au Maghreb, partout dans le monde. Autrefois, les gens avaient du goût. Ils avaient du goût parce qu'ils avaient peu de moyens et peu de teintures et peu de couleurs abominables. Ils se servaient de trucs naturels et dans la nature il n'y a pas de mauvais goût. Tout est beau. Toutes les couleurs sont belles. Quand on regarde par exemple l'habillement des Français à la campagne dans les années 60 – c'est mon enfance, ça – ou alors l'habillement des Viêtnamiens, des Maghrébins, de tout le monde dans les années 60, finalement ils avaient tous un look. Ils étaient tous bien habillés quelque part, même si c'étaient des trucs bon marché, c'était joli, je trouve. J'idéalise peut-être un peu, mais je ne crois pas. Je me souviens quand même bien des blouses en coton, des femmes avec des tissus imprimés, cela faisait très *Raisins de la colère*. Maintenant, avec les survêts, les Nike, le sportswear qui ont envahi le monde, ce n'est plus la même tasse de thé et on voit par exemple, je ne sais pas pour les fringues, mais pour l'architecture, on voit des paysages grandioses complètement défigurés. Il y a un déferlement du mauvais goût sur le monde entier. À mon avis, quand on coupe les gens de leurs racines et qu'il n'y a pas de classe moyenne au milieu, ou de *upper class* qui a du goût, c'est une sorte de plongée générale. Au Viêt Nam, il y a eu une période bénie, à mon avis – je ne parle pas du tout du plan politique mais du plan artistique, esthétique – ce sont les années 30-40 et même 50. L'école française des beaux-arts de Hanoï par exemple, créée par un Français, Victor Tardieu, qui voulait une école pour les Viêtnamiens, a formé deux ou trois générations – il n'y a pas eu beaucoup de promotions – de peintres viêtnamiens avec un métissage heureux entre l'art français ou occidental et l'art viêtnamien. Métissage heureux qu'on voit de cette génération-là et d'autres. Simplement pour dire que je voulais situer l'histoire [de Fleur d'eau] avant le déferlement du mauvais goût. Je voulais aussi qu'on soit dans un milieu viêtnamo-viêtnamien avant l'arrivée de la colonie, des colonisateurs, parce qu'il y a un rapport de force, il y a une violence. Je prends un épisode. Un jour, une canonnière française vient en repérage, en reconnaissance, comme on dit, dans la rivière – Hoi An est un port d'estuaire – pour voir si on peut y venir avec de gros bateaux. Ils sont très sympathiques d'ailleurs, parce que les Français sont des gens sympa et cultivés et raffinés quelque part [rires].

Sauf qu'ils ont envahi le pays.

C'étaient d'autres époques, d'autres traditions. La colonisation, c'était de bon ton à l'époque. Je ne suis pas du tout pour, mais je dis toujours en simplifiant : « C'est un viol, au départ, qui a donné parfois de beaux enfants ». Il y a eu de belles réalisations, je ne mets pas tout dans le même panier.

Est-ce que *La Sirène des coraux*[14] est un conte sur l'importance de la générosité ? La sirène dit à Fleur d'eau : « Tout ce que tu donnes devient ton trésor pour toujours. Tout ce que tu tentes de garder file entre les doigts comme le sable », référence à *Monsieur Ibrahim et les fleurs du Coran*[15]. Le texte est métissé.

---

14. Marcelino Truong, *La Sirène des coraux*, ill. de Marcelino Truong, Paris, Gautier-Languereau, 2004.
15. « Ce que tu donnes, Momo, c'est à toi pour toujours : ce que tu gardes, c'est perdu à jamais ». Éric-Emmanuel Schmitt, *Monsieur Ibrahim et les fleurs du coran*, Paris,

Le roman d'Éric-Emmanuel Schmitt se déroule d'abord à Paris. Monsieur Ibrahim est un commerçant du Levant qui adopte presque un jeune garçon juif. Il y a un métissage, oui. C'est vrai que cette parole a un côté un peu sagesse orientale. J'avoue que je ne suis pas totalement désintéressé, il faut que j'invente quelque chose, que j'alimente mon histoire avec quelque chose de beau, comme les décors – je me donne beaucoup de mal pour trouver de beaux décors.

L'écriture précède l'illustration ?

J'écris toujours l'histoire avant parce qu'il faut voir si les albums vont tenir la route et tout simplement parce qu'on doit faire valider l'histoire par l'éditrice de la maison d'édition. Ce n'est que lorsque l'histoire est validée qu'on déclenche le contrat et que je peux faire une facture pour les illustrations. C'est un métier aussi, je ne fais pas cela pour rigoler [rires]. Je me ramène de temps en temps à la réalité financière de ce métier. Si vous imaginez que tout se fait dans le calme et la bonne humeur... Texte d'abord et illustrations après. Je choisis mon univers mentalement – cela peut être le Viêt Nam, dernièrement c'est le Japon – et après je vais me creuser les méninges pour trouver une histoire. Il faut que j'aie une histoire qui tienne à peu près la route. Après, ce ne sont que des aménagements de phrases, des retouches sur les paragraphes, sur les phrases. Il faut que l'ossature fondamentale du texte existe avant que je me lance dans les dessins. L'illustration, c'est un travail que je comparerais à un marathon, une course longue, d'endurance, par rapport à <u>un</u> dessin, qui est un sprint. Là, je fais un dessin pour une revue économique qui s'appelle *Challenges*, juste un dessin, c'est un sprint. Quand on se lance dans un marathon, on a intérêt à avoir du biscuit, et puis on a envie de limiter les efforts au maximum, c'est nécessaire. Je suis comme ça. Il y a bien assez à faire, donc pas le temps de faire quinze livres de dessins différents. Et puis c'est aussi que, souvent, je n'ai pas quinze mille choix, quinze mille idées pour une page. Je peine même à en trouver une ou deux, donc j'aime bien aller le plus vite possible, droit au but. Mais il se peut qu'un jour, j'aie envie de faire d'autres trucs, de sortir un peu de la jeunesse, et là, peut-être qu'un dessin peut déclencher aussi une

Albin Michel, 2001.

histoire.

J'ai l'idée d'un modèle qui va rendre visite à plusieurs artistes et défile dans plusieurs ateliers. Cela me suffirait de raconter l'histoire de ce modèle qui, finalement, pose pour plusieurs peintres, ou sculpteurs ou photographes. Cela pourrait être une histoire. Elle a plusieurs peintres. Elle est modèle de plusieurs artistes, elle a une ou plusieurs liaisons, je ne sais pas. Elle peut aussi avoir des amitiés, des conversations avec certains d'entre eux. Voilà un sujet que j'aimerais bien faire, mais il faut que j'aie confiance en moi et ce ne serait pas pour les enfants. Là, le dessin, cela pourrait commencer comme ça, elle arrive à chaque fois chez un artiste. Comme au théâtre, le décor change, elle rentre à chaque fois dans un nouveau décor. Cinq par exemple. Cinq tableaux.

Pour en revenir aux illustrations pour la jeunesse, comment abordez-vous des textes culturellement neutres comme *L'Enfant qui retrouva le sourire*[16] qui se passe dans un royaume en guerre, un royaume fictif ?

Quand j'ai fait les illustrations de ce texte, on était en pleine guerre de Yougoslavie. [Marcelino Truong me montre les illustrations.] J'aime bien cet univers des Balkans. On est à la lisière du monde chrétien et du monde musulman, enfin, à la jonction. J'aime bien cet univers où on côtoie l'Asie. J'ai récemment été invité par le centre culturel français d'Ismir, en Turquie. Là-bas, pour amuser les classes où j'allais parler de mon boulot, je leur faisais à chaque fois un portrait en pied d'Ataturk parce que j'aime bien sa dégaine quand il était jeune, pendant les Dardannelles, avec son uniforme à la prussienne, surtout avec le grand manteau très long et la coiffe, la chapka penchée sur le côté – c'était un bel homme, on dirait un personnage d'Hugo Pratt. N'y voyez aucune orientation politique, c'est uniquement le costume qui me plaît bien. Je lis des histoires vraies sur Soliman le magnifique et c'est là que j'ai appris beaucoup de choses que j'ignorais sur l'empire ottoman, notamment dans l'Europe du sud. C'est là que j'ai appris tout ce que je sais quasiment.

---

16. Jean-Hugues Malineau, *L'Enfant qui retrouva le sourire*, ill. de Marcelino Truong, Paris, Albin Michel jeunesse, 1999.

Pensez-vous que l'illustration jeunesse soit à l'avant-garde des textes pour la jeunesse dans sa représentation des minorités visibles ?

Je n'ai jamais vu autre chose qu'une démarche, une ouverture vers les minorités visibles. Il n'y a pas longtemps, trois ans à peu près, j'ai illustré un texte pour Marlène Jobert qui s'appelle *Lou-Kiang et le mystère du lac aux bambous*. Pour ce texte, j'ai émis une objection. C'est l'histoire d'une fille qui est vilaine, on précise qu'elle n'est pas belle, c'est une sorte de Cendrillon. Pourquoi pas ? Mais Marlène Jobert prend soin de préciser dans la première version de son texte qu'elle a un nez épaté, un nez qui fait qu'on l'appelle grosse patate, ou je ne sais pas quoi. C'était assez détaillé. J'ai réagi, tout de suite. J'ai dit à Marlène Jobert, via l'éditeur, très poliment, que la laideur du personnage m'importe peu, en revanche, a-t-on besoin de ce luxe de précisions sur son nez ? Là, c'est mon histoire personnelle et narcissique qui entre en jeu. Quand j'étais petit, j'avais le type très asiatique. Je ressemblais à n'importe quel Viêtnamien. [Marcelino Truong me montre sa photo dans la revue *Griffon*.] J'avais un complexe avec mon nez, que mon frère attisait à volonté en disant que j'avais un nez comme une prise de courant. J'aurais voulu avoir le même nez que lui. Il avait le nez un peu de Dustin Hoffman, un nez droit, peut-être un peu comme un Américain. Donc quand j'ai vu cette précision dans le texte de Marlène Jobert, j'ai demandé à ce qu'elle soit enlevée. Je crois que j'étais un peu soupe au lait sur certains sujets. J'étais un peu énervé parce que pendant toute mon enfance, j'étais complexé là-dessus, je me mettais une pince à linge sur le nez pour que ce soit bien droit. Je suis sûr qu'il y a beaucoup d'enfants africains ou asiatiques qui ont ce complexe de nez. Donc pourquoi enfoncer le clou comme cela ? Ce n'est pas indispensable. Pour ça, j'ai obtenu gain de cause, sinon je suis sûr que je ne l'aurais pas illustré. C'est rare.

La discrimination est quelque chose qui existe depuis les Romains, depuis toujours, depuis le début des temps. J'allais dire que c'est de l'européanocentrisme, mais c'est faux parce que quand vous allez en Chine ou au Viêt Nam et que vous écoutez les Viêtnamiens parler, ils sont capables du même ostracisme. Moi, je travaille ici. Mon secteur, c'est l'Occident et je suis sûr qu'il y a autant de boulot à faire de l'autre côté aussi.

Je veux montrer la beauté, quel que soit le visage. C'est vrai que, pour ce qui est du Moyen-Orient, il y a une marge énorme de types juifs, de types libanais, de types turcs. Il y a quand même quelque chose, mais il faut faire attention parce que l'écueil est de tomber dans la représentation caricaturale qu'en a faite le nazisme et l'origine de Vichy, l'expo, la fameuse expo. J'essaie pour ces livres-là, quand c'est précisé – cela l'est rarement – de faire des types... orientaux, comme on disait : « C'est un Levantin », « C'est un Oriental », je trouve cela assez joli. Pour moi, c'est une forme d'exotisme. Et en même temps j'adore aussi la beauté qui a été mise en avant pour des raisons politiques, une esthétique qui pré-existait aux Nazis et aux totalitaires, aux photographes qui ont fait ce retour vers la Grèce. Je pense à Herbert List, George Hoyningen-Huene, des gens qui travaillaient beaucoup dans la mode dans les années 20-30. Les photographes et les écrivains, souvent homosexuels, Christopher Isherwood et autres, allaient à Berlin ou en Grèce. Stephen Spender a écrit un très beau livre qui s'appelle *World Within World* — Spender était juif, mais il était blond aux yeux bleus, je crois. En pleine crise économique, il décrit des lacs où ils se baignent toute la journée, jeunesse désœuvrée et affamée, mais ils sont en pleine forme physique, ils ne font que nager et bronzer au soleil. La beauté existe déjà avant eux et cette beauté-là, ils la photographient. Et Leni Riefenstahl ne fait qu'aller dans cette tendance. Donc j'aime bien aussi ce style-là.

À mes débuts, en bande dessinée, je me sentais un peu marginal par rapport aux autres parce que je n'ai pas du tout le même parcours ni les mêmes références. La chapelle dans laquelle j'ai démarré, c'était celle de la ligne claire. La ligne claire, c'est Hergé, Edgar P. Jacobs, les maîtres, puis leurs disciples comme Yves Chaland, Serge Clerc et Floc'h. C'était une tendance à l'époque. Dans la ligne claire, il y avait certaines simplifications à la fois des visages, y compris ceux des étrangers, et le goût de naviguer dans des univers très proprets finalement, assez aseptisés, une ligne claire. Tout est propre, tout est joli, un univers de jouets des années 50. J'étais quand même sensible aussi à cette esthétique-là. Donc, c'est ambigu. Je suis à la fois redresseur de torts. Je monte au créneau si on fait la caricature d'un Asiatique. Quand on regarde des caricatures américaines de la guerre du Pacifique, il y avait un personnage qui incarnait le soldat japonais brutal, mongoloïde, à peine un être humain, une sorte de bête, cruelle et sadique. Bon, ils étaient souvent cruels et sadiques, pas d'illusions, mais pas forcément aussi bestiaux. Une esthétique m'avait frappé. J'ai

feuilleté un énorme bouquin chez Taschen sur l'œuvre de Leni Riefenstahl, les photos des dieux du stade. Elle a photographié énormément d'athlètes japonais. Et là, on voit des athlètes japonais qui ont
vraiment de belles gueules. J'ignorais qu'il y avait ce versant-là. Des
dieux vivants. Il y avait des Britanniques aussi. Mais pas de Français,
de mémoire. Peut-être des Italiens, je ne sais pas.

On est très loin de l'illustration. Le sujet, c'est cela en fait. Comme
je suis illustrateur, je suis dans la représentation des différentes cultures. Pour résumer, quand on me confie la tâche de représenter des
ex-colonisés, pour être plus simple, plus clair, je vais essayer de
m'arranger pour qu'ils aient leur dignité, qu'ils ne soient jamais cari-
caturés. Pour représenter Robinson et Vendredi, je m'arrange pour que
Vendredi ait une tête sympa... et Robinson aussi. Je n'aime pas la
méchanceté dans ce domaine.

Bibliographie

Aouadi, Nadira (1971)
Les Biscuits aux gros mots, ill. de Benoît Césari, Paris, Frimousse, 2011.
Zig, ill. de Flavia Sorrentino, Violay, Éditions Anna Chanel, 2009.
Le Panier de Ninon, ill. de Yuio. Entzheim, Éditions Averbode, 2008.

Atangana, Louis (1965)
Une étoile dans le cœur, Rodez, Éditions du Rouergue, 2013.
Ma, Rodez, Éditions du Rouergue, 2012.
Dans la voiture de Johnny, Rodez, Éditions du Rouergue, 2011.
Vertige virtuel, Paris, Rageot, 2009.
Chambre 27, Rodez, Éditions du Rouergue, 2003.
De nulle part, Rodez, Éditions du Rouergue, 2002.

Ben Kemoun, Hubert (1958)
La Fille seule dans le vestiaire des garçons, Paris, Flammarion, 2013.
Le Jour de gloire est @rrivé, Paris, Pocket jeunesse, 2013.
Nico : À quoi vous jouez ?, ill. de Régis Faller, Paris, Nathan, 2013.
Le Nouveau doudou, ill. de Charlotte Roederer, Paris, Nathan, 2013.
Ou alors pompier, ill. de Bruno Heitz, Voisins-le-Bretonneux, Rue du
    monde, 2013.
Arlequin ou les oreilles de Venise, ill. de Mayalen Goust, Paris, Père Castor
    Flammarion, 2012.
Le Grand marché de Sidibel, ill. de Bruno Heitz, Paris, Albin Michel, 2012.
Le Gros chagrin, ill. de Charlotte Roederer, Paris, Nathan, 2012.
Les Monstres de là-bas, Paris, Thierry Magnier, 2012.
Samuel : Dans la toile, ill. de Thomas Erhetsmann, Paris, Nathan, 2012.
Seuls en enfer, Paris, Flammarion, 2012.
Caïds d'un soir, ill. de Yann Tisseron, Paris, Rageot, 2011.
Machin truc chouette, ill. de Véronique Joffre, Voisins-le-Bretonneux, Rue
    du monde, 2011.
La Mélodie de Mélodie, ill. de Bruno Heitz, Paris, Seuil, 2011.
Mercedes cabossée, Paris, Thierry Magnier, 2011.
La Pire Meilleure Journée de ma vie, ill. de Maureen Wingrove, Paris, Ra-
    geot, 2011.
Samuel : Un concert maléfique !, ill. de Thomas Erhetsmann, Paris, Nathan,
    2011.
Seul contre tous, Paris, Nathan, 2011.

Cette nuit, Soledad, ill. de Yann Tisseron, Paris, Rageot, 2010.

Juste une erreur, Paris, Seuil, 2010.

Nico : Perdu à Londres !, ill. de Régis Faller, Paris, Nathan, 2010.

Samuel : Partie d'enfer !, ill. de Thomas Erhetsmann, Paris, Nathan, 2010.

Un jour à tuer, ill. de Yann Tisseron, Paris, Rageot, 2010.

Amour, impératif et pistolet, Paris, Thierry Magnier, 2009.

Les Bouteilles à la mer, ill. d'Olivier Latyk, Paris, Gautier-Languereau, 2009.

Fantôme sous la pluie, ill. de Yann Tisseron, Paris, Rageot, 2009.

La Fille de la vedette, ill. de Violaine Leroy, Paris, Nathan, 2009.

Mais qui est donc Oscar ?, ill. de Judith Drews, Paris, Tourbillon, 2009.

Nico : Plus fort que le Pôle Nord, ill. de Régis Faller, Paris, Nathan, 2009.

Petites combines et gros mensonges, ill. de Laurent Richard, Toulouse, Milan, 2009.

Pleins feux sur scène, ill. de Yann Tisseron, Paris, Rageot, 2009.

Samuel : La Reine du monde, ill. de Thomas Erhetsmann, Paris, Nathan, 2009.

Les Signatures du hasard, Paris, Seuil, 2009.

L'Araignée Gipsy, ill. de Marie Paruit, Paris, Casterman, 2008.

Encore un tour !, ill. de Charlotte Roederer, Paris, Nathan, 2008.

Le Grand concert, ill. d'Isabel Pin, Paris, Gautier-Languereau, 2008.

Monsieur Boniface, ill. d'Olivier Latyk, Paris, Éditions Tourbillon, 2008.

Nico : La Visite de la présidente, ill. de Régis Faller, Paris, Nathan, 2008.

Quand le sentiment, Paris, Thierry Magnier, 2008.

Sale gamin !, Paris, Thierry Magnier, 2008.

Samuel : Le Grand déluge, ill. de Thomas Erhetsmann, Paris, Nathan, 2008.

Ton livre à écrire, ill. de Robin, Paris, Nathan, 2008.

Le Ventre de la chose, ill. de Stéphane Girel, Paris, Éditions Vilo, 2008.

Beau gosse, Paris, Pocket, 2007.

La Gazelle, Paris, Flammarion, 2007.

Le Jour du jugement, Paris, Nathan, 2007.

Moi !, ill. de Ronan Badel, Paris, Nathan, 2007.

Nico : Face à l'ours, ill. de Régis Faller, Paris, Nathan, 2007.

Samuel : Le Retour d'Archibald, ill. de Thomas Erhetsmann, Paris, Nathan, 2007.

La Seule fille au monde, ill. d'Olivier Balez, Paris, Milan poche, 2007.

Violette dans le noir, ill. de Peggy Nille, Paris, Nathan, 2007.

24 heures d'éternité, ill. de Claude Cachin, Paris, Thierry Magnier, 2006.

Les Brûlures du jour, Paris, Nathan, 2006.

L'Épouvantail qui voulait voyager, ill. d'Hervé Le Goff, Paris, Flammarion, 2006.

Le Fantôme de Nils et Lola, ill. de Vanessa Hié, Paris, Casterman, 2006.

Nico : Au voleur !, ill. de Régis Faller, Paris, Nathan, 2006.

Samuel : Chasse à l'ombre, ill. de Thomas Erhetsmann, Paris, Nathan, 2006.

Samuel : Maudit jardin !, ill. de Thomas Erhetsmann, Paris, Nathan, 2006.

Soir de rage, ill. de Fredi Aster, Paris, Nathan, 2006.

Vraiment pas de bol !, Paris, Thierry Magnier, 2006.

Bonne nuit, les moutons!, ill. de Dorothée de Monfreid, Paris, Nathan, 2005.

Foot d'amour, Paris, Thierry Magnier, 2005.

Les Histoires d'amour ne sont pas toujours simples, ill. d'Isabelle Chatellard, Paris, Éditions Tourbillon, 2005.

Je suis un héros !, ill. de Frédéric Bénaglia, Paris, Albin Michel, 2005.

N'allez jamais à la bibliothèque pour plaire à la fille dont vous êtes amoureux, Paris, Pocket, 2005.

Nico : Êtes-vous bien mes vrais parents ?, ill. de Régis Faller, Paris, Nathan, 2005.

Profession : Nain de jardin, Paris, Thierry Magnier, 2005.

Le Visiteur du soir, ill. d'Hugues Micol, Paris, Nathan, 2005.

À la folie, Paris, Thierry Magnier, 2004.

Dépêche-toi maman, c'est la rentrée !, ill. de Marc Lizano, Paris, Nathan, 2004.

Hector, le loup qui découvrit la peur du loup, ill. d'Hervé Le Goff, Paris, Castor Flammarion, 2004.

Nico : Rapporteur !, ill. de Régis Faller, Paris, Nathan, 2004.

Pas si bêtes ! Les Jongleurs de lettres, ill. de Bruno Heitz, Paris, Casterman, 2004.

Samuel : Le Maître du temps, ill. de Thomas Erhetsmann, Paris, Nathan, 2004.

Le Tombé du jour, Paris, Nathan, 2004.

C'est un fil..., ill. de Sébastien Mourrain, Paris, Castor Flammarion, 2003.

Chien-le-chien, Paris, Thierry Magnier, 2003.

Halloween, pire qu'Halloween, ill. de Fred Bayle, Paris, Castor Flammarion, 2003.

Jours avec et jours sang, Paris, Nathan, 2003.

Nico : Tu veux sa photo ?, ill. de Régis Faller, Paris, Nathan, 2003.

Quelques heures de folie dans la vie de Barnabé Rosenthal, Paris, Thierry Magnier, 2003.

Samuel : Le Réveil du boomerang, ill. de Thomas Erhetsmann, Paris, Nathan, 2003.

Si..., ill. de Frédéric Rébéna, Paris, Éditions Tourbillon, 2003.

Le Tatoueur de ciel, ill. de David Sala, Paris, Casterman, 2003.

La Course de l'élan, ill. de Bruno Heitz, Paris, Casterman, 2002.

Le Festin du morse, ill. de Bruno Heitz, Paris, Casterman, 2002.

Les Hasards sont assassins, Paris, Pocket, 2002.

Le Jour est la nuit, ill. de Ludovic Debeurme, Paris, Nathan, 2002.

Nico : Maudit mardi gras !, ill. de Régis Faller, Paris, Nathan, 2002.

Nulle !, ill. de Vanessa Hié, Paris, Casterman, 2002.

Les Rouges et les noirs, ill. de Stéphane Girel, Paris, Père Castor, Flammarion, 2002.

Blues en noir, Paris, Flammarion, 2001.

Comment ma mère est devenue célèbre, Paris, Hachette jeunesse, 2001.

La Farce du dindon, ill. de Bruno Heitz, Paris, Casterman, 2001.

Il pleut, ça dégringole !, ill. de Thomas de Coster, Paris, Albin Michel jeunesse, 2001.

Les Mille ballons d'Emile, ill. de Zaü, Paris, Père Castor, Flammarion, 2001.

Nico : J'ai trente ans dans mon verre, ill. de Régis Faller, Paris, Nathan, 2001.

Pipi, les dents et au lit !, ill. d'Anaïs Massini, Paris, Nathan, 2001.

Samuel : Terriblement vert !, ill. de François Roca, Paris, Nathan, 2001.

C'est la jungle !, ill. d'Olivier Balez, Paris, Nathan, 2000.

La Citrouille olympique, ill. de Vanessa Hié, Paris, Nathan, 2000.

La Galette des trois, ill. d'Isabelle Chatellard, Paris, Flammarion, 2000.

Mes dix ans sur la lune, ill. de Colonel Moutarde, Paris, Nathan, 2000.

Le Naufragé du cinquième monde, ill. de Stanislas Barthélémy, Paris, Flammarion, 2000.

Nico : À fond les rollers, ill. de Régis Faller, Paris, Nathan, 2000.

Qu'est-ce que c'est que ce cirque !, ill. de Jean-François Martin, Paris, Père Castor Flammarion, 2000.

Qui n'aime personne ?, ill. de Vanessa Hié, Paris, Casterman, 2000.

Le Renne est-il la reine ?, ill. de Bruno Heitz, Paris, Casterman, 2000.

C'est mon secret !, ill. de Marcelino Truong, Paris, Père Castor Flammarion, 1999.

Les Dix ans du yack, ill. de Bruno Heitz, Paris, Casterman, 1999.

L'Eau dans tous ses états, ill. de Christian Lamblin, Paris, Nathan, 1999.

Le Jour des saigneurs, Paris, Nathan, 1999.

Ma Mère m'épuise, Paris, Hachette jeunesse, 1999.

Méfiez-vous de l'an 2000 !, ill. de Marcelino Truong, Paris, Nathan, 1999.

Nico : Comme une grenouille, ill. de Régis Faller, Paris, Nathan, 1999.

La Nuit du Mélimos, ill. d'Isabelle Chatellard, Paris, Castor Flammarion, 1999.

Pas de quartier pour Jean de la lune, ill. de Marcelino Truong, Paris, Nathan, 1999.

La Petite ramasseuse, ill. de Laurent Richard, Paris, Thierry Magnier, 1999.

Pourtant le dromadaire a bien bossé, ill. de Bruno Heitz, Paris, Casterman, 1999.

La Rhino est une féroce, ill. de Bruno Heitz, Paris, Casterman, 1999.

Le Chant du hibou, ill. de Raphaèle Galéa, Paris, Père Castor Flammarion, 1998.

Nico : C'est quoi ta collec ?, ill. de Régis Faller, Paris, Nathan, 1998.

L'Ogre du sommeil, ill. de Lulu Larsen, Paris, Castor Flammarion, 1998.

Pénélope : la poule de Pâques, ill. de Stéphane Girel, Paris, Père Castor Flammarion, 1998.

Prise d'otages à la Bastille, ill. de Bruno Pilorget, Paris, Castor Flammarion, 1998.

Le Soir du grand match, ill. de François Avril, Paris, Nathan, 1998.

Bouffon du roi, roi des bouffons, ill. de Gérard Franquin, Paris, Castor poche Flammarion, 1997.

Ça zozote au zoo, ill. de Bruno Heitz, Paris, Casterman, 1997.

Le Dernier jour, ill. de François Roca, Paris, Nathan, 1997.

La Guerre des kilos, ill. de Chantal Cazin, Paris, Père Castor Flammarion, 1997.

Imagine.., ill. de Jean-François Dumont, Paris, Père Castor Flammarion, 1997.

Mes monstres à moi, ill. de Finzo, Paris, Père Castor Flammarion, 1997.

Nico : Même pas cap..., ill. de Régis Faller, Paris, Nathan, 1997.

Nico : Ce n'est pas le vrai !, ill. de Régis Faller, Paris, Nathan, 1997.

L'Œuf du coq, ill. de Bruno Heitz, Paris, Casterman, 1997.

Tu te trompes, petit éléphant !, ill. de Bruno Heitz, Paris, Casterman, 1997.

Samuel : Un monstre dans la peau, ill. de François Roca, Paris, Nathan, 1997.

Le Coupable habite en face, ill. de Philippe Chauvet, Paris, Casterman, 1996.

L'Heureux gagnant, Paris, Castor Flammarion, 1996.

Le Jour de tous les mensonges, ill. de Jacques Ferrandez, Paris, Nathan, 1996.

Le Jour du meurtre, ill. de Guillaume Renon, Paris, Nathan, 1996.

Nico : Tous les jours, c'est foot !, ill. de Régis Faller, Paris, Nathan, 1996.

Le Noël de Maître Belloni, ill. d'Isabelle Chatellard, Paris, Père Castor Flammarion, 1996.

Le Président perd les pédales, Paris, Bayard, 1996.

Le Grand plongeon, ill. de Philippe Davaine, Paris, Grasset jeunesse, 1995.

Un cadeau d'enfer, ill. de Robert Barborini, Paris, Bayard, 1994.

Marathon sur l'estuaire, Paris, Syros, 1993.

Je vous aime, Paris, Syros, 1992.

Bouzar, Dounia (1964)
Être musulman aujourd'hui, ill. de Frédéric Rébéna, Paris, De la Martinière, 2003.

À la fois française et musulmane, ill. de Sylvia Bataille, Paris, De la Martinière, 2002.

Cantin, Marc (1967)
Le Chant du pirate, ill. de Marc Goubier, Paris, Oskar, 2013.

En route vers la Terre !, ill. de Laure Cacouault, Paris, Hachette éducation,

2013.

Jade et le royaume magique : Katimini voit rouge, ill. de Caroline Piochon, Paris, Flammarion, 2013.

Jade et le royaume magique : Un pour tous et tous pour un, ill. de Caroline Piochon, Paris, Flammarion, 2013.

Azami le cœur en deux, Paris, Nathan, 2012.

Cerise et Garou : Le Loup sort du bois, ill. de Patrice Le Sourd. Allauch, Clair de lune, 2012.

Grosse pétoche sur Zoupiton, ill. d'Éric Gasté, Toulouse, Milan, 2012.

Jade et le royaume magique : Un enfant terrible !, ill. de Caroline Piochon, Paris, Flammarion, 2012.

Jade et le royaume magique : Un invité sans gêne, ill. de Caroline Piochon, Paris, Flammarion, 2012.

Opération Trio : Le Dragon de Chine, ill. d'Isabel, Paris, Nathan, 2012.

Merlin zinzin : L'Elfe des brumes, ill. de Stan et Vince, Paris, Castor Poche Flammarion, 2012.

Merlin zinzin : Un sort au poil !, ill. de Stan et Vince, Paris, Castor Poche Flammarion, 2012.

Opération Trio : À la découverte de l'Amérique, ill. d'Isabel, Paris, Nathan, 2012.

Opération Trio : À l'assaut de la Bastille, ill. d'Isabel, Paris, Nathan, 2012.

Opération Trio : Dangereuse préhistoire, ill. d'Isabel, Paris, Nathan, 2012.

Opération Trio : Prophéties en Grèce, ill. d'Isabel, Paris, Nathan, 2012.

Opération Trio : Terribles vikings, ill. d'Isabel, Paris, Nathan, 2012.

Opération Trio : Le Trésor du pirate, ill. d'Isabel, Paris, Nathan, 2012.

Super Zazou et la baby-sitter, ill. de Thierry Nouveau, Paris, Rageot, 2012.

Cerise et Garou : Qui a peur du méchant petit loup ?, ill. de Patrice Le Sourd. Allauch, Clair de lune, 2011.

Jade et le royaume magique : Les Nodjis font la loi, ill. de Caroline Piochon, Paris, Flammarion, 2011.

Jade et le royaume magique : Doki contre-attaque, ill. de Caroline Piochon, Paris, Flammarion, 2011.

Jade et le royaume magique : Le Torrent mystérieux, ill. de Caroline Piochon, Paris, Flammarion, 2011.

Ma mère et moi : Les Deux font la paire, ill. de Thierry Nouveau. Allauch, Clair de lune, 2011.

Merlin zinzin : Une licorne pour cinq, ill. de Stan et Vince, Paris, Castor Poche Flammarion, 2011.

Merlin zinzin : Morgane s'en mêle !, ill. de Stan et Vince, Paris, Castor Poche Flammarion, 2011.

Nitou l'Indien : La Hache de guerre, ill. de Sébastien Pelon, Paris, Castor Poche Flammarion, 2011.

Nitou l'Indien : La Malédiction du carcajou, ill. de Sébastien Pelon, Paris,

Castor Poche Flammarion, 2011.

Opération Trio : Duel de chevaliers, ill. de Studio Effigie, Paris, Nathan, 2011.

Opération Trio : Face aux gladiateurs, ill. de Studio Effigie, Paris, Nathan, 2011.

Opération Trio : Pièges en Égypte, ill. de Studio Effigie, Paris, Nathan, 2011.

Opération Trio : Vol à Versailles, ill. de Studio Effigie, Paris, Nathan, 2011.

Super Zazou et les crayons farceurs, ill. de Thierry Nouveau, Paris, Rageot, 2011.

Super Zazou et les légumes carnivores, ill. de Thierry Nouveau, Paris, Rageot, 2011.

Cédille : Mystère au musée, ill. de Cécile, Bruxelles, Éditions du Lombard, 2010.

Cédille : Panique au cirque, ill. de Cécile, Bruxelles, Éditions du Lombard, 2010.

Cédille : Zizanie au zoo, ill. de Cécile, Bruxelles, Éditions du Lombard, 2010.

Léo et Lola : Tous dans le bain, ill. de Thierry Nouveau, Bruxelles, Éditions du Lombard, 2010.

Les Meilleurs ennemis : La Potion mystérieuse, ill. d'Éric Gasté, Paris, Castor Poche Flammarion, 2010.

Ma mère et moi : Maman poule, ill. d'Isabelle Maroger, Allauch, Clair de Lune, 2010.

Merlin Zinzin : Rien n'arrête Viviane !, ill. de Stan et Vince, Paris, Castor Poche Flammarion, 2010.

Merlin zinzin : Le Sort s'acharne !, ill. de Stan et Vince, Paris, Castor Poche Flammarion, 2010.

Nitou l'Indien : L'Oiseau-tonnerre, ill. de Sébastien Pelon, Paris, Castor Poche Flammarion, 2010.

Nitou l'Indien : Le Tipi qui pique, ill. de Sébastien Pelon, Paris, Castor Poche Flammarion, 2010.

Un poney au balcon, ill. de Thierry Nouveau, Paris, Rageot, 2010.

Wally Doyle et le Passe Mémoire, ill. de Patrice Le Sourd, Allauch, Clair de Lune, 2010.

Léo et Lola : Pagaille dans la cuisine, ill. de Thierry Nouveau, Bruxelles, Éditions du Lombard, 2009.

Ma mère et moi : Telle mère, telle fille, ill. d'Isabelle Maroger, Allauch, Clair de lune, 2009.

Les Meilleurs ennemis : Une maîtresse très bizarre, ill. d'Éric Gasté, Paris, Castor Poche Flammarion, 2009.

Les Meilleurs ennemis : Bagarres à l'école, ill. d'Éric Gasté, Paris, Castor Poche Flammarion, 2009.

Merlin zinzin : Des soucis pour Lancelot, ill. de Stan et Vince, Paris, Castor

Poche Flammarion, 2009.

Merlin zinzin : Un grimoire pour Merlin, ill. de Stan et Vince, Paris, Castor Poche Flammarion, 2009.

Messages : Je suis ton secret, Paris, Rageot, 2009.

Messages : Tu es ma vengeance, Paris, Rageot, 2009.

Nitou l'Indien : Le Grand voyage, ill. de Sébastien Pelon, Paris, Castor Poche Flammarion, 2009.

Nitou l'Indien : À cheval, Nitou !, ill. de Sébastien Pelon, Paris, Castor Poche Flammarion, 2009.

Un ogre dans le placard, ill. de Sébastien Telleschi, Toulouse, Milan, 2009.

Le Blog des animaux, ill. d'Isabelle Maroger, Paris, Rageot, 2008.

Le Dernier donjon, ill. de Bruno Bertin, Rennes, Coyote jeunesse, 2008.

Les Gamins des Andes, Rennes, Coyote, 2008.

Léo et Lola : Vive les vacances, ill. de Thierry Nouveau, Bruxelles, Éditions du Lombard, 2008.

Léo et Lola : À l'école, ill. de Thierry Nouveau, Bruxelles, Éditions du Lombard, 2008.

Léo et Lola : Joyeux Noël !, ill. de Thierry Nouveau, Bruxelles, Éditions du Lombard, 2008.

Léo et Lola : Chez papi et mamie, ill. de Thierry Nouveau, Bruxelles, Éditions du Lombard, 2008.

Ma mère et moi : Chaud devant !, ill. d'Isabelle Maroger, Allauch, Clair de Lune, 2008.

Les Meilleurs ennemis : Votez pour moi !, ill. d'Éric Gasté, Paris, Castor Poche Flammarion, 2008.

Les Meilleurs ennemis : Des champions olympiques !, ill. d'Éric Gasté, Paris, Castor Poche Flammarion, 2008.

Nitou l'Indien : La Rivière sans retour, ill. de Sébastien Pelon, Paris, Castor Poche Flammarion, 2008.

Nitou l'Indien : Au secours, Nitou !, ill. de Sébastien Pelon, Paris, Castor Poche Flammarion, 2008.

Têtes de mule, Paris, Seuil jeunesse, 2008.

Une ado en prison, Rennes, Coyote jeunesse, 2008.

Le Club des animaux, ill. d'Isabelle Maroger, Paris, Rageot, 2007.

L'Enfant des rues, Rennes, Coyote, 2007.

Le Loup a les crocs, ill. de Fabrice Turrier, Toulouse, Milan, 2007.

Les Meilleurs ennemis : La Faim justifie les moyens ?, ill. d'Éric Gasté, Paris, Castor Poche Flammarion, 2007.

Nitou l'Indien : Le Secret du vent, ill. de Sébastien Pelon, Paris, Castor Poche Flammarion, 2007.

Nitou l'Indien : Qui est le plus fort ?, ill. de Sébastien Pelon, Paris, Castor Poche Flammarion, 2007.

Léo et Lola : On s'aime trop, ill. de Thierry Nouveau, Bruxelles, Éditions du

Lombard, 2006.

Les Meilleurs ennemis : Comme un poisson dans l'eau ?, ill. d'Éric Gasté, Paris, Castor Poche Flammarion, 2006.

Les Meilleurs ennemis : Peur de rien, ill. d'Éric Gasté, Paris, Castor Poche Flammarion, 2006.

Les Meilleurs ennemis : Tous à la rescousse !, ill. d'Éric Gasté, Paris, Castor Poche Flammarion, 2006.

Les Meilleurs ennemis : Horreur ! Des amoureux, ill. d'Éric Gasté, Paris, Castor Poche Flammarion, 2006.

Nitou l'Indien : Le Démon de la montagne, ill. de Sébastien Pelon, Paris, Castor Poche Flammarion, 2006.

Nitou l'Indien : Quel grand chasseur !, ill. de Sébastien Pelon, Paris, Castor Poche Flammarion, 2006.

Nitou l'Indien : Un nouvel ami, ill. de Sébastien Pelon, Paris, Castor Poche Flammarion, 2006.

Trop petit !, ill. de Charlotte Roederer, Paris, Nathan, 2006.

Copains de collège : Éloïse critique tout, ill. de Nicobi, Paris, Rageot, 2005.

Copains de collège : Jenifer Show, ill. de Nicobi, Paris, Rageot, 2005.

Copains de collège : Le Journal de Sullivan, ill. de Nicobi, Paris, Rageot, 2005.

Copains de collège : Le Nouvel ami de Nora, ill. de Nicobi, Paris, Rageot, 2005.

Copains de collège : Le Pari d'Antonin, ill. de Nicobi, Paris, Rageot, 2005.

Copains de collège : Les Secrets d'Oscar, ill. de Nicobi, Paris, Rageot, 2005.

Les Maléfices d'Halequin : Le Dernier combat, ill. de Jean-Emmanuel Vermot-Desroches, Paris, Nathan, 2005.

Nitou l'Indien : Nitou et le raton laveur, ill. de Sébastien Pelon, Paris, Castor Poche Flammarion, 2005.

Demain je serai africain, ill. de Zaü, Paris, Rageot, 2004.

Mais pourquoi tant d'interdits ?, ill. de Bruno Salamone, Paris, De la Martinière, 2004.

Les Maléfices d'Halequin : La Nuit des Ghülls, ill. de Jean-Emmanuel Vermot-Desroches, Paris, Nathan, 2004.

Les Maléfices d'Halequin : L'Œil de Bézoard, ill. de Jean-Emmanuel Vermot-Desroches, Paris, Nathan, 2004.

Nitou l'Indien : Nitou, le petit Indien, ill. de Sébastien Pelon, Paris, Castor Poche Flammarion, 2004.

Les Sorcières du collège : Ultime épreuve, Toulouse, Milan, 2004.

Une moitié de sœur, ill. de Virginie Sanchez, Paris, Père Castor Flammarion, 2004.

Mamie et moi, ill. de Pierre Mornet, Toulouse, Milan, 2003.

Moi, Félix, 11 ans, français de papier, Toulouse, Milan, 2003.

Moi, Félix, 12 ans, sans frontières, Toulouse, Milan, 2003.

Mon chat, mes copines et moi, ill. de Nadine Van der Straeten, Paris, Rageot, 2003.

Le Plus grand roi du monde, ill. de Thierry Christmann, Paris, Rageot, 2003.

Sexy story, Paris, Rageot, 2003.

Les Sorcières du collège : Amours piégées, Toulouse, Milan, 2004.

Un super-génie dans les étoiles, ill. d'Olivier Latyk, Toulouse, Milan, 2003.

Le Cartable peureux, ill. d'Élisabeth Schlossberg, Paris, Père Castor Flammarion, 2002.

Le Grand gentil loup, ill. d'Hervé Le Goff, Toulouse, Milan, 2002.

La Course de l'espace, ill. de Laurent Richard, Toulouse, Milan, 2001.

La Forge du diable, ill. de Claire Le Grand, Toulouse, Milan, 2001.

Le Mystère de la fille sans nom, Toulouse, Milan, 2001.

Oh les z'amoureux !, ill. de Camille Meyer, Paris, Rageot, 2001.

Les Sorcières du collège : Secrets de familles, Toulouse, Milan, 2001.

Les Sorcières du collège : Le Pouvoir des deux, Toulouse, Milan, 2001.

Les Sorcières du collège : Coups de cœur et mauvais coups, Toulouse, Milan, 2001.

Un poney au balcon, ill. de Thierry Nouveau, Paris, Rageot, 2001.

Vers des jours meilleurs, Paris, Thierry Magnier, 2001.

Y en a marre des cauchemars, ill. de Jean-François Martin, Toulouse, Milan, 2001.

Des barreaux plein les yeux, Paris, Thierry Magnier, 2000.

La Dernière nuit du loup-garou, ill. de Philippe Munch, Toulouse, Milan, 2000.

L'Indien et le dinosaure, ill. de Frédéric Pillot, Toulouse, Milan, 2000.

Le Monstre de l'espace, ill. de Laurent Richard, Toulouse, Milan, 2000.

Moi, Félix, 10 ans, sans-papiers, Toulouse, Milan, 2000.

Pas facile d'être une star, ill. de Jean-Philippe Chabot, Paris, Rageot, 2000.

Princesse-la-tornade, ill. de Florence Langlois, Toulouse, Milan, 2000.

Les Ailes de Kayak, Paris, Grasset jeunesse, 1999.

L'Aviateur, ill. d'Andrée Prigent, Paris, Didier jeunesse, 1999.

Le Loup a les crocs, ill. de Fabrice Turrier, Toulouse, Milan, 1999.

Un ogre pour s'endormir, ill. d'Olivier Tossan, Toulouse, Milan, 1999.

Le Meilleur papa du monde, ill. de Brigitte Perdreau, Paris, Grasset jeunesse, 1998.

Princesse Anna, ill. de Martin Jarrie, Paris, Nathan, 1998.

Ebokéa, Marie-Félicité (1962)
La Bicyclette de Fofana, Vanves, Edicef, 2013.
Buzz et Sido le N'djoundjou, Paris, Hachette, 2013.
Julie et Yako : la mauvaise note, Paris, Hachette, 2012.
Julie et Yako : le fantôme/pipi la nuit, Paris, Hachette, 2012.
T'es plus ma copine, Vanves, Edicef, 2012.
Le Voyage à Matinkin, ill. de Pascale Bougeault, Paris, Belin, 2011.
À l'eau, Mariétou !, ill. de Clémentine Sourdais, Paris, Éditions du Sorbier, 2010.
Drôles de recettes, Paris, Mouton Cerise, 2008.
Mariétou Kissaitou, ill. de Clémentine Sourdais, Paris, Éditions du Sorbier, 2008.
Mbela et la perle de Mamiwater, ill. de Muriel Diallo, Paris, Belin, 2006.
Vacances en brousse, ill. de Laurence Bernard, Paris, Belin, 2006.
Recyclons nos objets !, ill. de Laurent Lolmède, Paris, Albin Michel jeunesse, 2005.
Retour à Douala, Paris, Thierry Magnier, 2002.
Sagesses et malices de M'Bolo, le lièvre d'Afrique, ill. d'Alexios Tjoyas, Paris, Albin Michel jeunesse, 2002.
Peau et vent : la rencontre, ill. de Marc Daniau, Paris, Seuil, 2000.

Gudule (1945)
Histoires de loups, ill. de Magali Clavelet, Maria Karapidou et Frédéric Pillot, Toulouse, Milan, 2013.
Jappeloup : Le roman du film, Paris, Nathan, 2013.
La Princesse qui rêvait tout le temps et autres contes de fées, ill. d'Amélie Thiébaud, Chatellerault, Mic Mac, 2013.
Elfes et lutins, ill. de Sébastien Mourrain, Paris, Nathan, 2012.
L'Inconnu de la ville fantôme, Chatellerault, Mic Mac, 2012.
Moi, peur des chevaux ?, Chatellerault, Mic Mac, 2012.
L'Ogre bleu et autres contes des îles, ill. de Simon Moreau, Chatellerault, Mic Mac, 2012.
Ogres et géants, ill. de Didier Millotte, Paris, Nathan, 2012.
La Princesse au teint de lune et autres contes japonais, ill. de Misstigri, Chatellerault, Mic Mac, 2012.
Les Petits souliers de nulle part et autres contes d'Afrique, ill. de Simon Moreau, Paris, Éditions Grenouille, 2012.
Les Amoureux légendaires, ill. de Jacques Guillet, Paris, Nathan, 2011.
Le Croqueur de lune, Namur, Mijade, 2011.
Histoires de sorcières, ill. de Benoît Perroud et Frédéric Pillot, Toulouse, Milan, 2011.
Mille ans de contes, ill. de Glen Chapron, Marie Lafrance et Christian Guibbaud, Toulouse, Milan, 2011.

Pauvres dragons, ill. de Bruno Salamone, Paris, P'tit Glénat, 2011.

Le Pirate en sucre rose, ill. de Marc Lizano, Nantes, Gargantua, 2011.

Histoires de chevaliers, ill. de Marion Puech et Frédéric Pillot, Toulouse, Milan, 2010.

Paradis perdu. Chatellerault, Mic Mac, 2010.

Un été de chien, ill. de Sylvie Serprix, Chatellerault, Mic Mac, 2010.

Un lutin à l'école, ill. de Grégoire Mabire, Namur, Mijade, 2010.

Atout 5 : Le Porte-bonheur de Miou, ill. de Baptiste Heidrich, Paris, Nathan, 2009.

Atout 5 : Shanoor superstar, Paris, Nathan, 2009.

Au lit, Gaspard !, ill. de Frédéric Joos, Paris, Oskar jeunesse, 2009.

La Fiancée du singe, Paris, Hachette, 2009.

Les Filles mortes se ramassent au scalpel, Paris, Bragelonne, 2009.

Histoires de pirates, ill. de Marc Lizano et Frédéric Pillot, Toulouse, Milan, 2009.

L'Orage magique, ill. de Caterina Zandorella, Chatellerault, Mic Mac, 2009.

Petits contes amoureux, ill. de Samuel Ribeyron, Toulouse, Milan, 2009.

Princesse petits-bruits, ill. de Marjolein Pottie, Namur, Mijade, 2009.

La Véritable histoire du chat botté, ill. de Roland Garrigue, Paris, Bayard, 2009.

Arthur : Arthur et les baskets du sapin de Noël, ill. de Claude K. Dubois, Paris, Nathan, 2008.

Le Bal des ombres, Namur, Mijade, 2008.

Le Chant des lunes, Paris, Thierry Magnier, 2008.

Contes et légendes des ogres et des géants, ill. de Didier Millotte, Paris, Nathan, 2008

Du moment que ce n'est pas sexuel, Chatellerault, Mic Mac, 2008.

Gare à la poupée Zarbie !, Chatellerault, Mic Mac, 2008.

Petits contes gourmands, ill. de Christophe Merlin, Toulouse, Milan, 2008.

Petits contes méchants, ill. de Marie Lafrance, Toulouse, Milan, 2008.

Princesse Zoumouroud : Onze contes de sagesse, Paris, Hachette, 2008.

Sagesses et malices de Tchantchès, Tête de bois, ill. de Dominique Maes, Paris, Albin Michel jeunesse, 2008.

La Chambre de l'ange, ill. de Cali Rézo, Paris, Nathan, 2007.

La Ménopause des fées : La Nuit des porcs vivants, Paris, Bragelonne, 2007.

Petits contes malicieux, ill. de Stéphane Girel, Toulouse, Milan, 2007.

La Peur au bout de la laisse, Paris, Nathan, 2007.

Un amour de pou, ill. de Sandrine Revel, Paris, P'tit Glénat, 2007.

Une princesse dans la classe, ill. d'Élodie Balandras, Paris, P'tit Glénat, 2007.

La Confiture de fées, Paris, Nathan, 2006.

La Girafe de la lune et autres histoires farfelues, ill. de Florence Langlois, Toulouse, Milan, 2006.

La Ménopause des fées : Crimes et chatouillements, Paris, Bragelonne, 2006.

Le Petit théâtre de sang, Bruxelles, Labor, 2006.

Zoé la trouille : Le Fantôme de la salle de bains, ill. de Yann Autret, Paris, Hachette jeunesse, 2006.

Arthur : Arthur et le miroir magique, ill. de Claude K. Dubois, Paris, Nathan, 2005.

Bunker café, Paris, Père Castor Flammarion, 2005.

La Ménopause des fées : Le Crépuscule des dieux, Paris, Bragelonne, 2005.

Monsieur et Madame Molly ont une fille…, ill. de Marie Kyprianou, Champigny-sur-Marne, Lito, 2005.

La Rose et l'olivier, Paris, Grasset jeunesse, 2005.

Zoé la trouille : La sorcière est dans l'école, ill. de Yann Autret, Paris, Hachette jeunesse, 2005.

Zoé la trouille : Un requin dans la piscine, ill. de Yann Autret, Paris, Hachette jeunesse, 2005.

Arthur : La Petite souris distraite, ill. de Claude K. Dubois, Paris, Nathan, 2004.

Les Aventures d'Autorouteman, ill. de Fañch, Champigny-sur-Marne, Lito, 2004.

Contes et légendes des mille et une nuits, ill. de Patricia Reznikov, Paris, Nathan, 2004.

Crime city, ill. de Caza. Maisons-Alfort, Degliame jeunesse, 2004.

Étrangère au paradis, Paris, Grasset jeunesse, 2004.

Nous ne méritons pas les chiens, Paris, Hors commerce, 2004.

Le Secret des hurlants, Paris, Bayard jeunesse, 2004.

Soleil Rose, Paris, Hachette jeunesse, 2004.

Arthur : Arthur et le chien anglais, ill. de Claude K. Dubois, Paris, Nathan, 2003.

Dodo, les monstres !, ill. de Fañch, Champigny-sur-Marne, Lito, 2003.

Impasse du nord, Paris, Hachette jeunesse, 2003.

Mickette : Dans les griffes du papagarou, ill. de Christophe Durual, Paris, Nathan, 2003.

Mordre le ciel, Paris, Flammarion, 2003.

La Vie en rose, Paris, Grasset jeunesse, 2003.

Arthur : J'en ai marre des fées !, ill. de Claude K. Dubois, Paris, Nathan, 2002.

Au secoours, ill. de Pef, Paris, Tartamudo, 2002.

L'Instit : Vanessa la petite dormeuse, Paris, Hachette jeunesse, 2002.

J'ai peur de la maîtresse, ill. de Claude K. Dubois, Toulouse, Milan, 2002.

Ma jumelle, quel cauchemar !, ill. de Nadine Van der Straeten, Paris, Pocket, 2002.

Le Métro, c'est l'enfer ! Paris, Magnard jeunesse, 2002.

Mon héros d'Halloween, ill. de Karen Laborie, Paris, Père Castor Flammarion, 2002.

Papy et la fée, ill. de Claude K. Dubois, Paris, Grasset jeunesse, 2002.

Super-Nina au zoo, ill. de Joëlle Jolivet, Paris, Nathan, 2002.

Un sacré frimeur, ill. de Fañch, Champigny-sur-Marne, Lito, 2002.

L'Adolescent de minuit, Maisons-Alfort, Degliame, 2001.

Arthur : La Nouille vivante, ill. de Claude K. Dubois, Paris, Nathan, 2001.

Barbès blues, Paris, Hachette jeunesse, 2001.

Comment élever ton monstre familier, ill. de Jacques Azam, Paris, Nathan, 2001.

Contes et légendes des fées et des princesses, ill. de Patricia Reznikov, Paris, Nathan, 2001.

Danger, camping maudit !, ill. de Christophe Durual, Paris, Nathan, 2001.

Le Garçon qui vivait dans ma tête, Paris, Pocket jeunesse, 2001.

Géronima Hopkins attend le Père Noël, Paris, Albin Michel, 2001.

Le Grand méchant Louis, ill. de Frédéric Joos, Paris, Pocket jeunesse, 2001.

L'Instit : Une seconde chance, Paris, Hachette jeunesse, 2001.

L'Instit : Le Réveil, Paris, Hachette jeunesse, 2001.

L'Instit : La Révélation, Paris, Hachette, 2001.

L'Instit : Samson l'innocent, Paris, Hachette jeunesse, 2001.

Kaïra, Paris, Père Castor Flammarion, 2001.

Mélodie des îles, Paris, J'ai lu, 2001.

Le Monstre de la purée, ill. de Fañch, Paris, Grasset jeunesse, 2001.

La Mort aux yeux de porcelaine, Paris, Flammarion, 2001.

Notre secret à nous, Paris, Grasset jeunesse, 2001.

Regardez-moi, Paris, Père Castor Flammarion, 2001.

Un pour Rita, Rita pour tous : Jurassic Square, Paris, Mango jeunesse, 2001.

Un studio sous les toits, Paris, J'ai lu jeunesse, 2001.

Mickette : Aie peur et tais-toi !, ill. de Christophe Durual, Paris, Nathan, 2000.

L'Amoureux d'Halloween, Paris, Fleurus, 2000.

Contes et légendes de la peur, ill. d'Emmanuelle Houdart, Paris, Nathan, 2000.

Les Contes la vérité (vraie) !, ill. d'Anne Wilsdorf, Paris, Nathan, 2000.

Le Film dont vous êtes le héros, ill. de Yann Autret, Paris, Grasset jeunesse, 2000.

Horrible baby-sitting !, ill. de Fañch, Paris, Magnard jeunesse, 2000.

L'Immigré, Paris, Hachette jeunesse, 2000.

L'Instit : Aimer par cœur, Paris, Hachette jeunesse, 2000.

L'Instit : Tu m'avais promis, Paris, Hachette jeunesse, 2000.

L'Instit : À quoi ça sert d'apprendre ?, Paris, Hachette jeunesse, 2000.

L'Instit : Concerto pour Guillaume, Paris, Hachette jeunesse, 2000.

L'Instit : Menteur !, Paris, Hachette jeunesse, 2000.

L'Instit : Le mot de passe, Paris, Hachette jeunesse, 2000.

J'ai quatorze ans et je suis détestable, Paris, Père Castor Flammarion, 2000.

La Maison cannibale, Paris, Pocket jeunesse, 2000.

Le Rebelle de la cantine, Paris, Nathan, 2000.

Un pour Rita, Rita pour tous : Le Génie de la lampe de poche, Paris, Mango jeunesse, 2000.

Un pour Rita, Rita pour tous : Les Bonbons de l'épouvante, Paris, Mango jeunesse, 2000.

Un pour Rita, Rita pour tous : La Guerre des poils, Paris, Mango jeunesse, 2000.

Le Vampire du CE1, ill. de Dylan Pelot, Paris, Pocket jeunesse, 2000.

Vert de peur, mort de rire, ill. d'Anne Wilsdorf, Paris, Nathan, 2000.

Villa des dunes, Paris, Grasset jeunesse, 2000.

La Villa qui hurle, Maisons-Alfort, Degliame, 2000.

L'Amour en chaussettes, Paris, Thierry Magnier, 1999.

D'où je viens, ill. de Clément Oubrerie, Paris, Nathan, 1999.

Les Frousses de Zoé : L'Abominable petite fille des neiges, Paris, Hachette jeunesse, 1999.

Les Frousses de Zoé : Le Microbe qui rend invisible, Paris, Hachette jeunesse, 1999.

Les Frousses de Zoé : Pas de pizza pour les mutants !, Paris, Hachette jeunesse, 1999.

L'Instant des louves, Montréal, Hurtubise, 1999.

J'irai dormir au fond du puits, Paris, Grasset jeunesse, 1999.

Mickette : La Boutique maléfique, ill. de Christophe Durual, Paris, Nathan, 1999.

La Nuit du bébé fugueur, Paris, Nathan, 1999.

On a un monstre dans la classe, ill. d'Anaïs Massini, Paris, Nathan, 1999.

La Poupée aux yeux vivants, ill. de Magali Lefèbvre, Paris, Nathan, 1999.

Qui hante la tour morte ?, Paris, Magnard jeunesse, 1999.

T'es une sorcière, maman ?, Paris, Hachette jeunesse, 1999.

Cœur de guimauve, Paris, Hachette jeunesse, 1998.

Destination cauchemar, ill. de Daniel Kerleroux, Paris, Nathan, 1998.

La Fille au chien noir, Paris, Hachette jeunesse, 1998.

Les Frousses de Zoé : Le Métro de l'horreur, Paris, Hachette jeunesse, 1998.

Les Frousses de Zoé : Le Père Noël est un extra-terrestre, Paris, Hachette, 1998.

Les Frousses de Zoé : Le Squelette connaît la musique, Paris, Hachette jeunesse, 1998.

Les Frousses de Zoé : L'Île du docteur Morora, Paris, Hachette jeunesse, 1998.

Les Frousses de Zoé : Zoé contre Zoé, Paris, Hachette jeunesse, 1998.

L'Instit : Le Bouc émissaire, Paris, Hachette jeunesse, 1998.

Le Jour où Marion devint un lapin, Paris, Hachette jeunesse, 1998.

Touche pas à mon école !, Paris, Hachette jeunesse, 1998.

Au Gringo's Bar, Paris, Syros, 1997.

Au secours, je suis invisible !, ill. de Frédéric Rébéna, Paris, Nathan, 1997.

La Forêt des hurlements, Paris, Hachette jeunesse, 1997.

Les Frousses de Zoé : Bonjour, monsieur Frankenstein !, Paris, Hachette jeunesse, 1997.

Les Frousses de Zoé : En colo avec des démons, Paris, Hachette jeunesse, 1997.

Les Frousses de Zoé : Le Fantôme du panier à linge, Paris, Hachette jeunesse, 1997.

Les Frousses de Zoé : Les Ogres du centre commercial, Paris, Hachette jeunesse, 1997.

Les Frousses de Zoé : Mon papy s'appelle Barbe-Bleue, Paris, Hachette jeunesse, 1997.

L'Instit : L'Autre, Paris, Hachette jeunesse, 1997.

L'Instit : Le Chemin des étoiles, Paris, Hachette jeunesse, 1997.

L'Instit : Le Rêve du tigre, Paris, Hachette jeunesse, 1997.

L'Instit : Frères de sang, Paris, Hachette jeunesse, 1997.

Le Manège de l'oubli, ill. de François Roca, Paris, Nathan, 1997.

Ne vous disputez jamais avec un spectre !, Paris, Hachette jeunesse, 1997.

Un bout de chemin ensemble, Paris, Hachette jeunesse, 1997.

Le Château des chiens perdus, ill. de Jean-François Martin, Paris, Hachette jeunesse, 1996.

L'Envers du décor, Paris, Hachette jeunesse, 1996.

Les Frousses de Zoé : Le Dentiste est un vampire, Paris, Hachette jeunesse, 1996.

Les Frousses de Zoé : La Sorcière est dans l'école, Paris, Hachette jeunesse, 1996.

L'Instit : Le Boulard, Paris, Hachette jeunesse, 1996.

L'Instit : Demain, dès l'aube, Paris, Hachette jeunesse, 1996.

L'Instit : L'Angélus du corbeau, Paris, Hachette jeunesse, 1996.

L'Instit : Méchante, Paris, Hachette jeunesse, 1996.

Les Poilantes aventures de René le virus, Paris, Bayard jeunesse, 1996.

Après vous M. de la Fontaine, ill. de Frédéric Mathieu, Paris, Hachette jeunesse, 1995.

La Bibliothécaire, Paris, Hachette jeunesse, 1995.

L'Instit : Le Crime de Valentin, Paris, Hachette jeunesse, 1995.

L'École qui n'existait pas, ill. de Christophe Durual, Paris, Nathan, 1994.

La Vie à reculons, ill. de Robert Diet, Paris, Hachette jeunesse, 1994.

Mémé est amoureuse, Paris, Syros, 1992.

La Mort d'un chien, Paris, Hachette jeunesse, 1992.

Agence Torgnole, frappez fort, Paris, Syros, 1991.

Ma petite sœur a des super pouvoirs : Dodo, maman do !, ill. de Fañch, Paris,

Magnard jeunesse, 1991.

Ma petite sœur a des super pouvoirs : Je veux une bêêête !, ill. de Fañch, Paris, Magnard jeunesse, 1991.

Ma petite sœur a des super pouvoirs : Une vache dans le salon !, ill. de Fañch, Paris, Magnard jeunesse, 1991.

Ma petite sœur a des super pouvoirs : Touche pas à mon requin !, ill. de Fañch, Paris, Magnard jeunesse, 1991.

Et rose elle a vécu... Paris, Denoël, 1990.

Bye bye maman, Paris, Syros, 1988.

Prince charmant poil aux dents, Paris, Syros, 1987.

Rosaloche la moche, Paris, Syros, 1987.

Kalengula, Catherine (1972)

Francette top secrète : L'Arbre magique, ill. d'Isabelle Maroger, Paris, Hatier, 2013.

Iron Man 3 : Le roman du film, Paris, Hachette, 2013.

La Minute du papillon : Mon papa est un dragon, ill. de Marc Boutavant, Champigny-sur-Marne, Lito, 2013.

Pierre, feuille, ciseaux, Paris, Hachette, 2013.

Bienvenue au refuge Kobikisa, Paris, Auzou Éditions jeunesse, 2012.

Francette top secrète : Macaroni, super agent secret, ill. d'Isabelle Maroger, Paris, Hatier, 2012.

Captain America : Le roman du film, Paris, Hachette, 2012.

John Carter : Le roman du film, Paris, Hachette, 2012.

Pick-up love, Paris, Hachette, 2012.

Rebelle, Paris, Hachette jeunesse, 2012.

Spider-man : Les origines, Paris, Hachette, 2012.

Chante ! : Dérapages, Paris, Hachette, 2011.

Chante ! : Trahison, Paris, Hachette jeunesse, 2011.

Francette top secrète : Justin à la folie, ill. d'Isabelle Maroger, Paris, Hatier, 2011.

Gnoméo et Juliette : L'histoire du film, Paris, Hachette, 2011.

Un monstre à Paris : Le roman du film, Paris, Hachette, 2011.

Chante ! : Nouveau départ, Paris, Hachette, 2010.

Francette top secrète : Vacances au Pouloulou, ill. d'Isabelle Maroger, Paris, Hatier, 2010.

Magic : Un prince charmant en trop, Paris, Hachette jeunesse, 2010.

Un frère tombé du ciel, Averbode, Éditions Averbode, 2010.

Amour, luxe et rébellion, Paris, Hachette jeunesse, 2009.

Annabelle et Mirabelle : Au grand galop, ill. de Daneth Khong, Champigny-sur-Marne, Lito, 2009.

Annabelle et Mirabelle : Au fond des océans, ill. de Daneth Khong, Champigny sur Marne, Lito, 2009.

Francette top secrète : Le Fantôme de Trucmachin, ill. d'Isabelle Maroger, Paris, Hatier, 2009.
Magic : Une idée de génie, Paris, Hachette jeunesse, 2009.
La Minute du papillon : Mon papa est un dragon, ill. de Marc Boutavant, Champigny-sur-Marne, Lito, 2009.
Annabelle et Mirabelle : Le Roi qui rétrécit, ill. de Daneth Khong, Champigny-sur-Marne, Lito, 2008.
Annabelle et Mirabelle : Deux fées pour un prince, ill. de Daneth Khong, Champigny-sur-Marne, Lito, 2008.
Chante ! : Star sinon rien, Paris, Hachette jeunesse, 2008.
Francette top secrète : Enquête à quatre pattes, ill. d'Isabelle Maroger, Paris, Hatier, 2008.
London Fashion : Journal stylé d'une accro de la mode, Paris, Hachette jeunesse, 2008.
London Fashion : Journal (encore plus) stylé d'une accro de la mode, Paris, Hachette jeunesse, 2008.
Francette top secrète : Mission Noël, ill. d'Isabelle Maroger, Paris, Hatier, 2007.
Francette top secrète : Drôle de momie !, ill. d'Isabelle Maroger, Paris, Hatier, 2007.
Francette top secrète : Mystère à l'école, ill. d'Isabelle Maroger, Paris, Hatier, 2007.
La Minute du papillon : Valentin petit roi, ill. de Claire Delvaux, Champigny-sur-Marne, Lito, 2007.
La Minute du papillon : Valentin-peur-de-rien, ill. de Claire Delvaux, Champigny-sur-Marne, Lito, 2007.
Le Secret de Monsieur Cloutin, Paris, Éditions Corlet, 2007.
L'Idée de Lili, ill. d'Estelle Meyrand, Amiens, Scolavox, 2006.

Pineau, Gisèle (1956)
L'Odyssée d'Alizée, Paris, Thierry Magnier, 2010.
Les Colères du volcan, Paris, Dapper, 2004.
C'est la règle, Paris, Thierry Magnier, 2002.
Case mensonge, Paris, Bayard, 2001.
Caraïbes sur Seine, Paris, Dapper, 1999.
Le Cyclone Maryline, Montréal, Hurtubise, 1998.
Un papillon dans la cité, Paris, Sépia, 1992.

Ressouni-Demigneux, Karim (1965)
Artistes maudits : Le récit de 30 destins tragiques, Paris, Beaux-Arts éditions, 2013.
La Cité : La dernière éclipse, Voisins-le-Bretonneux, Rue du monde, 2013.
La Cité : La bataille des confins, Voisins-le-Bretonneux, Rue du monde,

2012.
La Cité : Le pacte des uniques, Voisins-le-Bretonneux, Rue du monde, 2012.
La Cité : La lumière blanche, Voisins-le-Bretonneux, Rue du monde, 2011.
Petit Pablo deviendra Picasso, ill. de Zaü, Voisins-le-Bretonneux, Rue du monde, 2011.
J'ai oublié mes parents, ill. de Julia Chausson, Voisins-le-Bretonneux, Rue du monde, 2009.
Je ne pense qu'à ça, ill. de Monike Czarnecki, Voisins-le-Bretonneux, Rue du monde, 2009.
L'Ogre, ill. de Thierry Dedieu, Voisins-le-Bretonneux, Rue du monde, 2007.
Je suis un gros menteur, ill. de Daniel Maja, Voisins-le-Bretonneux, Rue du monde, 2005.
Ce matin, mon grand-père est mort, ill. de Daniel Maja, Voisins-le-Bretonneux, Rue du monde, 2003.

Sebbar, Leïla (1941)
Le Ravin de la femme sauvage, Paris, Thierry Magnier, 2007.
"Le Vagabond", Saint Pourçain sur Sioule, Bleu autour, 2007.
L'Habit vert, Paris, Thierry Magnier, 2006.
Sept filles, Paris, Thierry Magnier, 2003.
Marguerite, Paris, Eden, 2002.
La Seine était rouge, Paris, Thierry Magnier, 1999.
Soldats, Paris, Seuil jeunesse, 1999.
Le Baiser, Paris, Hachette, 1997.
Ismaël dans la jungle des villes, ill. de Christine Battuz, Saint Laurent, Québec, Éditions du Trécarré, 1997.
J'étais enfant en Algérie : Juin 1962, ill. de Catherine Belkadi, Paris, Éditions du Sorbier, 1997.
La Jeune fille au balcon, Paris, Seuil jeunesse, 1996.
Lorient-Québec, Montréal, Hurtubise, 1991.

Trung Quoc Tran (1974)
Dis bonjour à ton père, Paris, École des loisirs, 2003.
Pigeons, mode d'emploi, Paris, École des loisirs, 2002.
La Barque, Paris, École des loisirs, 2001.

Truong, Marcelino (1957, auteur et illustrateur)
Une si jolie petite guerre, Paris, Denoël, 2012.
Churchill, Arles, Actes Sud, 2011.
Prisonniers du ciel, Paris, Casterman, 2010.
Trois samouraïs sans foi ni loi, Paris, Hachette, 2008.
Le Samouraï en armure rouge, Paris, Gautier-Languereau, 2007.
Le Samouraï errant, Paris, Gautier-Languereau, 2006.

La Voyante du temple, Paris, Gautier-Languereau, 2005.
La Sirène des coraux, Paris, Gautier-Languereau, 2004.
La Crèche, Paris, Bayard jeunesse, 2003.
Nuage ! Nuaaaage !, Paris, Gautier-Languereau, 2003.
Fleur d'eau, Paris, Gautier-Languereau, 2002.
Une journée à Hanoï, Paris, Hachette jeunesse, 1997.
Sous des cieux plus beaux, Bruxelles, Magic strip, 1985.

Truong, Marcelino (1957, illustrateur)
*Tâm et la voix des dragons : Un conte pour découvrir la cloche viêtna-
     mienne*, Arles, Actes sud junior, 2013.
Cauchemar pirate, Paris, Flammarion castor poche, 2012.
Galilée, la tête dans les étoiles, Paris, Flammarion jeunesse, 2012.
Contes d'Algérie, Toulouse, Milan, 2011.
La Onzième nuit, Indochine, 1954, Paris, Oskar jeunesse, 2011.
Perdue en mer de Chine, Paris, Fleurus, 2011.
Libérer Rahia, Paris, Casterman, 2010.
Mille ans de contes : Afrique, Toulouse, Milan, 2010.
Prisonniers du ciel, Paris, Casterman, 2010.
Sur les traces de Marco Polo, Paris, Gallimard jeunesse, 2010.
Train mystère, Paris, Gallimard, 2010.
De chaque côté des cimes, Paris, Seuil jeunesse, 2009.
L'Enfant à l'étoile jaune, Toulouse, Milan, 2009.
Fabuleux navires, Paris, Gallimard, 2009.
Henry Dunant, père de l'action humanitaire, Paris, Oskar jeunesse, 2009.
Billie Holiday, Paris, Éditions BDMusic, 2008.
La Carambole d'or, Paris, Picquier jeunesse, 2008.
Le Chevalier Du Guesclin mène l'enquête, Paris, Oskar jeunesse, 2008.
Contes de Chine, Toulouse, Milan, 2008.
Les Prisonniers de Pompéi, Paris, Seuil jeunesse, 2008.
Le Secret d'Isis, Toulouse, Milan, 2008.
Conte de fée, Voisins-le-Bretonneux, Rue du monde, 2007.
L'Heure du rat, Toulouse, Milan, 2007.
Luna Circus : La Piste sauvage de maître Hopila, Paris, Zulma jeunesse,
     2007.
Luna Circus : Un cheval dans la nuit, Paris, Zulma jeunesse, 2007.
Luna Circus : Le Secret de Fan le flâneur, Paris, Zulma jeunesse, 2007.
Pilote du désert, entre nuages et dunes, Paris, Oskar, 2007.
Pirates et corsaires, Paris, Castor Flammarion, 2007.
La Prodigieuse aventure de Tillmann Ostergrimm, Paris, Gallimard jeunesse,
     2007.
Un été pour mourir, Paris, Casterman, 2007.
Le Voyage de Guillaume, Sur les traces des croisés, Paris, Oskar jeunesse,

2007.

Au temps de la Renaissance, Paris, Gallimard, 2006.

La Bande à Bonnot contre les brigades du Tigre, Paris, Oskar, 2006.

Bons baisers de Kabylie, Paris, Syros, 2006.

Le Livre de Rattana, Paris, Oskar jeunesse, 2006.

Manon et Mamina, Paris, Casterman, 2006.

L'Orphelin de la Bastille : Les Savants de la Révolution, Toulouse, Milan, 2006.

Princesses d'Orient, Paris, Oskar, 2006.

Robin et les chiens de guerre, Toulouse, Milan, 2006.

La Colombe de Gaza, Toulouse, Milan, 2005.

Et si tu vivais là, Toulouse, Milan, 2005.

Mélilotus et le cavalier sans visage, Arles, Actes sud junior, 2005.

L'Orphelin de la Bastille : Les Derniers jours de Versailles, Toulouse, Milan, 2005.

Shankar et les démons de l'eau, Paris, Glénat, 2005.

Les Enfants de la colline sacrée, Paris, Syros, 2004.

La Libération des oiseaux, Voisins-le-Bretonneux, Rue du monde, 2004.

L'Orphelin de la Bastille : La Grande peur, Toulouse, Milan, 2004.

Pêcheur d'espoir, Paris, Syros, 2004.

Les Princes du cerf-volant, Paris, Père Castor Flammarion, 2004.

Taourama et le lagon bleu, Paris, Syros, 2004.

Trois contes, Paris, Glénat, 2004.

Anne Bonny, femme pirate, Toulouse, Milan, 2003.

Blanche Neige, Paris, Tourbillon, 2003.

Les Esclaves de Rome, Toulouse, Milan, 2003.

Le Fils mal aimé, Paris, Nathan, 2003.

Lou-Kiang et le mystère du lac aux bambous, Paris, Atlas, 2003.

Mélilotus et le mystère de la Goutte sèche, Arles, Actes sud junior, 2003.

Plume rouge, Paris, Nathan, 2003.

Portée par le vent.., Paris, Gautier-Languereau, 2003.

Le Secret de Chen, Paris, Casterman, 2003.

Le Soleil d'Orient, Toulouse, Milan, 2003.

Sindbad le marin, Toulouse, Milan, 2003.

Soliman le Pacifique - Journal d'un enfant dans l'Intifada, Paris, Hachette jeunesse, 2003.

Contes traditionnels de Russie, Toulouse, Milan, 2002.

Hondo mène l'enquête. Trois énigmes policières, Paris, Père Castor Flammarion, 2002.

Lettres à Dolly, Paris, Casterman, 2002.

Mission Toutankhamon, Toulouse, Milan, 2002.

Paroles amoureuses, Paris, Albin Michel, 2002.

Les Religions, Paris, Larousse, 2002.

Sur les traces de… Marco Polo, Paris, Gallimard jeunesse, 2002.
Un secret à l'oreille, Toulouse, Milan, 2002.
La Bande sans nom, Paris, Père Castor Flammarion, 2001.
Belle neigeuse, Paris, Bordas, 2000.
Le Garçon qui inventa la libellule, Paris, Syros, 2001.
L'Ilôt-trésor de la mère Surcouf, Paris, Nathan, 2001.
La Mémoire en miettes, Paris, Père Castor Flammarion, 2001.
Nader le musicien du rêve, Arles, Actes sud junior, 2001.
Un chant sous la terre, Paris, Castor poche junior Flammarion, 2001.
L'Année du diable, Paris, Syros, 2000.
Les Aventuriers des 18 mondes, Toulouse, Milan, 2000.
Ça va barder chez les Dugentil-Lebœuf, Paris, Pocket jeunesse, 2000.
Cache-cache avec la mort, Toulouse, Milan, 2000.
Le Chant de l'hirondelle, Paris, Casterman, 2000.
Les Larmes de la terre, Arles, Actes sud junior, 2000.
L'Enfant qui retrouva le sourire, Paris, Albin Michel jeunesse, 1999.
Et le chien devint l'ennemi du chat : un conte de Chine, Arles, Actes sud junior, 2000.
Grande-Bretagne, dépaysement assuré, Paris, De La Martinière jeunesse, 2000.
Indiens Indiennes, Paris, Nathan, 2000.
J'observe la fête foraine, Paris, Gallimard, 2000.
Les Larmes de la terre, Arles, Actes sud junior, 2000.
Moi, Alfredo Perez, Paris, Père Castor Flammarion, 2000.
Mon papa flingueur, Toulouse, Milan, 2000.
Nam de la guerre, Arles, Actes sud junior, 2000.
Le Petit décalogue, Paris, Hachette jeunesse, 2000.
Pierre et le loup, Paris, Thierry Magnier, 2000.
Le Secret du scarabée d'or, Toulouse, Milan, 2000.
Tu te souviendras, Paris, Hachette jeunesse, 2000.
La Bague aux trois hermines, Paris, Père Castor Flammarion, 1999.
La Belle et la bête, Paris, Père Castor Flammarion, 1999.
Brendan et les musiques celtiques, Paris, Gallimard jeunesse, 1999.
C'est mon secret, Paris, Père Castor Flammarion, 1999.
En haut de la liberté, Paris, Père Castor Flammarion, 1999.
L'Enfer noir, Paris, Père Castor Flammarion, 1999.
L'Heure de la momie, Paris, Père Castor Flammarion, 1999.
Je suis née en Chine, Paris, Père Castor Flammarion, 1999.
Méfiez-vous de l'an 2000 !, Paris, Nathan, 1999.
Pas de quartier pour Jean de la lune, Paris, Nathan, 1999.
Pierre de lune, Voisins-le-Bretonneux, Rue du monde, 1999.
Le Pionnier du nouveau monde, Paris, Père Castor Flammarion, 1999.
Quand Anna riait, Paris, Casterman, 1999.

Samira des Quatre-Routes, Paris, Père Castor Flammarion, 1999.
Les Sanglots longs des violons de la mort : Avoir dix-huit ans à Auschwitz, Paris, Oskar, 1999.
Soliman le magnifique, Paris, Fleurus presse, 1999.
La Coupe du monde n'aura pas lieu, Paris, Castor poche Flammarion, 1998.
Les Horloges de la nuit, Paris, Nathan, 1998.
Les Loups du val d'enfer, Paris, Gallimard jeunesse, 1998.
Les Mécanos de la torpédo, Paris, Père Castor Flammarion, 1998.
Le Monde d'en haut, Paris, Casterman, 1998.
La Petite Blück, Paris, Pocket jeunesse,1998.
La Pierre-serpent, Paris, Gallimard jeunesse, 1998.
Prich, l'enfant blessé, Paris, Syros, 1998.
Rendez-moi mon chien, Paris, Nathan, 1998.
Arrêtez-les ! Paris, Père Castor Flammarion, 1997.
Le Petit crayon violet, Paris, Père Castor Flammarion, 1997.
Les Bleuets de l'espoir, Paris, Nathan, 1997.
Le Casse-tête chinois, Paris, Père Castor Flammarion, 1997.
C'est fou, Paris, Père Castor Flammarion, 1997.
Le Coureur dans la brume, Paris, Gallimard jeunesse, 1997.
Dangers sur le fleuve rouge, Paris, Flammarion, 1997.
Le Lutteur de sumo, Paris, Père Castor Flammarion, 1997.
Nakusha l'indésirable, Paris, Syros, 1997.
Un grand-père tombé du ciel, Paris, Casterman, 1997.
Les Aventures de Victor Bergame, Paris, Castor poche, 1996.
Le Chasseur de mouches, Paris, Père Castor Flammarion, 1996.
En attendant Éliane, Paris, Syros, 1996.
Pour l'amour de la Marie-Étoile, Paris, Nathan, 1996.
L'Annam sanglant, Paris, Kailash, 1995.
Cinq dollars = une mine = une vie amputée, Paris, Syros, 1995.
Laetitia de Trinidad, Paris, Père Castor Flammarion, 1995.
Quoiqu'il arrive, Paris, Père Castor Flammarion, 1995.
Contes et légendes de l'Égypte ancienne, Paris, Nathan, 1994.
Découvrir la Bible, Paris, Bayard jeunesse, 1994.
Enfants prostitués en Asie, Paris, Syros, 1994.
Sur la piste de l'or, Paris, Bayard jeunesse, 1994.
Trafic à la gare de Norvège, Paris, Nathan, 1994.
Vers la ville d'argent, Paris, Castor poche Flammarion, 1994.
Les Chanteurs dans l'ombre, Paris, Syros, 1993.
Impasse de la lune, Paris, Épigones, 1992.
Joao de Tintubal, Paris, Magnard jeunesse, 1992.
La Maison aux yeux fermés, Paris, Mango jeunesse, 1992.
Né à Sparte, Paris, Magnard jeunesse, 1992.
Prisonnier des grands lacs, Paris, Hachette jeunesse, 1992.

Le Dragon de bambou, Paris, Albin Michel, 1991.
E.V.A. ou l'été de la lune, Paris, Hachette jeunesse, 1991.
Haïti chérie : une histoire, Paris, Bayard jeunesse, 1991.
Le Pays imaginaire, Toulouse, Milan, 1991.
Promenade par temps de guerre, Paris, Hachette jeunesse, 1991.

Table des matières

Avant-propos   9

Nadira Aouadi
« Ma culture ne craint pas d'être envahie »   21

Louis Atangana
« La société française a besoin de se mettre 'sur le divan' »   27

Hubert Ben Kemoun
« Les solutions viennent de l'extérieur, mon voisin m'enrichit »   41

Dounia Bouzar
Déconstruire tous les discours et faire avancer le vivre ensemble   57

Marc Cantin
S'ouvrir aux autres et se mettre en position d'écoute   75

Marie-Félicité Ebokéa
« La France est une vieille fille qu'il ne faut pas brusquer »   89

Gudule
« Une société saine est forcément métissée »   105

Catherine Kalengula
De Martine à Francette   123

Gisèle Pineau
« Débarrassons-nous des préjugés, soyons curieux du monde »   137

Karim Ressouni-Demigneux
« On a des idées préconçues sur ce que doit être un petit Arabe »   159

Leïla Sebbar
« Je ne suis pas un auteur jeunesse »   177

Tran Quoc Trung
Trouver sa place 189

Marcelino Truong
Éviter l'écueil de la représentation caricaturale 209

Bibliographie 227